Benjamin von Stuckrad-Barre

# Ich glaub, mir geht's nicht so gut, ich muss mich mal irgendwo hinlegen

Benjamin von Stuckrad-Barre

# ICH GLAUB, MIR GEHT'S NICHT SO GUT, ICH MUSS MICH MAL IRGENDWO HINLEGEN

REMIX 3

Kiepenheuer & Witsch

MIX
Papier aus verantwor-
tungsvollen Quellen
FSC® C083411

Verlag Kiepenheuer & Witsch, FSC® N001512

3. Auflage 2018

Die Texte sind in ähnlicher Form erstmals veröffentlicht in BZ,
BZ am Sonntag, Die Dame, Rolling Stone, Die Welt und
Die Welt am Sonntag.
*Umschlaggestaltung* Walter Schönauer
*Autorenfoto* © Daniel Hofer/laif
Gesetzt aus der Adobe Caslon Pro und der Nimbus Sans
*Satz* Buch-Werkstatt GmbH, Bad Aibling
*Druck und Bindung* CPI books GmbH, Leck
ISBN 978-3-462-05181-0

»A bissl Geld, a bissl Sex, a bissl Tragik und a bissl Traum,
Märchen ... Monarchie ... Hochfinanz und Industrie ...
und a bissl Perversion – das wäre die ideale Mischung.«

*Aus Helmut Dietls »Kir Royal«*


»Wenn das so ist, dachte ich, kannst du auch aufstehen.«

*Aus Jörg Fausers »Rohstoff«*

# ADVANTAGE BECKER

*Prolog*

Der erste Deutsche, der ihm an jenem 7. Juli 1985 persönlich
zum Sieg in Wimbledon gratulierte, war Bundespräsident
Richard von Weizsäcker, die Eltern drangen erst viel später vor zu ihm, und eigentlich war das eine ganz gute
Vorbereitung auf alles Weitere. Jahre später erzählte ihm
Günter Grass in einer Bar die Geschichte von Sisyphos
und gab ihm alsdann Tipps, wie man all seinen Kindern,
auch wenn sie von verschiedenen Müttern stammen, ein
guter Vater sein kann; mit Gary Kasparow spielte er Schach,
Martin Walser schrieb über ihn einen leidenschaftlichen
Fan-Essay, sein Nachbar heißt Michael Ballack, der wohnt
schräg gegenüber, und das riesige Helmut-Newton-Buch
auf dem mitgelieferten Metallklappgestell im Flur ist ein
Geschenk von Günter Netzer.

Kurzum, die Rede ist von Boris Becker.

Wenn wir heute über Boris Becker nachdenken, fällt uns
vieles ein, das nichts mit Tennis zu tun hat – was bedauer-
lich ist, komischerweise aber nicht anders zu erklären als mit,
eben: Tennis. Mit der Art, wie er gespielt hat, ob er gewann
oder verlor, immer war es spektakulär und eine Angelegenheit von höchstem nationalen Interesse; vor 25 Jahren wurde

aus dem allzu sprichwörtlichen 17-jährigen Leimener ein Weltstar, ein deutscher Held der Gegenwart, und wäre es nicht allseits kathartisch, einfach mit ihm zusammen dieses Spiel nochmal anzugucken, das einst schlagartig den Becker-Wahn in Deutschland auslöste?

Von seinem Wohnzimmer aus kann man, hinter Zaun und Bäumen, sein Wohnzimmer sehen. Hä, wie? Ja, im Falle Boris Beckers geht es um Spiegelungen der Spiegelung, und da passt das ganz gut: Als sein Wohnzimmer hat Boris Becker seither Wimbledon – das Turnier, das Stadion, den Stadtteil – bezeichnet, und wie so vieles haben ihm die Deutschen das nachgesprochen, Wimbledon ist Boris Beckers Wohnzimmer. Stätte seiner größten Triumphe, auch bitterer Niederlagen, auf jeden Fall mit dem Turniersieg 1985 der Mythos-Geburtsort: Hier ist er ins Weltruhmeslicht getreten, und hier hat er kreisschließend seine sogenannte aktive Laufbahn beendet. Er hat zwar auch ein richtiges Wohnzimmer, natürlich hat er über die Welt verstreut mehrere, heute aber treffen wir ihn in seinem Haus in Wimbledon, das er vor gut einem Jahr bezog, Treffpunkt ist somit das Wohnzimmer im Wohnzimmer.

Hinein also in die zum deutschen Allgemeingut gehörende, seit 25 Jahren medienübergreifend zu verfolgende, ja kaum verpassbare Seifenoper »Boris Becker«, und so seltsam es einem vorkommt, nicht nur mit Bildern von ihm, sondern mit dem echten Menschen Boris Becker konfrontiert zu sein und tatsächlich in einem Raum, so schämt man sich doch für das augenblicklich sich einstellende Gefühl der Vertrautheit, man kennt ja die komplette Familie seit Jahren aus Zeitungen und Fernsehen: seine Frau Lilly, hallo Lilly, den zehnjährigen Sohn Elias aus erster Ehe, der einen, kaum angekommen, sogleich zum Fußballspielen im Garten drängt, und man macht gleich mit, fühlt sich kaum fremd, oder anders, man fühlt sich, als habe man gerade das Innere eines Fernsehapparats betreten. Alle da. Ein international angeheiterter Sprachmix schwirrt durch die Luft, Deutsch, Englisch, Holländisch – exakt, dies ist eine moderne Patchworkfamilie und, wenn man so will: der Gegenentwurf zum hypothekenbelasteten Einfamilienhaus in Leimen.

Lilly wacht über die Fernbedienung, Play, los geht's, schauen wir uns auf dem großen Bildschirm überm Kamin das Spiel der Spiele an, das Herren-Wimbledon-Finale des Jahres 1985.

Ganz wichtig jetzt: ihn siezen! Herr Becker! Nicht du, Boris, du. Das tut gut. Das steht ihm auch gut. Wenn man über ihn in der »Bild«-Zeitung liest, ihn bei »Wetten, dass …?« durch ein brennendes Herz hechten sieht, ist es unmöglich, ihn zu siezen. Aber wie er jetzt so auf dem Sofa neben einem sitzt und man zugleich auf dem Bildschirm sieht, was er geleistet hat, was für ein KING er war, steigt der Respekt ins Unermessliche. Schön, mal wieder über Boris Becker und Tennis zu sprechen, zumal mit ihm selbst, diesem Boris Becker. Also: Herr Becker! Sir!

Es ist so: Wenn sogar dieser Mann uncool und zuweilen lächerlich RÜBERKOMMT in den Medien, dann sagt das weniger über ihn als über die Medien selbst, diese Ikonenzerbröselungsmaschinerie, die noch jeden zermalmt hat, die SOGAR Boris Becker lächerlich aussehen lässt. Also, schön siezen, bei der Sache bleiben, bei diesem epochalen Spiel 1985, seiner »persönlichen Mondlandung«, wie er selbst diesen Sieg in einer, leider wahr, Bier-Reklame genannt hat, ja wir sollten uns angewöhnen, sogar das Wort »Bier-Reklame« im

Zusammenhang mit Boris Becker hämefrei auszusprechen, denn tatsächlich betrat er 1985 eine nationale Popularitätssphäre, die niemand vor und nach ihm je betreten hat. Das muss beim Sprechen über Boris Becker, das ja zumeist ein Urteilen ist, bitte immer mitbedacht werden.

## *1. Satz*

Kommentator: Sonntag, der 7. Juli 1985, wenige Minuten vor dem Endspiel, welches ein historisches werden könnte.

*Aus dem Spielereingang zum »Heiliger Rasen« genannten Centre Court treten die Finalisten Kevin Curren und Boris Becker – und ja, da ist sie: die hellblaue Trainingsjacke! Mittlerweile ein weltweit gefragtes Museumsexponat. Zwischen Beckers Lippen eine goldene Halskette, ein Geschenk der Mutter, er kaut darauf rum.*

Elias: Papa!
Boris Becker: Ja, guck mal, die gleichen Haare wie du, siehste das? Und immer mit Pullunder, ich liebe Pullunder, da lachen immer alle, aber ich bin ein absoluter Pullunder-Fan, damals wie heute, ich habe vorhin sogar überlegt, mir heute auch einen anzuziehen, habe es aber dann bleiben lassen.

*Er trägt heute ein schwarzes Lou-Reed-T-Shirt. Warum? Nun, ganz einfach, Lou Reeds Hit »Walk on the Wild Side« sei eines seiner absoluten Lieblingslieder.*

Kommentator: Nie bisher seit 1877 siegte hier so ein krasser Außenseiter, nie ein Deutscher, nie ein so junger Spieler. In diesen zwei Wimbledon-Wochen hat sich die Welt für Boris Becker verändert. Er ist in dieser Zeit wohl mehr als 14 Tage älter geworden. Zwischen ihm und dem Sieg steht noch Kevin Curren.

BB: Man sieht hier, ich überhole Curren beim Gang auf den Platz, das war mir wichtig, da schon Entschlossenheit zu zeigen, vor meinem Gegner den Platz zu betreten, und ich wollte mir den Stuhl aussuchen können. Und immer, hier sieht man's, mit dem rechten Fuß zuerst auf den Rasen treten, das war auch so ein Ritual von mir. So, und dann wird per Münzwurf ausgelost, wer zuerst aufschlägt, Wappen oder Zahl, Kevin Curren hat die Wahl gewonnen, und ich habe mir noch gedacht, warum wählt denn der damals weltbeste Aufschlagspieler Rückschlag – was für'n Schwächling! Aha, Curren schüttelt sich die Beine aus, man sieht, der ist nervös.

*Ach was, WEISSE Tennisbälle? Ja, 1985 war das letzte Jahr, in dem bei solchen Weltturnieren noch mit weißen, nicht neongelben Tennisbällen gespielt wurde. Ha, die Erinnerung trügt also doch (natürlich tut sie das), im Gedächtnis sind gelbe Bälle abgespeichert – und beckersches Bananenessen unterm Handtuch, aber auch das kam erst bei späteren Turnieren.*

Kommentator: So kommt Becker schnell zum ersten Satzball. Ausgerechnet der zehn Jahre ältere Curren zeigte Nerven. Schon dieser erste Satzgewinn kommt ins Wimbledon-Buch der Rekorde, denn nie gewann ein Ungesetzter einen Satz im Endspiel.

BB: 25 Jahre … Wenn ich diese alten Bilder sehe, ist mir vieles noch erstaunlich präsent, aber wie ich mich dann vom Kind zum jungen Mann zum Familienvater entwickelt habe – das kommt mir vor wie 100 Jahre, was in diesen 25 Jahren menschlich mit mir und um mich herum passiert ist. Dünn war ich, hm, Lilly?

Lilly: Ach, du bist immer noch dünn, Schatzi, du bist immer noch dünn!

*Advantage Becker!*

## 2. Satz

Kommentator: Auch im zweiten Satz sorgt Becker für Probleme seines Gegners. Es steht drei beide, wieder so ein Patzer von Curren, drei Breakbälle für Becker.

BB: Der Kommentator sagt Breakbälle, ich sage Matchbälle. Wenn ich ihm diesen Aufschlag abgenommen hätte und dann meinen Aufschlag durchgebracht, hätte ich den zweiten Satz auch sicher gewonnen und damit im Grunde schon das ganze Spiel. Aber er kam wieder zurück.

*Drama jetzt, Becker springt quer durch die Luft, erreicht den Ball gerade so, Netzroller, Curren bekommt ihn nochmal übers Netz, Becker dann nicht mehr.*

Kommentator: Sogar Curren applaudiert dem jungen Mann, aber Curren hat die drei Breakbälle abgewehrt.

Lilly: War der Amerikaner, der Curren?

BB: Südafrikaner.

Lilly: Ah so.

BB: Und jetzt kommt er, jetzt habe ich einen Schuss in die Hüfte bekommen und Selbstbewusstsein verloren, Curren hat was gewonnen und fängt an, besser zu spielen als ich.

Elias: Papa, hast du das Spiel gewonnen?

BB: Schau doch hin!!

*Lustig, dass dieses Spiel für den familienfremden Besucher, einen alles in allem normalen Deutschen, ein so epochales Ereignis darstellt, unauslöschlich im kollektiven 8oer-Jahre-Bildergedächtnis: Challenger-Explosion, Live Aid, Tschernobyl, Wimbledon, Maueröffnung – für Beckers Familie hingegen gar nicht so. Gattin Lilly scheint tatsächlich nicht sonderlich viel über die Tenniskarriere ihres Mannes zu wissen. Unglaublich, dennoch wahr: Elias und sie sehen dieses Spiel aller Spiele jetzt zum ersten Mal, höflich interessiert, mehr nicht.*

Kommentator: Curren scheint sein Selbstbewusstsein wiedergefunden zu haben, er spielt jetzt viel besser, 6:6, Tie-Break.

Lilly: Und dieses Spiel hat damals wirklich halb Deutschland angeguckt, ja?

BB: Wie meinst du das, »halb Deutschland«? (lachend) GANZ Deutschland hat das geguckt! Und etwa 500 Millionen Menschen insgesamt, weltweit. Ich gebe jetzt ein bisschen an (lacht wieder).

Lilly: Ich war neun Jahre alt, ich habe mit Barbie und Ken gespielt.

Kommentator: Becker führt 4:2. Seitenwechsel.

BB: Und Achtung, wie ich an Curren vorbeilaufe …

*Becker hat schneller das Netz passiert, weicht Curren nicht aus und hätte ihn also mit der Schulter angerempelt – wenn Curren nicht im letzten Moment ausgewichen wäre.*

BB: Ich berühre fast seine Schulter, aber er dreht sich weg. Dem Gegner nicht ausweichen, das ist wichtig.

*Becker geht weiter, zupft unschuldig dreinblickend die Saiten seines Schlägers. Psychologische Kriegsführung! Weiter geht's. Becker springt artistisch in der seither als »Becker-Hecht« geläufigen Manier, erreicht den Ball noch, schlägt ihn aber knapp ins Aus.*

Kommentator: Diese Hecht-Sprünge gehören zu meinem Spiel, hat der Junge gesagt. Der Patron Ion Tiriac und Trainer Günther Bosch scheinen weniger davon angetan.

*Zwischenschnitt auf die Tribüne: Günther Bosch, wie so oft solidarisch gleich gekleidet wie sein, ja, man muss wohl sagen: »Schützling«; auch im Pullunder also.*

BB: Günther Bosch! Mit skeptischem Blick.
Lilly: Wer ist der Typ?

*Unglaublich! Sie weiß tatsächlich nicht, wer Günther Bosch war! Ist das angenehm – das freut einen wirklich für Boris Becker, dass er ganz offensichtlich kein Tennis-Groupie geheiratet hat. Nicht desinteressiert, durchaus liebevoll mitguckend jetzt, zwischendurch packt sie ein paar mit der Post gekommene, verspätete Geschenke zur Geburt des gemeinsamen Kindes Amadeus aus, und es wirkt so, als wisse sie wenig bis nichts Genaues über das*

*gloriose Tennis-Vorleben ihres Mannes, über dieses ganze hyste-*
*rische Boris-Becker-Ding.*

BB: Der war mein Trainer.

*Neben Günther Bosch zündet sich Ion Tiriac, Beckers damaliger*
*Manager, eine Zigarette an. Tiriac sieht wie üblich furchtein-*
*flößend aus, mit Mafia-Sonnenbrille und Riesenschnauzbart.*

BB: Tiriac damals, guck! Heiß, oder? Da sieht man die
Freundin von Kevin Curren, die Blonde da auf der Tribüne.
Lilly: Und hattest du auch eine Freundin zu der Zeit?
BB (schmunzelnd): Nee, ich war noch nicht ganz sicher, ob
ich nicht vielleicht schwul bin.
Lilly: Doch, du hattest eine!
BB: Ja, aber die war nicht da, die war in Monaco. Benedict.

*Na klar! Benedict, Polizistentochter! All diese Namen: Wegmarken*
*im deutschen Publikumsgedächtnis. Man kann ja sämtliche*
*Lebensgefährtinnen, Trainer und Geschäftspartner Beckers ab*
*1985 aus dem Gedächtnis chronologisch aufsagen, das Personal der*
*Boris-Becker-Seifenoper, seine Triumphe und Abstürze, sport-*
*lich wie privat und geschäftlich, Boris suuuper, Drama um Boris,*
*Boris hier, Boris da, neues Glück, Steuer-Prozess, uneheliches Kind,*
*Scheidungsdrama, groteske Geschäftsideen, neue Frau ...*

Lilly: Die Freundin von Curren ist doch auch süß.
BB: Texanerin. Aber ich steh ja nicht so auf Blond.

*Allgemeines Lachen auf allen Sofas, stimmt, das weiß man, Beckers*
*Frauen und Freundinnen waren fast ausnahmslos solchen Typs,*

*der in Deutschland gemeinhin und alltagsrassistisch als »exotisch«
bezeichnet wird.*

Kommentator: Nur 4:3 für Becker – und der 4:4-Ausgleich
durch diesen Volley.

*Currens Freundin schaut wieder optimistischer drein, klatscht
jetzt demonstrativ. Aus dem Publikum Rufe: Come on, Becker!!*

Elias (belustigt): Come on, Becker!
BB: Aaaah, das war jetzt ein Dämpfer. Einen Satz habe ich
gewonnen, einen er, jetzt weiß ich, okay, das wird ein langes
Spiel.

*Och, na ja, für Becker-Verhältnisse war das ja wohl ein sehr
stringenter, schneller Sieg: Vier Sätze in 3 Stunden und 18
Minuten, das war doch ein vergleichsweise glatter Durch-
marsch – wie wir in den Folgejahren mit ihm gezittert haben
bei klassischen Becker-Spielen, Stunde um Stunde, über zumeist
ganze fünf Sätze! Man konnte sich da herrlich reinsteigern,
Becker schlug stellvertretend für uns die großen Schlachten,
»Becker-Passionen« nannte Martin Walser das und schrieb, das
muss man Becker jetzt einfach vorlesen hier im Wohnzimmer:
»Wenn Boris Becker gewinnt, sieht er aus wie ein Kind von
Kirk Douglas und Burt Lancaster. Wenn er verliert, sieht er aus
wie er selbst.«*

BB: Da diene ich als Projektionsfläche, ob das jetzt Martin
Walser ist oder irgendein Manfred Schmidt oder so, ist dann
auch egal, in dem Fall ist er Fan und sieht diesen 17-jährigen
Leimener, oder noch besser war ja immer die Formulierung

»der 17-jährigste Leimener«. Und da denkt der Fan, wow, wir haben auch einen, der einen Traum lebt und es mit den ganz Großen aufnehmen kann, und wenn ich dann verlor, schaute der Fan wieder auf sein eigenes Leben und merkte, ach, schade, der Becker ist ja auch nur ein Mensch.

## *3. Satz*

Kommentator: Nun ist aus dem Match ein sehr gutes Finale geworden. Die Frage ist nur, wer zuerst dem Druck des anderen nachgibt. Im dritten Satz scheint es Becker zu sein. Drei beide, 0:40.
BB: Ich sehe da schon ein bisschen mitgenommen aus, drei Breakbälle, jetzt wird's eng.
Lilly: Was dachtest du da, Babe?
BB: Shit, dachte ich.

*Schnitt auf die Tribüne: Currens Freundin und Schwiegermutter, siegessicher.*

BB: Tja, Ladies, zu früh gefreut. Ah, mein Trainer wird langsam hektisch.

*Günther Bosch reibt sich – auffällig um Unauffälligkeit bemüht – am Kopf, mit ausgestrecktem Zeigefinger.*

Kommentator: Was mag Günther Bosch seinem Schützling signalisieren wollen?
BB: Ball höher werfen beim Aufschlag vielleicht.

*Jetzt fliegt sogar Curren einem Rückschlag entgegen, wie es sonst nur Becker tut.*

BB (sanft ironisch): Der kann das also auch, sieh an.
Kommentator: Imitiert der Ältere jetzt gar den Stil des Teenagers?

*Currens Freundin knabbert an ihren Fingernägeln, Curren nimmt Becker den Aufschlag ab, geht im dritten Satz 4:3 in Führung. Der heutige Becker schüttelt ungläubig den Kopf, das hat er so nicht in Erinnerung, er rutscht auf dem Sofa nach vorn.*

BB: Ouh, Break?! Was? Hä? Ich glaub es nicht, der hat mir meinen Aufschlag abgenommen!

*Aber es ist ja dann gut ausgegangen, wissen wir zum Glück. Raunen jetzt im beckerschen Wohnzimmer, dem echten, 2010, es wird in die Sofakissen geboxt, Daumen werden gedrückt: Papa! Oh, Babe! Come on! Come on, Becker!*

Kommentator: Nun muss der 17-Jährige zeigen, was in ihm steckt. Und er zeigt es. 4:3 für Curren – aber 0:30 nach diesem verschlagenen Schmetterball.
BB (klatscht zufrieden in die Hände): Verhaut der den Ball, hm? Jetzt merke ich, ah, Curren wird wieder hektisch.

*Lilly hat Kekse und Pralinen auf den Wohnzimmertisch gestellt, Becker nimmt sich einen großen Keks, lehnt sich dann wieder zurück, kaut den Keks – er weiß ja, wie das Spiel ausgeht.*
Lilly: Wie alt war der Curren nochmal?
BB: Er war 27.

Lilly: Ach, zehn Jahre älter? Deshalb ist der so langsam.

BB: Was? Ist doch kein Alter, 27 – also bitte!

*Currens Freundin auf der Tribüne vergräbt ihren Kopf in den Händen.*

Kommentator: Diesmal sitzt Beckers Return dort, wo er hinsoll. 4:4. Ein Konter bei solch kritischem Spielstand sagt alles über das Selbstbewusstsein dieses Jungen.

BB: Das war natürlich spielentscheidend.

Kommentator: Was wird Curren tun? 4:5 und 30:15.

BB: Oh, oh, Doppelfehler, er zeigt Nerven!

Lilly (kichernd): Guck, wie du dich bewegst.

*Sie steht auf, imitiert den Jungen vom Bildschirm, die Jubel-Fäuste, das Trippeln. Man will sich da jetzt nicht einmischen, müsste ihr aber vielleicht erklären, dass all diese Posen, Becker-Faust, Becker-Trippeln und Becker-Hecht, seither zum deutschen Kulturerbe gehören.*

BB: Machst dich über meine Schritte lustig? Das gibt's doch gar nicht!

Kommentator: 30:40, Satzball für eine 2:1-Satzführung Beckers.

BB: Guck, jetzt unterbreche ich, das ist natürlich ein klassischer Becker.

*Ein toller Moment: Curren will gerade aufschlagen, nimmt schon Schwung auf, da dreht Becker sich um, hört man ihn da »Moment!« in die Stille sagen? Nochmal schön die Stirn mit dem Schweißband abwischen, bisschen an den Schlägersaiten herumspielen, den Gegner aus dem Rhythmus bringen – okay, kann losgehen.*

BB (stolz und verschämt): Was ich da für Sachen gemacht habe, hm?

*Currens Freundin kaut wieder intensiv an ihren Fingernägeln herum. Aber: Einstand. Becker flucht, erringt dann erneut einen Satzball, fliegt einmal mehr angstlos durch die Luft, radiert den Rasen mit dem ganzen Körper, T-Shirt und Hose jetzt stark verschmutzt.*

Lilly (fast erschrocken): Oh, Baby!
Kommentator: Er sieht aus, als käme er von einem Fußballfeld.
BB: Ich blute am rechten Knie, okay, aber was ist da los, Satzbälle, Satzbälle – und ich mach's nicht!
Kommentator: Und – Spiel Curren, 6:6, auch dieser dritte Satz wird also erst im Tie-Break entschieden.
BB: Ich konnte jetzt in der Schlussphase seine stärkste Waffe, den Aufschlag, lesen – und nun wird er sauer.

*Currens Freundin wird immer nervöser, drückt die Daumen, guckt hin, guckt weg, guckt wieder hin. Becker, im heldenhaft verdreckten Shirt, schlägt ein Ass, 4:0.*

Kommentator: Wieder einer von diesen weißen Blitzen Marke Becker.

*Und noch einer: 5:0. Doppelfehler Curren, 6:0, Seitenwechsel, wieder das Spiel mit der Schulterberührung.*

Lilly (empört, besorgt): Hat er dich gerammt?

BB (stolz): Ich hab IHN gerammt! Die ganze Zeit sind wir
da bei den Seitenwechseln mit unseren Schultern zugange –
das bemerkt der Kommentator gar nicht.

*Direkt nach diesem Schulterberührspiel macht Becker immer
irgendwas Ablenkendes, diesmal begutachtet er nachdenklich seinen aufgeschürften Ellenbogen, weiter geht's.*

Kommentator: Dieser Doppelfehler Currens beschert
Becker weitere sechs Satzbälle.

BB: Jetzt hat er auf meinen Körper gezielt – gibt ja so
ungeschriebene Regeln, das zum Beispiel macht man eigentlich nicht, und dass er es dennoch getan hat, war für mich
ein weiterer Hinweis darauf, dass er langsam, aber sicher die
Nerven verliert.

Kommentator: Dieser fantastische Vorhand-Return bringt
dem Deutschen die 2:1-Satzführung.

*Die beiden nehmen auf den Stühlen links und rechts des Schieds-
richter-Hochsitzes Platz, Becker wechselt das T-Shirt, man sieht
seinen weißen Oberkörper, darauf diverse Abschürfungen und
Hämatome.*

Kommentator: Dies ist der Rücken eines Tennis-Akrobaten,
nicht der eines Rugby-Spielers.

BB: Der Rücken eines Kindes, würde ich eher sagen, wie das
aussieht.

Kommentator: Wer mag jetzt noch sagen, dass dieser junge
Mann nicht auch dieses Finale gewinnen kann?

## 4. Satz

Kommentator: Erstes Spiel, vierter Satz, Curren führt 30:15, die krachende Vorhand des Boris Becker – und 30 beide.
Lilly: Warst du nicht erschöpft?
BB: Nee, ich hab gemerkt, dass ich jetzt nah dran bin, zu breaken und endgültig die Nase vorn zu haben, dann nur noch meine Aufschläge durchbringen muss, um das Match nach Hause zu bringen.
Kommentator: Und noch ein Return vom gleichen Kaliber, diesmal mit der Rückhand.

*Auf der Tribüne klatscht nun sogar Ion Tiriac. Die Curren-Freundin ist verzweifelt.*

Kommentator: Currens Anhang leidet mit ihm, Becker führt im vierten Satz 5:3, vielleicht ist in wenigen Minuten alles vorbei. Matchball Becker.
BB: Das hätt's schon sein können, aber so kurz vor dem möglichen Sieg wurde ich nun doch nervös, Arme werden schwer, Beine werden schwer – fast Angst vorm Sieg.
Kommentator: Der Amerikaner aus Südafrika hat nicht immer gut gespielt, aber es gelang ihm wenigstens, diesen Matchball abzuwehren.

*Currens Freundin auf der Tribüne greift sich in die Haare, untersucht ihre Fingernägel, ob es da noch was zu kauen gibt.*

Kommentator: Und jetzt schlägt der blonde Junge auf.
BB: So, und jetzt war ich hektisch, das weiß ich noch heute genau.

*Beckers erster Aufschlag berührt die Netzkante, Tiriac krault sich den Schnurrbart, Currens Freundin wirkt, als müsse sie mal dringend aufs Klo.*

BB: So, jetzt beim zweiten Aufschlag, da hatte ich auf einmal überhaupt kein Gefühl mehr – bupp, Doppelfehler! Da schrei ich mich selbst an, um mich so'n bisschen aus der Nervosität zu befreien.

Kommentator: Wird Becker Geschichte schreiben?

BB: Die Bedeutung und die Historie begreift man in dem Moment nicht. Ion Tiriac hat mich sehr beschützt, damit ich meinen Rhythmus nicht verliere. Dass da zum Finale meine Eltern eingeflogen sind, zwischenzeitlich mein Großvater gestorben war, und was in Deutschland für ein »Unser Boris«-Ausnahmezustand herrschte – das habe ich alles gar nicht mitgekriegt.

*Man muss wohl all die unter dem Vergrößerungsglas der Massenmedien fortan ihm widerfahrenen Fehler und Kapriolen als Protest gegen diese massive nationale Vereinnahmung werten. Übrig bleibt dann: ein Held. Nächster Aufschlag, tipptipp, gucken, Schwung holen, gucken, Zunge über die Lippen, Ball in die Luft, Körper hochschrauben – und rummms! Wie hat man bei diesen Aufschlägen, diesem Zunge-über-die-Lippen-Theater jahrelang mitgefiebert!*

Kommentator: Currens Rückhandball ist im Aus, 30:15.

*Es folgt ein Ass, 40:15, Matchball! Becker lässt beide Fäuste nach vorn schnellen, pustet dann in die rechte, trabt zurück zur Grundlinie. »Quiet please, ladies and gentlemen, thank you, quiet please!« – die Ladies and Gentlemen auf den Tribünen können sich kaum beruhigen. Und auch hier, in Beckers echtem Wohnzimmer, sind jetzt alle nervös – er wird gewinnen, wird er doch, oder?*

BB: Ich nehm's schon mal vorweg, ich mach jetzt nochmal einen Doppelfehler.

*Der erste Aufschlag landet im Aus, der zweite im Netz, Becker schimpft mit sich, Raunen im Publikum, wird er jetzt unsicher?*

Kommentator: Ausgerechnet jetzt ein Doppelfehler. Zeigt der bisher so coole Junge doch Nerven?
Lilly: Warst du sauer, Darling?
BB: Ja, sauer auf mein Nervenflattern.

*Wir sehen: Bosch kratzt sich am Kopf, Tiriac hat tatsächlich seine Sonnenbrille abgesetzt, selbst er, der Pate, wirkt nun nervös. Becker holt Schwung, Zungentheater, Ball in die Luft und –*

BB: So, überlege ich mir, wohin habe ich vorher zweimal gut serviert, also nochmal: in die rechte Ecke. Geschafft! Und jetzt kommt hier der Shuffle …

*Becker ist noch in der Vorwärtsbewegung, die aus der Wucht dieses letzten, spielbeschließenden Aufschlags resultiert, ballt dann die Fäuste, kommt trippelnd zum Stehen, schreit vernehmlich »Yeeeaah!«, reißt die Arme in die Luft, wirft den Kopf in den Nacken. Klick – dieses Bild hängt bald darauf als Poster in Hunderttausenden deutschen Kinder- und Jugendzimmern.*

Kommentator: Ein 17-jähriger Junge, der das Spiel auf den roten Ascheplätzen seiner Heimat lernte und alles so flüssig auf den kurzgeschorenen Rasen Wimbledons übertrug.

BB (lacht stolz): Hehehe – na, Lilly?

*Der Becker auf dem Bildschirm dreht sich zu Bosch und Tiriac, geht dann zum Netz, pustet nochmal in die rechte Hand, Hände-schütteln über der Netzkante mit dem unterlegenen Curren, geht zu seinem Stuhl, dreht sich nochmal zur Tribüne um, winkt, lächelt.*

Lilly: Wem winkst du da?

BB: Ich hatte meine Eltern entdeckt, die saßen auf der Tri-büne hinter Tiriac und Bosch.

*Er setzt sich auf den Stuhl, fährt sich durch die Haare, zieht die legendäre hellblaue Trainingsjacke an, ein Zeremonienmeister flüstert ihm, was protokollarisch nun von ihm erwartet wird, dann – ja, doch – schreitet er zur Trophäenüberreichung durch die Herzogin von Kent.*

Kommentator: Der Pokal, auf dem als 99. Name nun der des Boris Becker eingraviert wird.

Lilly: Musstest dich beherrschen, da nicht zu weinen, hm?

BB: Nein, nein, ich lächle einfach, weinen musste ich nicht.

*Bosch und Tiriac, wie alle der über 13 000 Zuschauer im Stadion, applaudieren stehend, Tiriac hat die Sonnenbrille wieder auf-gesetzt, klatscht nur in der halben Geschwindigkeit Boschs und all der anderen, er ist jetzt wieder Mr. Cool, denn nun ist es an ihm, diesen Erfolg zu Geld zu machen, er hat da auch schon ein paar Ideen, das sieht man ihm direkt an, zwei Stunden Interview = 150 000 Mark, so die Richtung, an jede Werbevertragssumme mindestens eine Null dranhängen; Currens Freundin weiß, dass sie gefilmt wird, und tut also, was in diesem Fall zu tun ist: »Sie kämpft mit den Tränen.«*

BB: Ich weine nicht – DIE weint!

*Deutschland derweil verfiel in einen bis heute anhaltenden Becker-Taumel: »Diese Vorhand schockt die Welt!«, »Jubelschrei durch Deutschland: Boris, du bist der Wahnsinn«, und so dröhnend weiter. Der nüchternste, hellsichtigste Kommentar stand etwas später in der »Washington Post«, lesen wir ihm doch den mal vor: »Vielleicht war er zu jung, um zu wissen, dass er zu jung war, um Wimbledon zu gewinnen.«*

BB: Tja, wäre mein Leben anders verlaufen, hätte ich es leichter gehabt, wenn ich mein erstes Wimbledon nicht mit 17, sondern vielleicht mit 22 gewonnen hätte? Ich glaube: ja. Ich habe diesen frühen Sieg manchmal wirklich als Fluch empfunden, plötzlich war ich Legende und Denkmal, obwohl meine Entwicklung als Spieler noch gar nicht abgeschlossen war. Jeder wollte plötzlich was von mir, Menschen haben ihre Kinder nach mir benannt, das hat mir Angst gemacht.

*Lilly will jetzt Fußball gucken und die Sofas umpositionieren, sie hat da so eine Idee zur Wohnzimmerverschönerung, also weitersprechen im – sowas hat er wirklich – Pokerzimmer.*

BB: Da blieb irgendwann nur noch die Flucht ins Ausland. Mein Hauptwohnsitz ist in der Schweiz, aber ich bin oft und gern hier in Wimbledon, hier sind die Menschen diskret und freundlich. Es war mir immer klar, dass ich hier mal herziehen würde. Hm, vielleicht gehen wir einfach mal kurz rüber zum Centre Court, dann erklärt es sich, glaub ich, von selbst.

*In einem Bilderrahmen neben Beckers Haustür, ungefähr auf seiner Augenhöhe, hängt das Gedicht »If –« von Rudyard Kipling, aus dem zwei Zeilen am Torbogen des Spielereingangs zum Centre Court zu lesen sind:*
*If you can meet with triumph and disaster*
*And treat those two imposters just the same*

BB: Mit 17 kann man gar nicht verstehen, was das wirklich bedeutet, aber ein paar Jahre später, nach Erfahrungen aller Art, Höhen und Tiefen – aha, da habe ich es verstanden.

## Epilog

Am Eingang zum »All England Lawn Tennis and Croquet Club« kommt ein Wachmann mit Wachmannmütze aus seinem Wachmannkabuff und schaut streng, er darf hier niemand Unbefugten reinlassen.

Guten Tag, sein Name, sagt Boris Becker (und man steht mit offenem Mund daneben), sei Boris Becker, er habe hier vor 25 Jahren erstmalig das Turnier gewonnen, und er wolle seinem Gast mal kurz das Gelände zeigen, ob das ginge, freundlicherweise?

Nein, sagt der Wachmann ungerührt, er dürfe hier …

Da kommt sein Chef, eilend, dienernd, die Mütze lüftend: Mr. Becker!

Ob er, setzt Becker an – aber der Wachmannchef unterbricht ihn gleich, selbstverständlich, alles dürfe er, wenn er ihm im Gegenzug bitte ein Autogramm schreibe.

Aber klar, sogar zwei!

Becker zeigt den Spielertrakt, am Torbogen des Centre-Court-Zugangs die Kipling-Zeilen, zeigt, wo Tiriac, Bosch und die Freundin von Kevin Curren damals saßen, auf welcher Seite er den Matchball verwandelte, wo Richard von Weizsäcker ihm gratulierte – und steht dann kurz schweigend am Rasenrand, dreht sich einmal, lässt das beruhigende Dunkelgrün der Tribünensitze auf sich wirken. Hier gehört er hin, und wenn man ihn hier einmal gesehen hat, wird man es für eine Lüge halten, dass er in einer Unterhaltungssendung durch ein brennendes Herz gehechtet sein soll.

Er holt tief Luft: Schön. Schön hier, oder?

## 24 STUNDEN MIT JÜRGEN FLIEGE

Nachts habe ich in Jürgen Flieges Keller den Fernseher umgeschmissen, nachdem ein Hochzeitspaar im fliegeschen Garten über Tote sprechen musste, aber es fing alles ganz harmlos an: mit einem offenen Gartentor, einem etwas zu langen Händedruck und einem Blick, dem ich nicht standhalten konnte, weil es sich anfühlte wie das Unterschreiben einer Einzugsermächtigung.

Ein paar Tage zuvor war es in der Fernsehsendung von Markus Lanz hoch hergegangen, es war der Tag, an dem Loriot gestorben war, und nachdem man seiner eine Viertelstunde lang gedacht hatte, nahm die Runde Pastor Fliege in die Zange, wenn nicht ins, ja, Gebet, weil nämlich unter dessen Namen irgendein Kräutergebräu für 39 Euro 90 verkauft wird, das er zuvor GESEGNET habe, die »Fliege-Essenz«, und wenn man sich dieses Gebräu dreimal täglich in den Mund sprühe und vor jedem Sprühstoß die Wörter »Glaube«, »Liebe« und »Zuversicht« deklamiere, dann täte einem das total gut, sagt ebenjener Jürgen Fliege. In der Talkshow hatte es einen dadaistischen Dissensdialog darüber gegeben, ob Jürgen Fliege nun 5 Euro an jedem von ihm gesegneten Fläschchen verdiene oder 18 Euro 50.

Stundenlang ging das hin und her: 5 Euro! Nein, 18,50! 5!!
18,50!!! 5!!!!

Jürgen Fliege hat in dieser Angelegenheit inzwischen an
den Programmdirektor des ZDF geschrieben, denn er fühlt
sich hintergangen. Er? Sich? Aber ja, man habe ihm eine
»stille Sendung« versprochen, er sei vorher gebeten worden,
KINDERFOTOS mitzubringen, die dann aber gar nicht
gezeigt worden seien, und vor der Aufzeichnung habe man
ihn ganz gezielt von den übrigen Gästen isoliert und diese
gegen ihn aufgebracht. Hellmuth Karasek hat das alles auch,
aber vollkommen anders erlebt, er war, gemeinsam mit Jutta
Ditfurth, der Rädelsführer in der lanzschen Runde und
erzählte anschließend, niemand habe ihn aufgewiegelt, er
brauche auch keinerlei Aufforderung, um sich zu echauf-
fieren, wenn einer derartigen Stuss rede und versuche,
Menschen mit solchem Hokuspokus übers Ohr zu hauen.

Das ungefähr ist die Lage, und jetzt sitzen wir auf Jürgen Flieges Veranda am Starnberger See, Tässchen Kaffee,
müde letzte Wespen, und Pfarrer Fliege serviert frisch
gebackene Waffeln. 30 Autogrammkarten habe er heute
übrigens schon unterschrieben, der Bedarf sei nach der
Lanz-Sendung spürbar gestiegen, wohltuender Zuspruch
sei das und keineswegs verwunderlich, so, wie man da im
Fernsehen mit ihm umgesprungen sei. »Kreuzigt ihn«, dieser
Aufruf habe noch gefehlt, alles andere sei doch da gewesen,
aufgebrachte Menge, unfairer Prozess und gekaufte Gegner, das hätte er eigentlich sagen müssen, fällt ihm jetzt ein.
Hellmuth Karasek im fernen Hamburg hingegen bedauerte,
Jürgen Fliege nicht gefragt zu haben, ob der demnächst über
den Starnberger See zu laufen gedächte. Jaja, sehr lustig, der
Herr Professor, sagt Fliege. Doch in der Tat scheint er sich

regelmäßig mit Jesus zu verwechseln, vielleicht ist das aber auch Theologie, wenn er immer wieder unvermittelt einwirft: »Was würde Jesus tun?« Tja, wenn man das nur immer so genau wüsste, wie Jesus sich zum Beispiel bei Markus Lanz verhalten hätte. Fliege bleibt ganz ernst, er weiß die Antwort: Jesus also, sagt Fliege, Jesus hätte die polemischen Anwürfe ertragen und wäre auch sitzen geblieben in der Talkshow, insofern also habe er, Fliege, gut daran getan, nicht einfach aufzustehen und die Runde zu verlassen, allerdings müsse er selbstkritisch eingestehen, dass Jesus anschließend wohl keinen hitzigen Brief an den Programmdirektor verfasst hätte, na ja, er greift zum Waffelteller, knetet die 5 Waffelherzen zu einem dicken Klumpen und steckt ihn sich in den Mund. Die Redewendung »einen an der Waffel haben« kommt einem in den Sinn, während Pfarrer Fliege irgendein Bibelzitat bemüht, das macht er häufig, und es ist ja auch ein dickes Buch. Bibelzitat, und dann ohne Punkt und Komma weiter mit einer Interpretation, in der Wörter wie »Kotzen«, »Mist« oder »Scheiße« vorkommen, das ist die Rhetorik des Pastors Fliege, so erdet er die Heilige Schrift.

Auf dem Verandatisch ausgebreitet liegen viele Briefe, Broschüren und Leitzordner, Jürgen Fliege ist gut vorbereitet und kann alles beweisen. Er, ein Scharlatan? Ein Sektierer? Jemand, der gutgläubigen Omas die Rente abluchst? Weil er jederzeit sehr hilfsbereit ist, antwortet Fliege auf die Frage, wie viel denn Seelsorge kosten und wie viel ein Pfarrer verdienen dürfe: »Nichts – da haben Sie Ihre Schlagzeile!« Aus der Korrespondenz mit dem Hersteller der »Fliege-Essenz« fingert er jetzt ein Gesprächsprotokoll, ob man bitte mal schauen wolle, was stehe da, 5 Euro oder 18 Euro 50 pro Fläschchen? 5 Euro steht da, und ein Vermerk seiner Mitarbeiterin, da sei eventuell noch mehr rauszuholen. Würde er 100 Euro pro Fläschchen kriegen, würde er selbstverständlich 100 Euro nehmen, er kriege aber in diesem Fall nur 5, er könne es doch beweisen, hier, er haut aufs Beweispapier – und was bleibe nach so einem Talkgemetzel hängen? Fliege lügt! Tue er aber gar nicht. Er müsse sich am Markt orientieren, in der Spiritualität regiere, wie überall, der Markt, und Kirche sei ein Anbieter. Das klingt modern und weltzugewandt, ist andererseits, 500 Jahre nach Martin Luthers Thesengenagel, eine diskussionswürdige Formulierung, aber wenn man Fliege widerspricht, holt er bloß immer neue Bücher hervor, geradezu parodistisch-naturwissenschaftliche Ausführungen über »spirituelle Schwingungen« in Wasser. Und Geld koste schließlich alles, auch herkömmliches Weihwasser! Oder die Millionen Käßmann-Bücher! Den Namen spricht er fast angewidert aus, verständlich, hat sie ihn doch als oberste Trivialtheologin der Evangelischen Kirche praktisch beerbt, Jürgen Fliege war ja sozusagen der Margot Käßmann der 90er Jahre. Sympathisch aber ist, dass er nicht ausschließt, sein Furor bei Nennung dieses Namens (»Weihnachtsmannglaube! Spießiges Scheißzeug!«) könne auch durch Neid befeuert sein.

Ob Jesus ein Handy gehabt hätte? Das von Fliege jedenfalls klingelt recht häufig, jetzt gerade wieder, er macht es kurz und sagt entschuldigend, bei der Anruferin habe es sich um eine krebskranke Muslimin gehandelt, er habe heute aber schon dreimal mit ihr gesprochen. Kostenlos, selbstverständlich. Was man eben so macht, als Pfarrer in Rente und aber weiterhin sehr beschäftigter, ja man kann durchaus sagen, geschäftstüchtiger Seelsorger: Mittlerweile im regionalen Nirgendwo ausgestrahlte Fernsehsendungen, eine nach ihm benannte Zeitschrift, Seminare, Pilgerreisen, eine gebührenpflichtige, per Telefonrechnung zu zahlende Predigt vom Band, Kongresse mit Kräuterexperten, Schamanen, Wunderheilern und anderen Predigern – kommt da nicht ordentlich was zusammen? Immerhin beschäftige er ja mehrere Personen, sagt Fliege, doch die meisten dieser Aktivitäten könne er gerade so mit einer SCHWARZEN NULL bilanzieren, wenn er Glück habe. Die Fernsehsendezeit zum Beispiel müsse er ja kaufen, und im ersten Halbjahr 2011 sei er damit unterm Strich 18 000 Euro in den Miesen. Seit drei Jahren habe er kaum Steuern zahlen müssen und sich von Finanzbeamten fragen lassen, wo denn bei Gratis-Hochzeiten seine Gewinnerzielungsabsicht liege. Meistens, sagt er, zahle er doch drauf, bei der Beerdigung von Klausjürgen Wussow beispielsweise, dreimal habe er nach Berlin fliegen müssen, Vorgespräche, Zeremonie und so weiter, und man solle mal bloß nicht glauben, er habe ein Honorar dafür bekommen. Von der Kirche selbst kriege er ja nichts mehr – aber Geld für einen Mann Gottes? Wenn überhaupt, dann verschämt, die Deutschen seien da sehr verklemmt.

Begonnen hat das Missverständnis zwischen Jürgen Fliege und der Evangelischen Kirche vor vielen Jahren mit einer Kirschtorte: Er erzählt, dass er schon im Alter von vier Jahren beschlossen habe, Pfarrer zu werden, und zwar am Geburtstag seines Großvaters. Eine Kirschtorte war gebacken worden, doch Jürgen Fliege bekam kein Stück davon, die Torte blieb unangetastet, bis es nachmittags an der Tür klingelte, der Pfarrer kam zu Besuch und kriegte das erste, größte Stück von der Torte, »mit Sahne!«, und da habe er, Jürgen Fliege, gedacht: »Pfarrer müsste man sein, da kriegt man das größte Tortenstück, da hat man Macht – sogar über den Großvater.«

Als die Evangelische Kirche dann in den Gründungszeiten des Privatfernsehens einen Abgesandten suchte, der kostengünstiges Kirchenprogramm produzieren könnte, habe er das übernommen, seinen Beamtenstatus ruhen lassen und seither beherzigt, was ihm die Kirchenoberen hinsichtlich seines Auskommens damals mit auf den Weg gegeben hätten: »Schlag dich durch!« Genau das habe er getan, mal gut bezahlt, mal schlecht, eigentlich wie ein Arbeiterpriester in Frankreich, sagt er. Sein Leitwort sei Erfahrung, und wenn in einem Gottesdienst nichts los sei, dann gehe er sofort raus und mache es anders, wasche zum Beispiel auf der Reeperbahn einer Nutte die Füße.

Seine eigenen Füße stemmt er jetzt gegen die Verandatischkante und zeigt auf seine nicht geschnürten Schuhbänder: »Immer offen, bei mir ist alles immer ganz offen.«

Er habe nichts zu verbergen, man müsse ihn nur bitte mal ausreden lassen. Das klingt vernünftig, und man will es wirklich probieren, dabei gilt es, drei elementaren Versuchungen zu widerstehen: laut aufzulachen, einzuschlafen oder Pastor Fliege eine seiner im ganzen Haus bereitliegenden Broschüren in den frömmelnden Mund zu stopfen und ihm eine zu ballern, etwa wenn er sein Engagement für den von einem Scientology-Mitglied vermarkteten, dubiosen 4000-Euro-»Raumlüfter« (Ohne Strom, ohne Chemie! Geld-zurück-Garantie!) so verteidigt: »Ich kaufe ja auch bei Juden.«

Er will jetzt noch eine weitere Mail zeigen, die seine 5-Euro-pro-Fläschchen-Darstellung beweise, also gehen wir durch den Garten zu seinem Büro, vorbei an langen Regalen, in denen ordentlich aufgereiht blaue Akten stehen. Fliege verlangsamt sein Schritttempo, man merkt, er würde jetzt gern gefragt werden, was denn das für Akten sind, zögernd greift er die Bürotürklinke, blickt nochmal stolz zur Aktenwand, na gut, also fragt man ihn: Was sind denn das für Akten? Einzelfälle, sagt Fliege beflissen, Schicksale seien das, in jeder Mappe ein Schicksal, Menschen in Not, denen die »Fliege-Stiftung« geholfen habe. Müsse man ja alles zehn Jahre lang aufbewahren, Finanzamt und so weiter, er sei ganz gewiss der meistgeprüfte Haushalt hier am Starnberger See, die kämen regelmäßig und guckten alles an. Tankquittungen! Oder sie fragten ihn, wie oft er seinen Lutherrock getragen habe, bevor er ihn seinem Assistenten schenkte. Permanent werde er geprüft, momentan schon wieder. Auch die, sagt Pastor Fliege und meint die Steuerprüfer, könnten damit, gemeint ist sein Seelsorge-Unternehmen, offenbar schlecht umgehen. Ergriffen, selbstmitleidig und dabei sehr zufrieden, vielleicht weil hier wieder diese Jesussache voll aufgeht, hält er kurz inne, dann zieht er eine Akte aus dem Regal, was haben wir denn hier? Ah, die Eheleute Soundso, mhm, er blättert weiter, sehen Sie, AOK, irgendeine Krankengeschichte. Haben wir bezahlt!

Jetzt in totaler Beweisstimmung, rennt er zum Schreibtisch, durchforstet den Mail-Eingangsordner, sucht den Superbeweis, findet ihn natürlich, und dann will er unbedingt noch einen Film zeigen, der eine weitere Verschwörung belege, und zwar im medialen Umgang mit diesem 4000-Euro-»Raumlüfter«. Fliege öffnet seine eigene Internetseite, es erklingt sakrale Musik und seine Stimme: »Willkommen in meiner Internet-Kirche. Hier haben Sie Zeit, sich zu informieren, sich zu sammeln, zu beten und zu helfen.« Was ist das für

Musik, Herr Fliege? Och, sagt er, irgendeine, die nichts kostet. Er tippt ins Suchfeld: »Mauertrockner«. Null Treffer. Hm. Versteht er jetzt nicht. Muss doch irgendwo sein, der Film. Es war nämlich so, da kam ein WDR-Team, und die waren total tendenziös. Am Seitenrand blinkt die Bannerwerbung: »Ein Kurs in Wundern«, »Spirulina Pacifica Hawaii Algen«, »Familienaufstellungen«, »Geistiges Heilen«, »Pilgerreise mit Jürgen Fliege«, »Zentrum für energetisches Arbeiten«, »Gebete wirken auch am Telefon«.

Klingt alles sehr nach Kirschtorte. Der Klingelbeutel klingelt durchgängig in Jürgen Flieges »Internet-Kirche«. Sieht er anders: Wir könnten ja eine Kerze anzünden, bietet er jetzt an, bei ihm koste doch angeblich alles so viel, aber das virtuelle Kerzenanzünden zum Beispiel, das sei gratis. Er tippt auf die Kerze, man wird aufgefordert, per Mausklick ein »Licht« zu entzünden, das dann »Ihr Gebet zum Himmel trägt«. Wie wäre es denn, um des lieben Friedens willen, mit einer Kerze für Markus Lanz? Gern, sagt Fliege und versucht es. Klappt zwar nicht, doch er hätte das gern gemacht, sagt er, in gewisser Weise müsse er Markus Lanz nämlich dankbar sein. Ach, echt, wieso das jetzt? Fliege dreht sich auf dem Schreibtischstuhl, weg von den Online-Kerzen, und schaut versonnen: Er frage sich grundsätzlich, bei allen Stolpersteinen des Lebens, wozu war das gut? Man falle nicht nur in die Hände Gottes, der schubse einen auch mal, und ihn jüngst eben in diese Talkshow, zwecks Reinigung. Krisen hießen Abschied nehmen von etwas. Du hast das nicht rüberbringen können, Jürgen, müsse er nun erkennen, dass nämlich Nahrungsergänzungsmittel und all sowas spirituell wirksam sein können – dann lass es bleiben! Er werde diese Essenz wohl nicht weiter unter seinem

Namen verkaufen lassen. Statt ihm zur Seite zu springen, duckten sich diese Pharmafirmen-Angsthasen jetzt weg, die Chefin im Ibiza-Urlaub, pah, also sage er sich: Komm, lass es. Obgleich es schwierig werde, wenn man Spiritualität von der Verbraucherzentrale prüfen lassen müsse. Jedes Logo sei doch nichts anderes als ein Segen. Die adidas-Streifen zum Beispiel, was vermittelten die denn anderes als Selbstsicherheit und Zugehörigkeit? Aber bitteschön, er habe die Signale verstanden, Schluss mit der »Fliege-Essenz«.

Am frühen Abend schubst Gott, dieser gewiefte Komödien-Regisseur, ein junges Paar samt quengeligem Kleinkind in Pastor Flieges Garten. Sie wollen in zwei Wochen heiraten, nicht kirchlich, aber schon mit einer kleinen Zeremonie, bei Wetterglück gern unter freiem Himmel, locker solle es werden, sagt der Bräutigam, locker, bisschen peppig, bloß nicht spießig, und im Prospekt des ihnen für diese Zwecke ideal erscheinenden Hotels am Starnberger See hätten sie alles gefunden, was man brauche für so einen Tag, DJ, Pianist, Nanny, Dekorateur – und eben: Jürgen Fliege. Dessen Talkshow hätten sie früher immer gern geguckt, er soll den Ringtausch beglaubigen und ein paar nette Worte sprechen, locker halt und bloß nicht spießig. Nun also das vorbereitende Traugespräch, Fliege serviert Weißwein und für das Kind ein paar Puppen, dann setzt er sich in einen Gartenstuhl, ein Klemmbrett mit Notizzetteln auf den Knien, sagt, dass er die beiden nicht missionieren wolle, es gehe ihm um die SEELE. Gott, Kirche und so, das sei »erstmal scheißegal«, auf die Seele komme es an. Die beiden gucken erleichtert, das ist ihr Mann. Wir nennen das Segen, sagt Fliege, und wie immer federt er solche religiösen Signalwörter ordinär ab, als mische er bittere Medizin in süßen Kakao, also fügt er schnell an: »Die Hochzeitsgäste sollen fressen, saufen, tan-zen, aber euch auch toll finden, euerm Bund zustimmen.« Das Paar ist einverstanden, dagegen ist nichts einzuwenden. Fliege ist jetzt ganz Dienstleister (»Soll ich einen Anzug anziehen, Gehrock?«) und befragt die beiden, wie sie sich kennengelernt haben, was mit den Eltern ist und so weiter. Mit den Eltern ist es schwierig, und das ist gut für Fliege, da kann er einhaken. Böse Mutter, toter Vater, jetzt legt er los. Zum Aufwärmen das Vornamenspiel, alter Trick von ihm, einfach drauflosassoziieren, man kennt das von Kartenlegern, einprägsamer als die Fehldiagnosen sind die Zufallstreffer. »Heiner« also, Fliege fabuliert, was der so für ein Typ war, mal rein vom Klang des Namens her, bis der Bräutigam ihn sanft berichtigt, Rainer habe der Vater geheißen, nicht Heiner, Rainer – aber kein Problem für Fliege, den Befund geschwind etwas umzudichten, schon passt wieder alles. Jedenfalls: Der tote Vater stehe auch irgendwie in der Ecke bei der Hochzeit, das müsse man wissen. Und die Mutter, warum wirke die wohl böse – und schon stehen wir knietief im Schicksal, die Mutter habe dies und das erleiden müs-sen, auch das habe man nunmal zu bedenken. Frieden mit den Eltern, damit die Liebe noch größer werde, es gehe um Führung, und ob man das dann Gott nenne, sei »piepegal«, allein für diese Dimension wolle er sie ÖFFNEN, mehr nicht. Die Braut wischt sich erste Tränen aus den Augen, das Kind plärrt, der Bräutigam geht zum Auto, den Maxi-Cosi holen, aber als er zurückkommt, hat Jürgen Fliege das Kind längst durch intensives Sprechen mit der Puppe beruhigt, spannender als rumzuschreien, fand das Kind und war still. Tatsächlich, wenn Pastor Fliege jetzt über den Starnberger See liefe, niemand wäre überrascht. Zum Ausklang wird er wieder irdisch, ob die beiden schon Ringe gekauft hätten? Haben sie. Und wie ist es mit dem Hochzeitsspruch? Den haben sie noch nicht. Sucht ihn nicht, sagt Fliege, ihr werdet ihn finden, er wird euch begegnen. Die beiden nicken angetan, eine Sorge weniger.

Fliege bringt sie zum Auto und kehrt zufrieden zurück. Das waren zwei von eintausend, sagt er, eintausend Menschen treten jeden Tag aus der Kirche aus, und ich interessiere mich für diese eintausend Menschen, der Hirte muss doch den verlorenen Schafen hinterherlaufen. Er wolle nicht wetten, sei sich aber sicher, dass die beiden in einem halben Jahr wiederkämen und ihr Kind von ihm taufen lassen wollten. Ob einem, nebenbei, aufgefallen sei, dass es mit keinem Wort um Geld gegangen sei? Alle kriegten Geld, das Hotel, die Nanny, der DJ – aber er? Nix! Nicht mal gefragt hätten die beiden, und dass er es nicht angesprochen habe, sei sein Fehler. Insofern ein weiterer Dank an Markus Lanz, dafür sei die Sendung gut gewesen, künftig noch deutlicher zu formulieren: »Alles kostet Geld, und auch mein Service kostet Geld.« Wieso macht er es dann trotzdem? Nun, solche kirchlichen Dienstleistungen – Trauungen, Beerdigungen und Taufen – seien dienlich, den Status »Pfarrer« zu erhalten, und das sei nicht unwichtig fürs Gesamtgeschäft.

Nachts in Flieges Keller schwirrt einem der Kopf, was für ein irrer Tag, so viele Verschwörungstheorien, Bibelzitate, die Online-Kerzen, Wasserschwingungen, und dann auch noch tote Brauteltern in der Ecke, puh. Um Schlaf zu finden in Flieges Gästebett (»Da hat auch schon der Dekan drin geschlafen«), vielleicht noch ein bisschen fernsehen. Der kleine Fernseher steht auf einem kippligen Holzwägelchen, und beim Durchschalten trifft man schon wieder

auf Karasek und Ditfurth, diesmal sitzen sie um Charlotte
Roche herum, orchestriert von Sandra Maischberger, seltsam. Den Fernseher noch etwas näher ans Bett schieben,
pardauz, da kippt er vom Wägelchen, ein Riesenkrach, ob
Pastor Fliege davon aufgewacht ist? Angst. Bild weg, aber
der Ton ist noch da. Habe ich jetzt Jürgen Flieges Gäste-
fernseher zerstört? Könnte ja auch der Dekan gewesen sein,
theoretisch. Aber guckt ein Dekan Fernsehen? Oder liest so
jemand nicht eher dieses Buch auf dem Nachttisch, »Die
heiligen Väter – Päpste und ihre Kinder«? Panik, den Fernseher zurück aufs Wägelchen wuchten, da kippt er nochmal
polternd um – und funktioniert wieder. Ein Zeichen? Wenn
was umkippt, kipp es einfach nochmal um? Doppelte Ration
Schlaftabletten und Ruhe.

Früh am nächsten Morgen hat Fliege schon mit seinem
Elektrofahrrad Brötchen geholt – und eine Kerze angezündet.
Für die Toten, sagt er. Klar, logisch, denkt man und beißt ins
Brötchen. Fliege scheint Gottes Lanz-Schubser nun wirklich
zu beherzigen, er spricht jetzt sehr offen über Geld. Als ver-
klemmter Deutscher denkt man: viel zu offen. Aber man will
ihn natürlich nicht unterbrechen. Also, seine Pension habe
er in der Blüte seines Fernsehpfarrerdaseins praktisch selbst
im Voraus gezahlt, 35 000 Euro pro Jahr, und zwar netto. Er
brauche pro Monat so zwischen zehn- und zwanzigtausend
Euro, Haus abbezahlen, zwei Töchter im Studium, die lau-
fenden Kosten. Die Sekretärin, das alles koste ja: Geld! Mit
Coaching und Vorträgen verdiene er das meiste, und was
immer übrig sei, fließe in seine Stiftung, das sei alles so der-
maßen transparent und hundertfach überprüft, sämtliche
Siegel und Zertifikate, Bundesverdienstkreuz und so weiter,
keine Geheimnisse, dazu der Landesbischof im Stiftungsrat,

dem sage er immer: Du hast den Überblick bei den Zahlen, ich hab Charisma.

Am frühen Nachmittag, im Münchner Büro der »Fliege-Stiftung«, empfängt er zwei Mitarbeiter der BW-Bank. Fliege reibt sich die Hände, na also, sagt er, nur Gangster am Tisch, Bänker und ein Pfarrer, ha! Es muss allerlei unterschrieben werden, Finanzweltwörter fliegen durch den Raum, Performancereport, Laufzeitstruktur, Emerging Markets, Anlegermentalität. Fliege betont mehrfach, sei doch toll, das Stiftungskapital sei mittlerweile auf 2,7 Millionen Euro angewachsen. Die Bankleute finden das auch gut. Und wenn Sie bitte hier noch unterschreiben würden? Hier ist jetzt Fliege mal der, der glauben muss, denn ganz verstehen kann man das als Nichtexperte natürlich alles nicht; zwischendurch fragt er mal ins geradezu Blaue hinein: BMW ist besser als Daimler? Was ist mit Münchener Rück? Triple A gibt es bei Unternehmen also gar nicht? Dann, wieder stimmfester: Wir unterstützen jedes Jahr 12 Pfarrer, die eine tolle Diakonie machen, ob katholisch oder evangelisch, ist scheißegal, jeder kriegt 10 000 Euro, die Zahl 12 ist wichtig, 12 Jünger! Die Bankmenschen bleiben hüstelnd formell: »Erlernter Beruf, was tragen wir da ein?« Pfarrer, ruft Fliege, der schönste Beruf der Welt!

Als die Bänker weg sind, zeigt Flieges Stiftungsmitarbeiterin ihm noch ein Papier, aus dem hervorgeht, dass die der Stiftung von einer alten Dame vererbten Schmuckstücke laut Gutachter knapp 15 000 Euro wert seien. Fliege nickt, geht alles in die Stiftung, an die Jünger. Ein bisschen mehr rausschlagen, als der Gutachter schätzt, das gehe immer. Er würde einen jetzt bei Bedarf bestimmt auch noch zur Magenspiegelung oder so mitnehmen, soll ja keiner sagen, er habe irgendwas zu verheimlichen, aber nun ist es genug.

Zur Verabschiedung reiche ich ihm die Hand, aber er lässt sie in der Luft hängen, umarmt mich fest, flüstert gute Wünsche und schenkt mir dann Weintrauben aus seinem Garten. Die sind schön süß, sagt er. Ich probiere gleich eine, die Traube schmeckt sauer, aber wenn man es dazusagt und ganz fest dran glaubt, kann man natürlich auch sagen, die Traube schmeckt süß, warum nicht. Es ist keine Unterstellung, eher ein Reflex, der mich nach der unerwarteten Umarmung an meine Hosentasche greifen lässt – aber mein Portemonnaie ist noch da.

## ZU BESUCH IN FERDINAND VON SCHIRACHS SCHREIBKLAUSUR

Angeklagt ist die Stadt Venedig, furchtbar, ganz grauenhaft sei es dort, und als strafmildernd wird einzig ein Nebeneffekt ihrer Abscheulichkeit genannt: »Man kann in Venedig gut schreiben, weil die Stadt so grässlich ist«, sagt Ferdinand von Schirach.

Für einen Monat hat der Berliner Strafverteidiger und Schriftsteller hier eine, so er, »kleine und absurd teure« Wohnung angemietet, um in Ruhe sein zweites Buch fertigzustellen. Den pensionierten Strafrichter Seybold, Held einer der neuen Geschichten, lässt er darin Letztgültiges über Venedig dekretieren: *Nach drei Tagen schrieb er eine Karte an seine Schwester: »Venedig ist nicht schön, es ist nur typisch.« Außerdem regnete es ständig.*

Seybold verlässt die so unerträgliche Stadt früher als geplant, von Schirach selbst ist geblieben, heute scheint endlich mal die Sonne. Man freut sich gleich beim Austritt aus der easyJet-Hölle am Flughafen Marco Polo, Wärme, Licht, Wasser, Boote, schwitzen und mit den Augen blinzeln – schön! Finden Sie?, fragt von Schirach und setzt sich die zur Begrüßung höflich abgenommene Sonnenbrille wieder auf. Er trägt einen nachlässig teuren, flaschengrünen Anzug, darunter ein schwarzes Polohemd, jetzt hängt er sich das Jackett an den Zeigefinger, wirft es über die Schulter und schleicht voraus: »Machen wir einen kleinen Spaziergang, damit Sie all die scheußlichen Touristen in dieser Stadt ohne Grund sehen können.«

Mit dem Wort »schön« muss man also aufpassen bei ihm, speziell in Venedig, dieser schrecklichsten aller schrecklichen Städte, gut, verstanden. Venedig – ein Witz. In einem Maße besungen, beschrieben, gemalt, zerfilmt und totfotografiert, dass alle eigenen Venedig-Empfindungen sich im Zitatsalat verlieren und also erübrigen. Liebreiz an jeder Ecke. Jede Ecke: Liebreiz. Alle infrage kommenden deskriptiven Wörter Klischees. Jedes Klischee wahr. Wer hier fotografiert, fotografiert Fotografierende.

Oh, ein schönes altes Haus!

Oh, eine Brücke!

Oh, ein Kanal inmitten von Häuserreihen!

Den Fotoapparat wird man selbstverständlich den ganzen Tag im Etui stecken lassen, das ist nach einer Minute klar, was gibt es hier zu fotografieren? Alles! Also nichts.

Ziel dieses Ausflugs ist es, Ferdinand von Schirach einen Tag beim Schreiben zu stören, verabredet ist eine spöttische Stadtführung, das gemeinsame mündliche Erstellen einer Liste der in und über Venedig sprechend verbotenen Begriffe (schon im besuchsvorbereitenden Mailwechsel war man da weit gekommen: *morbide, malerisch, morsch, enge Gassen, schöne Italienerin, pittoresk, geheimnisvoll, Zahn der Zeit, stinkend fauliger Kanal, todgeweiht, Untergang)* – und tagesbeschließend ein kurzer Blick in seine Schreibstube. Möchte man schon wissen: Wo, wann und wie schreibt Ferdinand von Schirach diese grandiosen Geschichten?

»Verbrechen« heißt der erste Band, eine literarische Sensation, allseits höchstgelobt und vielgekauft. Aus seiner Arbeit als Strafverteidiger hat von Schirach Fallbeispiele destilliert und zu Kurzgeschichten geformt, skelettierten Kriminalfällen, so faszinierend wie beunruhigend, Geschichten über normale Menschen und deren Straftaten.

Wann immer man in den vorangegangenen Monaten mit Menschen über gerngelesene neue Bücher sprach, wurde verlässlich von Schirachs Debütwerk genannt. Und anders als sonst beim Schwatzen über WICHTIGE BÜCHER der Saison wurden keine beliebigen Wattewörter umhergepustet, vielmehr wusste jeder konkret eine Episode aus dem Buch zu nennen, die ihn nicht mehr losgelassen hat. Beim Lesen dieser Geschichten hatte man Glückserlebnisse wie sonst nur bei der Lektüre von Fitzgerald oder Capote, da sitzt jedes Wort, da ist alles an seinem Platz, Poesie durch Reduktion, im Leserkopf entsteht ein soghafter – man kann es nicht anders sagen – Film; die Figuren und ihre Geschichten in einer zwar warmherzigen Menschenkenntnis entwickelt, zugleich jedoch weht durch die Zeilen ein kühlklares Lüftchen der Vergeblichkeit, der Unausweichlichkeit menschengemachter Katastrophen. Beängstigt und dabei bestens unterhalten klappte man das Buch zu, da von Schirach die Täter immer auch glaubwürdig als Opfer zumindest der Umstände beschreibt.

Im einzigen Buchladen inmitten all der Blödsinnsboutiquen Venedigs liegt die italienische »Verbrechen«-Übersetzung im Schaufenster, hier heißt das Buch »Un colpo di vento«, gerade erschienen, »Novitate!«, die erste von bislang 25 lizenzierten Übersetzungen, und schon auf Bestsellerlistenplatz 10. »Un colpo di vento«, ein Windstoß also, wörtlich übersetzt, sagt von Schirach, man habe ihm zwar gesagt, der Titel sei zweideutig, die andere Bedeutung allerdings habe er nicht kapiert. Der ungeheure Erfolg seines Buchs brachte es mit sich, dass er innerhalb weniger Monate den gesamten Literaturbetrieb hat kennenlernen müssen, und eines, sagt er und guckt etwas geschafft, habe er dabei feststellen dürfen, dass nämlich Marcel Reich-Ranickis Lamento, es gebe zu wenig Literatursendungen im deutschen Fernsehen, absoluter Unsinn sei. Jede Landesrundfunkanstalt habe eine Literaturfernsehsendung, mindestens, dazu nochmal etwa zwanzig im Hörfunk, jeweils. Und sie alle wollten ihn befragen, an diesem Buch kam, wie man so sagt, NIEMAND VORBEI. Ferdinand von Schirach hat all den staunend schaudernden Interviewern (»Und könnte also jeder zum Mörder werden, Sie, ich – jeder?«) immer wieder seine Anwaltserfahrung dargelegt, die sich als sein Schriftstellerglück erwiesen hat, nämlich die Erkenntnis, dass uns vom Chaos nur eine Art Papiertüre trenne, dass wir zwar fröhlich leben mögen, zivilisiert und gesetzestreu, jahrzehntelang, aber doch stets auf einer dünnen Schicht nur wandelnd. Einmal nicht aufgepasst – schon versunken. Wo könnte man das besser begreifen als in Venedig, in dieser auf Abermillionen von Holzpfählen trotzig ins Nichts behaupteten Stadt. Unter dem Boden schwappt der Morast. Jeder Pfahl eine Regel, ein Gesetz, eine Übereinkunft – die Gesamtheit der Pfähle: Zivilisation. Der Verfallsexperte von Schirach hat sich das genau erklären lassen: »Unter Wasser halten diese Pfähle ewig, aber wenn Luft drankommt, sind sie im Nu zerfressen und hinüber. Und im Kanal können Sie übrigens auch Fotos entwickeln, einfach reinwerfen, halbe Stunde, sind die Fotos fertig.«

Er hat sich, um mit dem Buch fertig zu werden, entschlossen, Venedig für die Zeit dieses Schreibaufenthalts als Witz zu betrachten. Als Jugendlicher war er schon einmal länger hier und hat sich dem klassischen Besichtigungsexzess hingegeben, von Kirche zu Kirche, wenn man damit erstmal anfange, sei man verloren, man könne nicht morgens Tizians »Mariä Himmelfahrt« betrachten und nachmittags dann ernsthaft an einem Buch arbeiten, er müsse sich diese groteske Menge an Kunstschätzen ganz bewusst vom Leib halten, vom Kopf vor allem, andernfalls könne er die Manuskriptabgabefrist unmöglich einhalten.

»Verbrechen« hat er in Berlin geschrieben, vornehmlich nachts, nur vier Monate habe er dafür gebraucht, er schlafe nicht viel, und in der Dunkelheit, wenn alles ruhig ist, könne er am besten schreiben. Hier sei es umgekehrt, tagsüber schreiben, manchmal im Café, meistens aber in der gemieteten Wohnung direkt am Canal Grande, so entgehe er dem hirnlähmenden touristischen Venedig-Trubel. Nachts dann gehe er gern raus, ab 23 Uhr sei überall Schluss, die Tagestouristen längst weg, die Stadt hat ein paar Stunden frei, und dann, ja, doch, dann sei Venedig wunderbar. Nachts um drei allein auf dem Markusplatz – großartig, natürlich.

Er ist hier, dank der Unerträglichkeit Venedigs, sehr gut vorangekommen, und wenn einen der viermonatige Entstehungszeitraum des ersten Buches schon erstaunt hat, wird es jetzt geradezu unerhört, sind doch die bereits abgeschlossenen Geschichten des Folgebands »Schuld«, die er einem schon zum Lesen gegeben hat, mindestens ebenso grandios: »Ging eher noch schneller diesmal.«

Das erste Buch noch immer oben in den Verkaufslisten, da drängt das nächste schon hinterher – nach einem solchen Erfolg vielleicht die einzige Möglichkeit, nicht vor lauter Schreck, begraben unter all den Grandiositätsbezichtigungen, in jahrelanges Schweigen zu verfallen: sofort weiterschreiben, ein neues Buch, einfach Ohren zu und weitermachen. Juristisch wohl als Notwehr zu bezeichnen, literaturkritisch als Geschenk. Das neue Buch scheint, wer hätte damit gerechnet, sogar noch besser zu werden als das erste, noch düsterer, noch variantenreicher, auch lustiger, dennoch, sein Verlag hat ihn vorgewarnt und ihm die gängigen Mechanismen des Kritikbetriebs erklärt, nach einem solch umjubelten Debüt kann das Nachfolgewerk brillant sein, wie es will, mit Verrissen ist zu rechnen (»stagniert auf hohem Niveau« und so weiter). Angst? Nein. Er schreibe einfach weiter und erwarte gar nichts. Als seine Lieblingshaltung zur Welt hat er mal die Formel »Verhaltenes Mittun« genannt, und besser kann man sein öffentliches Auftreten nicht beschreiben: Auf all die Umarmungen des Literaturbetriebs – Einladungen, Angebote, Preise – hat er höflich und gesprächsbereit reagiert, dabei stets distanzwahrend. Anfragen ohne schlechtes Gewissen abzusagen, daran habe er sich erst gewöhnen müssen, er wolle ja auch nicht arrogant wirken, aber es wurde einfach zu viel.

Gutgelaunt entwirft er jetzt beim Gang durch die ENGEN GASSEN Zukunftsideen für Venedig: Die Stadt langsam verfaulen lassen, jegliche Instandhaltung streng bestrafen, man würde ab und zu mit dem Boot hinfahren, die untergehende, verrottende Stadt anschauen und sagen, das ist eine gute Metapher für die Menschheit – sie vergeht allmählich an sich selbst. Oder aber: alles an Disney verkaufen. Disney würde dann das ganze schmutzige Wasser raus- und sauberes, gechlortes Wasser reinpumpen, die ewigen Brückenstufen würden durch Rolltreppen ersetzt, und alle paar Meter stünden Dogen mit Luftballonbündeln, um die Touristen zu begrüßen, wie Mickey Mouse. Aus jedem dritten Fenster würde ein Casanova-Darsteller winken, und es gäbe enorm große Gondolieri-Puppen, die zufallsgeneratorgesteuert aus dem Wasser emporsteigen würden. 24 Stunden, jeden Tag. Und allabendlich einen riesigen Maskenball, natürlich direkt auf dem Markusplatz, wennschon, dennschon.

Ferdinand von Schirach bleibt stehen, vor ihm, zwischen jahrhundertealte, vielleicht auch gar nicht so alte, möglicherweise unlängst ersetzte Steinplatten (die Originale seien als Bodenbelag in Mafiabosspalästen beliebt) ist in den Gassenboden ein Mosaik eingepuzzelt: »American Express«. Na also, er lacht, dieses Mosaik weise doch eindeutig in die Disney-Zukunft.

Da drüben, zeigt er nun über den Kanal, befinde sich übrigens das Deutsche Institut, die Stipendiaten-Zimmer seien zwar nicht besonders komfortabel, aber eine tolle Dachterrasse gebe es, und dort oben zu sitzen, mit Laptop und Aschenbecher, das sei gewiss angenehm, allerdings dürfe man dann natürlich keinesfalls über Venedig schreiben. In Berlin über Venedig schreiben – in Ordnung. In Venedig aber über Venedig schreiben, also wer das täte, habe nun wirklich alles falsch verstanden: »Wenn wir Durs Grünbein ins Weltall schicken und er von dort ein Weltall-Gedicht mitbringt – ist dieses im Weltall geschriebene Weltall-Gedicht dann besser als das auf Erden geschriebene?« Doch wohl nicht. Reiseberichte über Venedig, warum nicht, aber mal im Ernst, wer lese schon gern Reiseberichte? Herrsche ja auch nicht gerade ein Mangel daran. »Schauen Sie sich all die an Straßenständen verkauften, hingekitschten Venedig-Gemälde an, der reinste Schrott! Ein Straßenmaler, der hier Paris-Bilder malen würde, und sein Freund malt währenddessen in Paris eben Venedig-Bilder, das wiederum wäre gut.« Da er aber gegenwärtig nun mal in Venedig schreibe, sei diese so vollends leergedichtete, leergemalte und leergesungene Stadt als Kulisse für sein neues Buch vollkommen unbrauchbar. Der kurze Venedig-Aufenthalt seines Strafrichters Seybold ist folgerichtig vor allem eine Venedigverweigerung, den Spaß hat er sich dann doch genehmigt: »*Auf dem Vaporetto vom Flughafen in die Stadt wurde ihm schlecht. Den Markusplatz fand er unerträglich.*«

Das macht doch auch mal gute Laune, Venedig auf diese Art zu betrachten, also weiter (»Diese fürchterlich hässliche Rialto-Brücke, das ist doch die schlimmste Brücke, die man je gesehen hat!«), zum Markusplatz: »Stellen Sie sich mal den Architekten vor, der mit seinem Markusdom-Modell ankam und sagte, schau mal, wie findest du das, habe ich mal eben so entworfen. Ein Irrsinn, allein diese Säulen, schauen Sie sich doch bloß diesen Säulen-Unfug an, vier Säulen auf einer Säule, wie kann man bloß sowas bauen? Nichts passt zusammen. ›Hey, da oben ist ja noch etwas Platz‹, wird jemand gerufen haben, ›hat nochmal jemand einen Engel oder ein paar Pferde oder irgendwas?‹ Alles vollgerümpelt.«

Blick auf den Platz: Ein Tourist legt sich mitten auf den Markusplatz, lässt sich so am Boden liegend fotografieren, die Tauben staksen um ihn herum – der gehe sonst normal ins Büro, mutmaßt von Schirach, und hier trage dieser Mann nun kurze Hosen und Sandalen und legt sich in die Taubenscheiße. Sowieso, er würde die Taubenfütterer einsperren, zwei Stunden lang, oder exorbitante Geldstrafen verhängen, einmal Tauben füttern, zack, 300 Euro.

Angenehm sind seine Venedig-Tiraden, weil er sie, bei aller Abfälligkeit, in friedfertigem Ton vorträgt, spielerisch. Nicht die Straftaten, sondern die Straftäter hat ein Anwalt zu verteidigen und daher zuallererst mal deren Motivationen und Bedingtheiten nachzuvollziehen und nachvollziehbar zu machen. Die so trainierte, sehr weitreichende Vorstellungskraft für mögliche Defekte und Irrtümer ist sein Kapital als Anwalt ebenso wie als Schriftsteller. Er ist berufsbedingt Profi im Aufspüren von Fehlern, Lücken und Lügen, und er ist jederzeit in der Lage, Erklärungsmodelle zu entwerfen. Von der Katastrophe aus rückwärtszudenken, das ist sein Beruf: Wie konnte es nur dazu kommen? Und wenn er, so herum denkend, angekommen ist, am Ausgangspunkt des Desasters, ist das zugleich der Anfang einer neuen Geschichte: da, wo es schiefzulaufen begann. Seine Erzählung – vor Gericht oder zwischen Buchdeckeln – kann dann auch, um des Effekts oder der Plastizität willen, ein Stück vorher einsetzen: als alles noch in Ordnung war.

Kommt ein Mandant zum Strafverteidiger – es ist also etwas vorgefallen, eine Sache ist außer Kontrolle geraten, eine Ehe, eine Freundschaft, vielleicht auch nur ein Besäufnis, es gab eine Versuchung, ein Unglück, einen Fehler, ein Missverständnis, und nun muss der Anwalt, um den Beschuldigten verteidigen zu können, die Umstände rekonstruieren, was vorher war, was eigentlich geplant war, was dazwischenkam und alles durcheinanderbrachte und so weiter. Was kann man einem Menschen vorwerfen, was muss man ihm zugutehalten, was entlastet ihn? Der Verteidiger muss die Straftat als Finale einer Entwicklung erklären: Herkunft, Erziehung, Kränkungen und Erkrankungen, Umgebung, Wetter – alles kann mitursächlich sein dafür, dass es so kam, wie es eben kam. Eine bessere Ausbildung zum Geschichtenerzähler ist kaum denkbar.

Am benachbarten Café-Tisch erörtert gerade ein deutsches Touristenpaar die bevorstehende Hochzeit, zwanzig Minuten allein die Frage, was er anzieht und was sie anzieht – von Schirach hört aufmerksam zu. Sowas sei doch hundertmal spannender als, sagen wir, irgendwelche Politiker-Rücktritte. Oder die Eurokrise. »Die großen Sachen, die sogenannten Weltereignisse interessieren mich im Grunde nicht. Natürlich lese ich alles darüber, aber wirklich verstehen kann man sie ja nicht, sie ändern auch meistens nichts an unserem Leben und an den ewigen Fragen: Was ist Liebe, was ist Verrat, was ist Neid, Eifersucht, Schuld – darum geht es, vor tausend Jahren, heute und in tausend Jahren. Immer wieder dieselben Fragen. Nehmen wir dieses Paar da drüben und dessen Gespräch über Hochzeitskleid und Hochzeitsanzug. Wenn man da genau zuhört, malt man sich doch sofort aus, wie es weitergeht mit den beiden, alle Möglichkeiten sieht man blitzartig vor sich: dass und woran die Ehe schließlich scheitern wird; oder wie sie sich miteinander abfinden und zusammenbleiben. Als Nächstes ziehen sie möglicherweise INS GRÜNE, es ist der Wunsch der Frau, und der Mann ist natürlich nie zu Hause, weil er ja dauernd arbeiten muss, um dieses verdammte EIGENHEIM finanzieren zu können, er fühlt sich bald fremd in dem nach den Wünschen der Frau ausgestatteten TRAUMHAUS, die Badezimmerkacheln in einem ganz bestimmten Blauton, das ist ihr ganz wichtig, und dann gibt es also diese feinblaubestimmten Kacheln – und es wird die reinste Hölle, bald schon fängt die Frau an, sich zu beschweren, er sei ja nie da und sie eingesperrt in diesem Knast im Grünen. Und so weiter. Das versteht man, das ist interessant.«

Auch so lässt sich vielleicht seine heiter vorgetragene Venedig-Aversion erklären, er ist einfach durch seine Anwaltstätigkeit hypersensibilisiert für das immense Gefahrenpotential des vorsätzlich Schönen, immer wenn alles stimmen soll und die Erwartungen überborden, an Feiertagen, im Urlaub, bei Familienfesten, dann wird es brenzlig, die Holzpfähle ächzen, der Anwalt bekommt zu tun. So betrachtet also begreift man, warum ihm die Stadt Venedig in hohem Maße verdächtig erscheint, warum er aus dem Wort »schön« gerade hier so formvollendet die Luft herauslassen muss.

Wenn die Mandanten in seine Kanzlei kommen (oder er sie im Untersuchungsgefängnis besucht), ist wieder mal ein Lebenskonzept zu Bruch gegangen, entzündet an einer Kleinigkeit vielleicht, jedenfalls endend im Desaster, in der Straftat. Da wird man ja zum Zyniker, mag nun eine Touristin einwenden, die sich gerade ein Malen-nach-Zahlen-Gemälde von der Soundso-Brücke gekauft hat und wie wild um sich fotografiert. Nö, Schirach ist zum Schriftsteller geworden. Zu einem wirklich außerordentlichen, der uns in seinen Geschichten auf so empathische wie kühl-unbestechliche Weise erzählt, wie die Biographien ganz normaler Menschen entgleisen können.

Was sagt er denn zum »Fall Kachelmann«? Och, na ja, völlig uninteressant, wie das Verfahren nun ausgehe, die Figur aber sei natürlich toll, interessant seien doch die vielen Frauen, und wie er das – wenn es so war, wie es in den Zeitungen stand – logistisch organisiert habe. Also: der Heiratsschwindler. Als literarische Figur wunderbar, aber so ein Vergewaltigungsprozess selbst sei ein überaus langweiliges Verfahren. Und auch seine eigenen spektakulären Fälle, spektakulär insofern, als sie in der Zeitung standen, weil der Angeklagte prominent war, Schabowski zum Beispiel, seien zur literarischen Verwendung völlig ungeeignet. Schabowski ist im Grunde wie Venedig. Da hört ja keiner mehr zu, da schiebt sich so viel Vorwissen und vermeintlich Gewusstes vor die Geschichte, über sowas könne er nicht schreiben, ganz abgesehen davon, dass er es nicht dürfe. Seine Geschichten sind ja, und das ist das Unglaubliche, anhand der Wirklichkeit frei erfunden, kunstvoll aus mehreren Fällen zusammengesetzt und durch Übertragung auf andere Milieus, andere Orte, andere Zeiten so verfremdet, dass die pure, nicht mehr deduzierbare Essenz bleibt. Den Charakter einer Person oder Straftat, sagt von Schirach, könne er schreibend nicht verändern, wohl aber anders darstellen. Auch daran wird seine ungeheure literarische Leistung deutlich: dass es diese Fälle, die er in »Verbrechen« und »Schuld« beschreibt, so nicht gegeben hat. Als Anwalt ist er schließlich zur Verschwiegenheit verpflichtet, und diese Notwendigkeit, eben nicht reale Fälle nachzuerzählen, sondern Zutaten aus verschiedenen Verfahren zu mischen, hat ihn praktisch gezwungen, Literatur daraus zu machen, Verfremdung zwecks Verdeutlichung, und das gelingt ihm auf eine Weise, dass man jedes Detail für Wirklichkeit halten muss – es ist aber mehr als dies: nämlich die Wahrheit.

Fast zwanzigjährige Berufserfahrung hat den Anwalt Ferdinand von Schirach gelehrt (und den Schriftsteller Ferdinand von Schirach geschult): »Wenn jemand die Unwahrheit sagt, werden die Geschichten oft sehr dünn, auch zu logisch. Die Wahrheit hingegen wird so rausgeplappert, angefüllt mit abwegigen Einzelheiten, das Unwahrscheinliche und

Unlogische stimmt dann häufig – die Lüge ist immer viel einfacher, ein lückenloses Alibi ist nicht selten als höchstverdächtig einzustufen.«

Es ist Abend geworden, Venedig leert sich, wird jetzt überhaupt erst erträglich, sagt von Schirach und zeigt einem noch schnell das Café, in dem er manchmal tagsüber schreibt, ganz am Rand, unter der Markise, verhaltenes Mittun also, geräuschempfindlich sei er beim Schreiben nicht, man solle kein Theater machen um die perfekte Schreibumgebung, habe nicht zum Beispiel Hemingway angeblich gar im Schützengraben geschrieben? Ging doch auch.

Wie an jedem Abend hier spaziert von Schirach auch heute gegen 23 Uhr durch die Stadt, der Eisverkäufer kennt ihn schon, wie immer zwei Kugeln im Becher, bitte, diesmal Kokos und Birne. Eis essend in die Schreibstube: Im Erkereck des Schlafzimmers steht der Schreibtisch, geradeaus und rechter Hand Ausblick auf den Canal Grande. Wer hier sitzt und nicht über Venedig schreibt, hat alles verstanden. An der Wand hängt ein typisches Ferienwohnungsbild, Pastellaquarell, Ferdinand von Schirach hat mit Tesafilm ein Foto von Hemingway drübergeklebt, der junge Hemingway an der Schreibmaschine (natürlich in kurzen Hosen, das Hemd weit aufgeknöpft, einen Drink griffbereit), da war er noch gut, sagt von Schirach, da hatte er noch nicht diesen blöden Vollbart und war noch nicht so männlichkeitsvernarrt.

Auf Schirachs Schreibtisch steht kein Drink, und er ist auch eher nicht der Typ Vollbart, kurze Hosen und aufgeknöpftes Hemd. Auf seinem Schreibtisch liegen Hemingway-Taschenbücher, ein Kleist-Reclamheftchen, ein Gedichtband von Raymond Carver, eine Tüte Haribo Goldbären und eine angebrochene Stange rote Marlboros. Durchs Fenster hört man das Rumoren eines manövrierenden Wasserbusses, »Vaporetto« genannt, diese Dinger, auf denen Richter Seybold und dessen Erfinder so blümerant wurde bei der Ankunft.

Er schließt die Augen, hören Sie mal, das klingt doch, als seien das riesige heulende Tiere, die raus ins Meer wollen, aber nicht dürfen. Ferdinand von Schirach drückt eine Computertaste, die Goldberg-Variationen erklingen, Glenn Goulds Begleitgestöhne passt gut zum Schiffsgegreine da draußen. Wollen wir nicht alle raus aufs Meer?

Am Ende eines so durchredeten Tages ist es manchmal vernünftiger, zu lesen statt zu sprechen. Sitzen, rauchen, schweigen, blättern in Hemingways »Paris – ein Fest fürs Leben«, und darin findet sich ein Satz, der nochmal erklärt, warum Ferdinand von Schirach hier in Venedig außer der kleinen Venedigverachtung des Richters Seybold nichts über Venedig geschrieben hat: »*Vielleicht konnte ich fern von Paris über Paris schreiben, so wie ich in Paris über Michigan schreiben konnte.*«

Er klappt das Hemingway-Taschenbuch zu und fummelt nachdenklich eine neue Zigarettenschachtel auf. »Wissen Sie was, ich glaube, man darf wirklich kein Wort über Venedig schreiben in Venedig. Ich nehme die Seybold-Geschichte raus aus dem Manuskript. Weg damit.«

Um Himmels willen! Und der tolle Seybold-Satz, »*Venedig ist nicht schön, es ist nur typisch*«, was ist mit dem, der muss doch gedruckt werden!

Nein, sagt von Schirach, die Geschichte passe nicht ins Buch: »Wenn mir mal gar nichts mehr einfällt, schreibe ich Seybold-Reiseführer, ›Seybold in Venedig‹, ›Seybold in Paris‹ und so weiter, dann natürlich ›Seybold und die Frauen‹ – und zum Schluss ›Seybold und das All‹.«

Murmelnder Kanal, lamentierende Schiffe, stöhnender Glenn Gould, gelöschter Seybold, lächelnder von Schirach; Blick aus dem Fenster, Venedig bei Nacht: Der Kanal fließt vorüber, eine Gabelung des Flusslaufs, die Schiffe von links nach rechts, von rechts nach links, die ganze Nacht lang, das sei ja hier im Grunde wie am Kurfürstendamm, Ecke Uhlandstraße, so viel Verkehr, erlaubt Ferdinand von Schirach sich nun doch noch eine kleine Venedigbegeisterung, alles werde auf Schiffen transportiert, er habe während seines Schreibaufenthalts hier wirklich alle nur erdenklichen Schiffsladungen gesehen, Nahrungsmittel, Wäsche, Post, Kranke, Gefangene – nur ein Totenschiff sei bislang nicht dabei gewesen; beeindruckend sei das, also schon auch toll, klar. Man könne natürlich ewig Witze machen über diese Stadt, aber beeindruckend sei sie zweifelsohne. Schön allerdings, schön sei sie nicht. Schön sei was anderes.

# MADONNA LIVE IN L. A.

Um 21:52 noch immer kein Cunnilingus, keine Schändung, keine Kreuzigung. Warten auf Madonna, Nachdenken über die aktuell gängige Madonnakritik, sie SETZE keine Trends mehr, sondern hetze bloß noch verzweifelt Trends HINTERHER – wie die Leute aussehen, die sowas sagen, und was die so gesetzt und gerissen haben in den letzten 30 Jahren.

Lokalkolorit: Häme, dass sie ES nie so recht in Hollywood GESCHAFFT hat. Doppelbegabungsschmarrn. Will man Steve Martin Banjo spielen hören, Woody Allen Klarinette oder Frank Schätzing E-Gitarre? Jochen Distelmeyer lesen? Als Heterosexueller beim Madonna-Konzert, das ist natürlich eine einsame Angelegenheit. Wie für einen Homosexuellen ein Springsteen-Konzert. Alle tragen TÜLLRÖCKE (die Frauen natürlich nicht).

22 Uhr 16: »Wanna Be Startin' Something« vom Band. Sagt man noch Band? Egal. Der Bühnenlaufsteg ein Kreuz mit Herz (sagt man noch Herz?), Ankerklause, Feminismus (das sagt man wieder, oder?), selbstgestochenes Matrosentattoo.

22 Uhr 19: Saal dunkel, alle stehen auf, kann nichts sehen. Auch nicht, dass ich selbst aufstehe. Irgendjemand müsste jetzt mal ein Handyfoto machen, das wäre doch was.

22 Uhr 24: Geht los. Licht: Tempelritter, Käfig, Mischung aus Sadomaso-Katholizismus, Saunaclub, Mädcheninternat, Führungskräfteyoga und Schaumpartykabbala, Cabrio-an-der-Ampel-Musik. Los Angeles, are you with me? I said ARE YOU WITH ME? Sind wir. Die neuen, etwas umständlichen Lieder.

22 Uhr 31: Ah, vertrauter, geliebter Basslauf, Madonna allein in der Mitte mit Gitarre: »Burning up«, Lieblingslied aus dem Frühwerk, V-Gitarre, fieser, ja vieser als Van Halens Jacksongegniedel. Aber das war doch gut! Ach so, ja, tschuldigung. Für mich war's das, sie hat »Burning up« gespielt. Wahrscheinlichkeit, später am Merchandisingstand zuzuschlagen: jetzt bei 100 %.

22 Uhr 38: »Vogue«. Rätselhafte Sexpantomime mit Nonnen in Windeln. Sind das männliche Nonnen? Und wäre das dann irgendwie noch kritischer? Thron, Kerzenleuchter, Kelche und Trauben – alles sehr symbolisch. Kirchenglocken, warum auch nicht.

22 Uhr 42: »Devil Pray«. Das EINE gute Lied der neuen Platte. Die Leute singen mit! Die Leute sind super. Ist sie jetzt gefesselt? Nun kniet sie neben einem Priester: Beichte. Er bekreuzigt sich, sie macht Spagat im Stehen, Vergebung weht durchs Hallenrund.

22 Uhr 45: Also, KOSTÜMMÄSSIG haben wir jetzt alle Weltreligionen so weit durch; Sexpraktiken ebenfalls.

22 Uhr 46: Sie verschwindet im Boden. Das wunderschöne »Messiah«, das ANDERE gute Lied der neuen Platte. In der Laufstegmitte wirbelt ein AUF SEINEN KÖRPER REDUZIERTER halb nackter Akrobat mit Tüchern – wo ist Madonna? Lied läuft, live ist ja wurscht, aber von wo kommt sie dann gleich? So lang weg, das wird bestimmt sehr aufwändig und erstaunlich. Wir setzen uns dann mal.

22 Uhr 49: Madonna immer noch weg.

22 Uhr 50: Ah, da ist sie, reingeschoben auf einem weißen Flügel – oder ist es eine Kühlerhaube, sind das alte »Wetten, dass …?«-Requisiten? – HINGEGOSSEN; jetzt mit dieser gefilterten Cher-1998-Stimme, die ja über die Jahre immer noch mehr gefiltert wurde, klingt mittlerweile wirklich so, als höre man telefonisch zu, wie Kermit erwürgt wird. Was singt sie da, »Body Shop«? Tänzer bei Madonna – oder Pferd bei Corinna Schumacher.

22 Uhr 54: Diese Halle, so Madonna, sei eines ihrer Zuhauses (und wie aber würden SIE »Homes« übersetzen? Heimaten?). Über die Jahrzehnte habe sie so oft hier gespielt, nun ist sie (die Halle, vielleicht auch Madonna selbst) frisch renoviert, und Madonna ist zufrieden mit dem Ergebnis: Die Hallendecke sei immer niedriger oder aber ihr Ego größer und größer geworden. Madonna ist also lustig und SELBSTIRONISCH. Muss man ja sein heutzutage.

22 Uhr 57: Jetzt spielt sie Ukulele, »True Blue«! Um sie herum die weiterhin sehr auf ihre Körper reduzierten Tänzer, sie schnippen mit den Fingern und verrichten subalterne Tätigkeiten: Schubidu-Chöre singen, SEXY sein, lachen. Genau so wird es an Pausentagen zugehen in ihrer Präsidentinnensuite, da kuscheln sich alle unter eine Wolldecke und gucken Disneyfilme oder Pornos (zwei Seiten einer Medaille, klar), Madonna gibt die Herbergsmutter. Dann gibt es Popcorn und zum Gutenachtsagen »Schlaf gut«-TV-Serien-Anspielungen, die die Tänzer aber nicht verstehen, weil sie zu jung sind. Sie lieben es trotzdem und giggeln. Licht aus, noch ein Pupswitz, jetzt aber wirklich schlafen!

Um 23 Uhr 01 stehen alle wieder auf, denn das ist »Deeper and Deeper«, kommt aber nicht so richtig vom Fleck. Madonna sieht toll aus.

23 Uhr 05: Eine Ballade zum Hinsetzen, vielleicht eines der ÜBRIGEN etwa 30 Lieder der neuen Platte. Sie geht jetzt eine Wendeltreppe hoch, oben schmiegt sich schon ein Tänzer ans Geländer, ob das man gutgeht? Die beiden spielen, dass sie sich streiten, dramatisch. Ballade zieht sich, »Heartbreak City«, langwieriges Hin und Her, doch sie obsiegt (natürlich obsiegt sie!), schmeißt ihn final von der Brüstung, aua, eingestreut »Love Don't Live Here Anymore«; ach, damals! Damals, als Heike Makatsch mit Inge Meysel bei Biolek saß, der sich kaum einkriegte, dass diese beiden Damen AUSGERRRRECHNET bei Madonna einen Treffpunkt im Unendlichen (heute – und früher in Mathe – Schnittmenge genannt) ausmachen konnten. Wer hätte das gedacht! Nobody fucks with the Queen.

23 Uhr 13: Jetzt fickt Madonna den Boden, dann einen Ventilator. Spanische Tanzschritte, wie ein besoffenes Sonntagnachmittagssportschaupferd vor so depperten Rabatten. Like a Virgin! Und das Lied hat nichts von seiner Aktualität eingebüßt, ja es ist ERSCHRECKEND zeitgemäß.

23 Uhr 16: Vier Metallbetten, auf denen Sexakrobatik in verschiedenen Konstellationen geturnt wird. Madonna wieder verschwunden, es läuft aber auch ohne sie einigermaßen. Merchandisingzuschlagwahrscheinlichkeit sinkt gerade rapide. »Ist ja auch schon spät«, vielleicht schon mal los, »bevor dann alle« – wer glaubst du eigentlich wer du, anders als ALLE, bist? Bitch, I'm Madonna. Äh, gibt es das rosa T-Shirt auch für Frauen?

23 Uhr 20: Rittmeisterinnen-Choreographie. Interessant ist, wie toll alle aussehen auf der Bühne, und wie unsexy es doch bleibt. Gute Stunde rum, noch keine Erektion. Kann aber auch am Alter liegen (an meinem!). Jetzt wäre ein Medley angenehm, stattdessen ein nichtiges neues Lied. Die letzten drei Madonna-Platten waren nix. Neue Madonna-Platten sind wie neue Woody-Allen-Filme: nimmt man so hin, gerührt, dass diese Granden überhaupt noch was für uns hienieden produzieren.

23 Uhr 25: Scheißegal, denn: »La Isla Bonita«. Was hat sie eigentlich immer mit Spanien? Irre weitsichtig damals schon, weil wir doch alle auch Mexikaner sind, auf 'ne Art? Adventliches Schlittschuhlaufen auf der Frisur von Donald Trump? Flamenco, Gitarren, Getänzel, »Evita« und die Folgen. Ist nicht gerade die Musik das einzig Schlimme an Spanien?

Nee, das Essen. Stimmt, guter Punkt. Spanien-Exzess geht weiter, die Tänzer im Torerowahn, Madonna wieder weg.

23 Uhr 31: Sie ist zurück, eine SPANISCHE Version von »Dress you up«. Wie geht es eigentlich dem Euro?

23 Uhr 33: »Into the Groove«, aber das mache ich nicht, denn auch dieser Groove noch KOMMT MIR SPANISCH VOR. Hauptsache Italien. Ist das ein SPANISCHES MEDLEY? Das hast du nicht kommen sehen, Taylor Swift! Was macht eigentlich Britney Spears heutzutage? Der Todeskuss bei den MTV-Awards 2003 oder so; ist die nicht jetzt im Heim? Oder singt in Las Vegas? Und ist das nicht dasselbe?

Dazu Amerikas bedeutendster Gegenwartsphilosoph Louis C.K.: »Wenn ich an ein Teenie-Idol denke, fällt mir Britney Spears ein, so alt bin ich. Denn sie ist jetzt in meinem Alter, sie hat mich eingeholt. Als ich 35 war, war sie 18 – und jetzt sind wir beide 45.«

23 Uhr 34: »Lucky Star« – muss es erwähnt werden? – spanisch ANGEHAUCHT, beziehungsweise: umgepustet. Sie spanien da jetzt im Herzen des Laufstegs rum, Señoritas, gracias, reicht dann auch mal. Madonna setzt sich, hat Rasseln, spanische natürlich, Maracas, in der Hand.

23 Uhr 38: Sie bringt uns spanisch zählen bei. Warum? Völlig falsche Frage. Uno, dos, tres. Und: Cuatro, motherfuckers (motherfuckers = fünf?).

23 Uhr 39: Akustikgitarre. Reingerufene Wünsche. »True Blue«? Das HABE ich schon gespielt, honey.

23 Uhr 40: »Secret«, bin wieder an Bord. Übersong. Something's coming over meeeeeee! Sie ist Madonna, Bitch.

23 Uhr 45: It's strange, it's fake, it's real--- Äh, tschuldigung?

23 Uhr 46: Dieses Lied sei nur für uns, spiele sie sonst nicht, nur heute hier, »for the city of angels«, ah, »it's like an ANGEL sighing …« – das ist »Like a Prayer«. Ist die Hallendecke gerade wieder ein Stück herabgesunken? Es ist ja nicht so, dass Madonna keine AUSSAGEN im Angebot hätte: Kriege sind sinnlos. Dies sei die »Rebel Heart«-Tour. Stimmt, hatte man noch nicht drüber nachgedacht, inwieweit nun Rebel oder sogar Heart. Vielleicht seien wir gelangweilt von ihrem dummen Klischee, aber dies und das sei ihr wichtig, auch wenn es mitunter schwierig war. I-did-it-my-way-Gelalle, ist ja auch alles prima, nur muss ihr jetzt mal jemand diese Akustikgitarre wegnehmen. Nur noch 31 % Akku – und mein Handy ist auch bald leer. Angst, dass ich kein Taxi kriege. Und dann? Wie heißt der Stadtteil hier noch gleich, INGLEWOOD? Excuse me? Ah, das Tour-Titellied. Hat sie denn die Platte in Spanien aufgenommen? Neuer Lover? Ist sie nicht ITALIENERIN?

23 Uhr 58: »Illuminati«, ratloser Clubstampfer. Sieben Tänzer auf Stangen, schaukeln hin und her. Warum? Because she can. Als ich Madonna zum ersten Mal live sah, 2001 in Berlin, da war sie gerade zum zweiten Mal Mutter geworden und hatte ein Shirt an, vorn drauf stand MOTHER, hinten: FUCKER. Das fand ich sehr gut, auch inhaltlich.

oo Uhr 03: Barjazzatmosphäre, zunächst als Oldie (der es inzwischen ja auch ist) angelegt: »Music«.

Um oo Uhr 04 klingt es wieder so wie 2000. Als sie noch Trends gesetzt hat! Und welche Trends waren das noch gleich? Schlagjeans und Cowboystiefel im »Don't tell me«-Video? Bitch, sie ist MADONNA.

oo Uhr 08: »Candy Shop«. Das ist tapfer. Ihre ziemlich schäbige Fitness-Studio-Kette kommt einem in den Sinn; in Berlin wird auf Bussen dafür geworben (und für das Musical »König der Löwen«, was ja praktisch dasselbe ist, so betrachtet).

oo Uhr 12: »We are living in a material world / And I'm a material girl« – stimmt nicht recht eigentlich beides nicht mehr? Das sind so Gedanken zur Nacht. Jetzt trägt sie einen Schleier, zwei Zylindertänzer die Schleppe. Warum, warum? Sie fragt, ob jemand heiraten möchte. Wirft den Strauß. Ob der Straußfänger Bescheid wisse über die drei Ringe des Heiratens? Der Verlobungsring, der Ehering – und der SUFFERING. Superwitz. Sie selbst habe bislang nicht so viel Glück mit Hochzeiten gehabt, doch glaube sie weiterhin an die Liebe.

oo Uhr 18: Allein zur Ukulele »La Vie en Rose«, wenigstens kein Spanisch mehr.

oo Uhr 21: Madonna vermeintlich selbstkritisch über die Architektur ihres Laufstegs, es sei schon erstaunlich, wie sehr doch ihre Herzbühne samt Laufsteg einem Penis ähnele, so rein von der Form her, das sei nicht beabsichtigt gewesen.

oo Uhr 25: Sie spielt mit einer Banane. Und solange Männer sich noch hinter und unter E-Gitarren SCHMERZVER-ZERRT WINDEN oder den Mikrophon-STÄNDER – pfui Deibel (bzw. »Devil Pray«) – UMZÜNGELN, also wohl leider noch sehr, sehr lange, für immer, hat es damit seine Bewandtnis. Man kann die Banane aufschrauben, Schnaps drin, ein zum Duett erscheinendes Mädchen muss aus der Banane trinken, »See you on friday«, ruft Madonna (es ist die Nacht auf Mittwoch), sie macht ziemlich viele Zeltlagerwitze. Sie selbst kann ja nur Wasser trinken, mit Strohhalm, für verwischten Lippenstift gibt es ja Courtney Love. Madonna LÄSST trinken, aus einer Banane. Und zwar Katy Perry, das war Katy Perry, die nun ruft: »I love you, Mom!« Denn Madonna könnte das ja nicht nur sein, REIN RECHNERISCH, sie ist es, ideell, künstlerisch und sowieso. Mother/Fucker: Bei Taylor Swift tritt Mick Jagger auf und virilt da sein Methusalem-Kompott, zu Madonna aber kommt Katy Perry, so herum ist es richtig. Was ist nochmal der Unterschied zwischen Katy Perry, Taylor Swift und Lily Allen? Dass ich 40 bin – und die nicht. Und SIE aber schwebt über alledem, verspottet für ihren JUGEND-WAHN, den Sexknast ihrer Persona, doch triumphiert sie hier, heute, als zeitlose Unwahrscheinlichkeitsverkörperung. Genau dafür gibt es doch Popstars, dafür wurden sie erfunden und in dieser Konsequenz von nur einer, die kühn voranschreitet: Madonna selbst; sie ist Madonna, Bitch. Sie befreit die heutige Frau in uns allen auch aus diesen Fesseln, dem grauenhaften Ich-steh-dazu, indem sie sagt: Du musst nicht alt werden. Nicht mal, wenn du es längst bist.

oo Uhr 32: Zugabe »Holiday«. Trägt sie eine amerikanische
Flagge als Poncho? Auf die eine Schändung kommt es jetzt
auch nicht mehr an. Ich geh dann mal los. Madonna kann
länger als wir alle, sie wird uns alle überdauern. Der Popcorn-
verkäufer tanzt, alle tanzen. Mir ist ein bisschen spanisch.

01 Uhr 14: Im »Liquor Locker«, meinem »Candy Shop« auf
dem Sunset Boulevard, wo ich NUTS kaufe, weil das nun alles
doch sehr aufregend war, außerdem: ICH ZAHL DOCH
NICHT ZEHN DOLLAR FÜR MINIBARNÜSSE.
Stattdessen, Sparfuchs, 5$95. Im Liquorlockerradio läuft
Madonna: »Borderline«. Die Verkäufer, Mexikaner, reden
untereinander spanisch. Geht es in »Borderline« vielleicht
um die amerikanisch-mexikanische Grenze? Vor Kurzem
sind in Venice im Leuchtschild des »Mexican Café« die
Buchstaben »C« und »é« ausgefallen, und seither leuch-
tet es dort in die Nacht: »Mexican af« – also nach hiesigem
Abkürzungsgebrauch »Mexican as fuck«, in etwa übersetzt:
schon wirklich sehr, sehr mexikanisch. Feels like I'm going
to lose my mind.

Hätte doch die Madonna-Unterhosen kaufen sollen. Gab
welche für Frauen (rot) und Männer (schwarz) – aber das
heißt noch gar nichts, heutzutage.

# BEING CHRISTIAN ULMEN

Schon die Begrüßung war uns, wie immer, misslungen. Wir verhakten uns seltsam unentschieden ineinander, aneinander vorbei. Seit vielen Jahren sind wir befreundet, und meinen Umarmungsimpuls antizipierend, überwand er also sein generelles, mir ja wiederum bekanntes und in meiner abgebremsten Bewegung berücksichtigtes Umarmungsunbehagen, denn er weiß, dass ich ihn eigentlich umarmen wollen würde – eine Choreographie beiderseitiger Unbeholfenheit, sehr komisch eigentlich.

Mein Freund Christian ist ein sehr guter Schauspieler, aber es gibt eine Rolle, die ihm wirklich zu schaffen macht: Christian Ulmen zu sein. Wie geht das nochmal? Sagt einem ja keiner. Man kennt den eigenen Text nicht, die Mitmenschen halten sich nicht an den ihrigen, von Plot kann keine Rede sein – und niemand legt einem morgens das Kostüm raus. Und nach der Begrüßung kommt ja noch der ganze andere Kram.

Wir befinden uns hier, könnte man meinen, auf sicherem Terrain, nämlich in den Räumen seiner eigenen Produktionsfirma, alle Anwesenden kennt und mag er seit Jahren, er hat sie ja selbst eingestellt, er ist der Chef, und doch benimmt sich Ulmen wie ein Gast: Er spricht ein bisschen zu laut, jedes Wort in Anführungsstrichen, zerdehnt die Vokale, probiert zunächst einen eher hamburgischen Slang, dann eine Art Hausmeisterton, summt plötzlich ein Lied, alles nicht ganz situationsadäquat. Wie nebenbei lässt er sich informieren über Fort- oder Rückschritte diverser Firmenaktivitäten, nun stellt er sich neben eine Mitarbeiterin, die heute Geburtstag hat, gerade telefoniert sie mit einem Fernsehredakteur, Ulmen fummelt am vor ihr stehenden Blumenstrauß herum und bittet alle, nochmal zu gratulieren, es passt gerade überhaupt nicht, und als endlich alle im Raum verwirrt und beklommen sind, scheint er sich einigermaßen wohl zu fühlen, jetzt geht es allen so wie ihm. Denn was andere Alltag nennen oder Normalität, ist für Ulmen Ausnahmezustand.

Im Dezember, im Anschluss an die betriebliche Weihnachtsfeier, als wir gemeinsam heimfuhren, haderte er damit, dass wahrscheinlich alle von ihm eine heitere Ansprache erwartet hätten, einen launigen rhetorischen Bogen aus Bilanz, Dank und Perspektive. Hatte er nicht gemacht, auf dieser Feier seiner eigenen, nach ihm benannten Firma benahm er sich wie ein zufällig hereingewehter Fremder, er war gerade so lange geblieben, dass es nicht vollkommen unhöflich war, hatte zielsicher ein paar peinliche Situationen erzeugt, und dann war es genug. Keine Rede, die Verabschiedung in die Winterpause dort, wo es sich beim Herausschleichen nicht vermeiden ließ, als gänzlich übertriebene Persiflage von Herzlichkeit. Einen engen, für ihn unverzichtbaren Mitarbeiter, der draußen auf dem Bürgersteig betrunken-pathetisch zu einem Resümee des Geschäftsjahres ausholte, lachte er freundlich, aber von situationsbedingtem Ekel geschüttelt aus: »Hör auf, so zu reden, so kann ich dich nicht ernst nehmen!« Im Auto dann schlug er, verärgert über die eigene Stoffeligkeit, aufs Armaturenbrett und rief: »Ich kann das einfach nicht, am besten wäre wirklich, man könnte so eine Rede per SMS halten!« Geschwind drehte er das Radio laut, viel zu laut, und tat so, als erkenne er das dort gerade gespielte Lied.

Tatsächlich leitet er die Firmengeschicke vornehmlich per SMS und Mail, da ist er präzise und verlässlich, an jedem Detail rund um die Uhr interessiert, weiß genau, wann er streng und wann er aufbauend zu formulieren hat, er mag ja seine Mitarbeiter wirklich gern, sein oberstes Einstellungskriterium ist Sympathie, doch alle direkte soziale Interaktion ist ihm ein Greuel. Er war der erste mir bekannte Mensch, der seine Wohnung komplett eingerichtet hat, ohne ein einziges Möbelgeschäft zu betreten, wirklich alles, bis hin zur letzten Steckdosenleiste, schön anonym per Deckname im Internet bestellt. Als jedoch der Paketlieferant sich wegen der Häufung der Zustellungen zusehends augenzwinkernd verhielt, die Einrichtungsfortschritte kommentierte, Fragen zu Ulmens Filmen stellte und ihn »zum Gegenbesuch« zu sich nach Hause einlud, wurde Ulmen auch das schon wieder viel zu persönlich und er erwog ernsthaft, sich besser rasch eine neue Wohnung zu suchen.

Den Beruf des Schauspielers hat Ulmen möglicherweise aus einem ganz einfachen Grund ergriffen: Notwehr. Feinnervig reagiert er schon auf minimale Grenzübertretungen und falsche Töne anderer, und sein eigenes Sozialverhalten empfindet er als Scharade des Scheiterns, eigentlich ist ihm buchstäblich alles peinlich, und so sind seine Paraderollen solche, die von Kommunikationsmissverständnissen handeln, er brilliert in der Sichtbarmachung jeglicher Kollision von Erwartung und Wirklichkeit, mithin der Grundlage für Komik überhaupt.

Und je länger ich ihn, der so viele merkwürdige Charaktere erdacht und in die Welt gestellt hat, kenne, desto klarer wird mir: Sein vermeintlich dümmstes Geschöpf ist natürlich seine genialste Erfindung, ja die Lösung aller seiner Probleme im Sozialen. In Kostüm und Rolle des Uwe Wöllner ist Ulmen glücklich.

Ausgerechnet dieser Uwe Wöllner, nicht nur der Ulmen-Antitypus, sondern der Antitypus schlechthin, Totalversager und fleischgewordener Bildungsnotstand, alles an ihm ist weich und bequem: Körper, Kleidung, Biographie, Sprache, Hirn. In Ulmens Worten ist er »ein Medien-Kaspar-Hauser«, sozialisiert ausschließlich durch Konsum von Privatfernsehschrott und Computerspielen. Uwes alleiniger Erlebnis- und Erfahrungsraum ist der Bildschirm, seine forcierte Eindimensionalität ist das schlüssige Ergebnis der so vermittelten und erzeugten Weltsicht, Geistes- und Körperhaltung sind die des selig entmündigten, in der Passivität erlösten Totalkonsumenten, ein Fanal des gebrochenen Widerstands. Nach außen ganz der Phlegmatiker, tobt in Uwes Kopf ein grell blinkendes und schrill fiependes Referenzsystem mit den Koordinaten PlayStation und RTL2. Sein Hirn funktioniert wie ein Flipperautomat, unberechenbar sogar für seinen Schöpfer, sobald Ulmen im Uwe-Kostüm steckt, schwallt eine sich umgehend verselbstständigende Zitatorgie aus ihm heraus, Uwe spricht in Versatzstücken, deren Herkunft, Kontext oder gar Bedeutung sich im Dauerrauschen der Komplettberieselung verliert. Von allem hat er mal gehört, aber bei der Verknüpfung kommt es regelmäßig zum Kurzschluss.

Altmodisch zu unterscheiden zwischen Fernsehen und Wirklichkeit ist Uwe nicht nur unmöglich, er würde allein die Aufgabenstellung schon nicht begreifen, ist doch das Fernsehen seine Realität. Käme ein Dinosaurier zur Tür herein, würde er »Goil, Jurassic Park« sagen und dem Dinosaurier Erdnussflips anbieten. Ebensowenig überraschen würde ihn das plötzliche Auftauchen von Paris Hilton oder einem Asteroiden in seinem Wohnzimmer, desgleichen von Hitler, Jesus oder Lara Croft. Kennt er doch alles. Der von Talkshows, »Scripted Reality«, Polit-Barometern, »Doku-Soaps«, Brennpunkten und ähnlichen Verblödungsexzessen vorgetäuschten Erklärbarkeit der Welt geht Uwe vorsätzlich auf den Leim. Das wohl Einzige, das ihn von einem Kind unterscheidet: Er hat keinerlei Fragen an die Welt. Die einzige Satzende-Fragezeichenstimmanhebung ist seinem notorischen, um Zustimmung bettelnden »ne?« vorbehalten. Dieses »ne?« heißt: Bitte weckt mich nicht auf, ich bin traumlos glücklich in der totalen Benebelung.

Und wenn Ulmen diesen Uwe also auf die echte Welt loslässt, die natürlich für Uwe eine einzige Enttäuschung ist und ein Parcours der Demütigungen, wird es sehr, sehr krank und mitunter wundersam erhellend. Uwes ausgestellte Naivität ist eine Falle, ihm fühlt sich tatsächlich jeder überlegen, was zu Momenten beiläufiger Wahrhaftigkeit führt: Sobald Uwe, gefolgt von einem Kamerateam, auf Menschen trifft, lässt seine tumbe, jeden überfordernde Präsenz die Kamera bald vergessen, denn was man ansichtig Uwes erblickt, ist derart schockierend, man würde gern, kann aber nicht wegschauen; wenn er obendrein noch redet, ist dies das Ende aller Logik und Behaglichkeit. Und Uwe redet pausenlos. Sein Hirn verfügt weder für eingehende noch für ausgehende Botschaften über eine Art Spam-Filter, alles ein monumentaler, von keiner eigenen gedanklichen Leistung vorverdauter Klumpatsch.

Als dieser Uwe, der – für jedermann sichtbar – gegen jede gängige Umgangsübereinkunft verstößt und über keinerlei Affektkontrolle verfügt, der verlässlich nur darin ist, dass er den jeweils sozial erwünschten Text verweigert und wirklich alles falsch macht, fühlt sich Ulmen, den sonst doch beinahe jede soziale Situation beengt, vollkommen frei. Uwe ist Ulmens Waffenstillstandsangebot an die Welt: Es ist sowieso alles peinlich, also lasst uns wenigstens mit Anlauf peinlich sein! Und das dann bitte filmen.

Anders als die meisten anderen Rollen wird Ulmen die des Uwe nie langweilig, gerade in der formalen Begrenzung ermöglicht sie ihm – alles. Und so trägt er Uwe nun schon viele Jahre durch sein künstlerisches Schaffen, kehrt immer wieder in diese Rolle zurück, erfindet neue biographische Hakenschläge für Uwe, neuerdings moderiert dieser eine Gameshow-Parodie, deren Männerfeindlichkeit so evident ist, dass der automatisierte Frauenfeindlichkeitsvorwurf an dieser schmerzlichen Überzeichnung des Privatfernsehdrecks spektakulär zerbirst.

Wer weiß, was noch folgt; Ulmen weiß es nicht, freut sich aber drauf. Tatsächlich, er liebt Uwe, und er liebt es, Uwe sein zu dürfen, als Uwe ist alles viel einfacher.

Gleich ist es soweit, Ulmens Vorfreude auf die Verwandlung ist spürbar, gleich darf er Uwe sein, ein kurzer Dreh heute, keine große Sache. Noch als Ulmen steht er nun vor dem Pappkarton, den ein Kurier soeben aus Köln angeliefert hat, dort war Ulmen am Vorabend in Stefan Raabs Sendung »TV total« aufgetreten, um dort als Uwe dessen neue Show »Who wants to fuck my girlfriend?« zu bewerben. In dem Karton befindet sich das Uwe-Kostüm, beschwingt packt Ulmen die Katastrophenklamotten aus und beginnt, sich umzuziehen.

Der überaus höfliche, seiner Natur nach extrem zurückhaltende, beinahe scheue Ulmen verwandelt sich also in das Komplementär-Monster Uwe, und diese Verwandlung ist auch deshalb so irritierend, weil sie wahnsinnig schnell geht und weil trotz grober Kostümierung Ulmen weiterhin erkennbar, sein Wesen aber ins exakte Gegenteil verkehrt ist. Es beginnt mit der Hose, einer zerbeulten, am Beinsaum hochgekrempelten, peinsam eine Partie behaartes Männerbein freilegenden Wrangler-Jeans ohne jede Passform. Er zieht die Art Turnschuhe an, die man so trägt, wenn man alles darin tut, außer eben: turnen. Das Holzfäller-Flanell-Hemd. Alles im Second-Hand-Shop gekauft, vor Jahren, das Kostüm wird so selten wie möglich gereinigt. Ulmens Stimmung hellt sich mit jedem Verwandlungsschritt auf, das sei, sagt er mit schon leicht uwiger Intonation, »wie Pyjama anziehen, man weiß, jetzt wird's gemütlich!«

Sich dem Kostüm, der Rolle vollkommen unterzuordnen, das sei wohltuend, sagt Ulmen: »Die gekrempelte Hose, das merkwürdige Gefühl am Bein, das bommelt da so. Und die Jacke, zu groß und zu schwer, zieht einen runter, die krumme Haltung folgt daraus automatisch, gegen diese Jacke kann man gar nicht anspielen – das Kostüm liefert schon Verhaltensvorschläge.«

Er setzt die speckige Bugs-Bunny-Mütze auf, und nun ist das Gebiss dran, eine nicht gerade perlweisse Zahnleiste für den Oberkiefer, ab jetzt spricht nicht mehr Freund Christian, sondern das Monster Uwe. Der Versuch, diese Person, die gerade eben noch Christian war, als ebendiesen Ulmen zu fragen, wie sich das anfühlt, mit dem Gebiss im Mund, misslingt – es antwortet schon Uwe:

»Jaaaaa, so fremdkörpermäßig, ne?«

Fehlt nur noch die Brille, dieses furchterregende, garantiert zuzahlungsfreie Gestell, Ulmen beziehungsweise Uwe, jedenfalls der Typ da mir gegenüber, hält sie kurz gegen das Licht, betatscht, bevor er sie aufsetzt, die Gläser nochmal ausgiebig mit den Fingern, denn die dürften nicht zu sauber sein, das hatte er vorhin erklärt, schön fettbefleckt und schlierig müssten die Gläser sein; am Vorabend bei Raab, kurz vor seinem Auftritt dort, habe er sich kurz unwohl gefühlt, irgendwas war falsch, ah, jemand hatte versehentlich die Uwe-Brille geputzt, zur Ausgestaltung der Rolle und für das totale Uwe-Gefühl sei es aber unerlässlich, dass er kaum hindurchgucken könne, das erleichtere die uwetypische komplette Umweltignoranz, das rollengemäße Verbleiben in dessen autistischer Welt. Rasch die Brille eingefettet, schon war auch jedes Lampenfieber verflogen, sagt Ulmen, »als Uwe ist alles scheißegal. Und wenn der Auftritt mal langweilig ist, dann ist das immer noch gut, dann hatte eben Uwe einen schlechten Tag.« Er könne ja immer sagen: Das war nicht ich, das war die Figur, das war Uwe!

Es kommt vor, dass Ulmen für einen Filmdreh mal zu- oder abnehmen muss, glattrasiert sein oder sich einen Vollbart wachsen lassen, auch seine Frisur wechselt berufsbedingt häufig – doch all diese äußerlichen Unterschiede werden jeweils plattgewalzt, sobald er zwischendurch in dieses Uwe-Kostüm steigt. Und so sitzt er nun vor mir: Eben noch Christian, jetzt dieser vollkommen groteske Uwe, ein netter Typ, aber ich dringe nicht durch zu ihm, und zu meinem Freund Christian schon gar nicht.

Uwe zu sein ist für Ulmen wie Planschen in körpertemperiertem Wasser. Als Uwe kann ihm nichts passieren; er kennt seinen Text, seine Bewegungen, kann sein Unwohlsein, sein Unbehagen komplett ausleben. Quält ihn sonst jedes Gespräch, weil schon ein normaler Dialog ihm wie ein Konflikt erscheint, ist er, der Extremneurotiker, als Uwe absolut angstfrei. In der persönlichen Begegnung eine Antipathie zu artikulieren, ist Ulmen unmöglich, als Uwe geht auch das. Spielend. Und so verschwindet Ulmen hinter, genauer, in diesem amorphen Monstrum, diesem Allesfresser, keine Regeln, alles ist erlaubt, alles richtig, alles passend; er kann den begriffsstutzigen Idioten geben, aber auch plötzlich das »Ave Maria« singen, dann »World of Warcraft« erklären oder »Die Füße im Feuer« von Conrad Ferdinand Meyer rezitieren. Es gibt keine Fehler, denn Uwe selbst ist der Fehler, der Betriebsunfall des deutschen Mediengeweses, die unschöne Fratze der Aufklärung. Das Befremden, ja der Ekel, auch der Protest, den Uwe auszulösen vermag, ist das Erschaudern beim Erblicken der menschgewordenen Konsequenz des hirnverpestenden Schwachsinns, der hierzulande tapfer PROGRAMMVIELFALT genannt wird. Für all das ist Uwe Wöllner die gerechte Strafe. Diese Figur ist natürlich auch, wobei Ulmen dies immer vehement bestreiten würde, eine herbe Medienkritik – aber eben eine sehr lustige, in Form einer völlig schamlosen Zumutung. Unerträglich wahr.

Ich bitte ihn, sich jetzt sofort in Christian zurückzuverwandeln, denn anders als ihn stresst mich diese Figur immens. Und das ist auch erwünscht, natürlich, das ist die Idee auch und erst recht dieser Rolle: Notwehr, Gegenfeuer.

Ein paar Handgriffe, aus Uwe wird wieder Ulmen. Er schaut auf die Uhr: Schon so spät, seltsam, wenn er Uwe sei, vergehe die Zeit immer viel schneller. Uwe zu sein scheint für ihn zu bedeuten: Urlaub von Ulmen.

Hinterher sei er immer ein bisschen traurig, sagt er. Beim Umziehen setze so etwas ein wie ein Kater, ein Ekel überkomme ihn, Scham. Angesichts dessen, was eben, als er Uwe war, mit ihm geschehen ist? Tja. Vielleicht mehr noch angesichts dessen, was nun kommt: die NORMALITÄT.

Sich in Uwe zu verwandeln und dann zurück in Ulmen, das sei, sagt mein Freund Christian, »ein bisschen so wie Kindergeburtstag vorbereiten, das und die Feier selbst macht Spaß – aber hinterher aufzuräumen ist blöd.«

# DER LETZTE SOMMER MIT PAPIER

Das ist jetzt das letzte Mal. Für Romantik und irrationale Vorgehensweisen aller Art habe ich immer schon etwas übrig gehabt, aber nun war es genug mit diesem Altpapierunfug, das spürte ich ganz deutlich.

Ich stand auf der Terrasse meines Urlaubshotels, die Mittagssonne strahlte mir die Nase rot, ein leichter Wind ging, ideale Bedingungen also, um zu tun, was zu tun war, dieses eine Mal noch. Obschon es sich nur um den Sportteil einer vom Wind in den Pool gepusteten deutschen Tageszeitung vom Vortage handelte, ging ich bei dessen Trocknung und Wiederlesbarmachung doch so behutsam vor wie die mir aus drittprogrammnachtwiederholungsnotorischen Dokumentationen allzu vertrauten Restauratoren, die Heinrich Bölls Tagebücher aus dem Schlamm des karnevals-, genauer gesagt: kölle&verwaltungsschnauzbartbedingt eingestürzten Kölner Stadtarchivs bargen. Anders als jene Restauratoren jedoch hatte ich just keine Kältekammer zur Hand, um das durchnässte Zeitungspapier zunächst einer Schockfrostung zu unterziehen, mein Werkzeug bestand aus: Badeschlappen, einem Stangenweißbrotknust, einem Plastiktopf voller Oliven, zwei Zigarettenschachteln und einem Aschenbecher; dazu die

Nachhaltigkeitsklopper Sonne und Wind. So bewehrt stellte ich mich dieser doch bitteschön einzigen Urlaubstagsherausforderung und millimeterte den durchs Poolwasser zu einem geschichteten Batzen zusammengeleimten Sportteil wieder auseinander, um jeder einzelnen Doppelseite aufgeklappt die maximalmögliche Sonneneinstrahlung und Windföhnung zuteilwerden zu lassen und ein weiteres Durchfärben der Buchstaben und Bilder zu verhindern.

Diesen Aufwand als gerechtfertigt zu empfinden fiel mir nicht schwer, möglicherweise ein Symptom jenes lachhaft geschlechtsspezifischen Ehrgeizes, den insbesondere Männer, proportional zum Lebensalter anwachsend, bei besonders filigranen und grotesken Bastelarbeiten zu entwickeln bereit sind – und der sie alles andere vergessen lässt: Einerlei, ob sie aus halb abgebrannten Streichhölzern den Eiffelturm nachbauen, an einem hunderttausendteiligen Puzzle der Mona Lisa herumoperieren oder den Sportteil einer Zeitung vom Vortag wieder lesbar machen.

Im Urlaub ist es gestattet, ja erholungsfördernd, das Weltgeschehen weniger atemlos als sonst zu verfolgen. Diese Politikerin und jener Politiker mögen dieses äußern und jenes zu bedenken geben, die Informationsfieberkurven ausschlagen, wie sie wollen und wie es ihre Art ist – doch ist es im Urlaub durchaus vertretbar, dem gegenwartskennzeichnenden Aktualitäten-ADHS entgegenzuwirken, indem man all diesen Kram erst zwei Tage später erfährt. Möglicherweise ist diese Methodik sogar der Einordnung und Relevanztaxierung dienlich, hat sich doch in dem Moment, da man altpapierlesend davon erfährt, ohnehin alles längst verlässlich weitergedreht, relativiert oder dramatisiert, und ist nun, so oder so, jedenfalls: angenehm irrelevant. Und gerade

bei den spärlichen Geschehnissen von tatsächlichem Welt-
ereignisrang, deren Faktenskelett auch in einem italienischen
Bergdorf relativ aktuell zu erfahren leichter ist, als nichts
davon zu hören, das Ergebnis des Fußballweltmeisterschafts-
finales etwa, ist es doch umso schöner, erst am Folgetag,
da man das Spielergebnis längst kennt, schließlich in der
Zeitung NACHZULESEN, wie die Mannschaften höchst-
wahrscheinlich spielen würden, beziehungsweise zu spielen
geplant hatten. Da fängt das Expertentum an, die Fachidiotie,
die totale Erholung: Man kennt den Ausgang und liest
umso lieber (weil endlich einmal allwissend), wessen »Einsatz ungewiss« und wer ein »Wackelkandidat« sei, wer nicht
unterschätzt werden dürfe und vor was oder wem sich werau-
chimmer in Acht zu nehmen habe und so weiter. Nun gibt
es zwar Menschen, die sich wohlfühlen in der Gedanken-
stanze, den Film »Titanic« zu schauen sei insofern witzlos, da
man ja ungefähr wisse, wie er ausgeht – doch so argumentie-
rende Menschen verstehen, um es kurz zu machen, nichts von
Literatur. Und besonders im Urlaub hat man die Gelegenheit,
wenn nicht gar die holde Pflicht, die Welt einmal nicht buch-
halterisch zu betrachten, sondern literarisch: ausschweifen,
dekonstruieren, mal andersherum denken.

Eben weil man weiß, wie ungefähr, vor allem aber dass
dann doch alles völlig anders gekommen ist, liest man ohne
jede Nervosität, vollkommen souverän, außerdem bestens
unterhalten, beziehen doch menschliche Komödien ihren
Witz zuvörderst aus Irrtümern und Missverständnissen,
aus Gerüchten und Lügen, aus Falschannahmen und Fehl-
prognosen.

Man erklimmt zu diesem Behufe also steile Berge und
stapft durch staubige Täler, um zu dem einen Supermarkt

zu gelangen, der ab 16 Uhr deutsche Tageszeitungen vom Vortag zu wirklich amüsanten, mit Kugelschreiber über die kleingedruckt ausgewiesenen Auslandspreise gekrakelten Phantasiesummen anbietet. Ah, die neue Zeitung von gestern ist da, 4 Euro 50? Gern, und bitte noch ein Eis für den Rückweg – bis morgen also, dann hole ich die Zeitung von heute, um zu erfahren, was gestern (dann schon: vorgestern!) passiert ist. Ich bin nämlich im Urlaub. Zeit genießen statt Zeitgenossenschaft! Ciao for now!

Mit diesem Theorem habe ich mir diesen urlaubsspezifischen Aufwand alltäglicher Altpapierbeschaffung, von mir Informationsjetlag genannt, jahrelang schöngeredet; es war fester Bestandteil jeden Urlaubstages, egal wo auf der Welt, veraltete deutsche Tageszeitungen zu kaufen. Die sogar in Namibia tagesaktuell erhältliche *FAZ* lese ich auch deshalb (und wegen des mir immer deutschtümelnd vorkommenden Fraktur-Logos) möglichst niemals, denn bei solcher Datumssynchronizität kann man als Urlauber nur Manfred Krug zitieren: »Vielen Dank, sehr aufdringlich von Ihnen.«

Diesmal allerdings sah ich vor dem Urlaubsantritt die Aufrechterhaltung meines Informationsjetlagbrauchtums kurz infrage gestellt, denn meine Freundin hatte ein iPad geschenkt bekommen. Mit ihrer nicht uneingeschränkten Erlaubnis (»Wenn du meinst, dass du das hinkriegst und nichts kaputtmachst«) riss ich den Karton auf und stöpselte das Gerät ein, setzte es in Betrieb, ohne nennenswerte Schwierigkeiten, nicht weil ich technisch allzu geschickt wäre, sondern weil es nunmal von Apple ist, und bekanntlich stellt Apple Geräte her, deren Attraktivität unter anderem darin besteht, dass sich die wesentlichen Funktionen INTUITIV erschließen. Und so war es! Na gut, einen, ehrlich gesagt sogar zwei Anrufe bei befreundeten Hornbrillen brauchte ich (»Und wo genau kommt jetzt die SIM-Karte rein?«, »Und jetzt einfach ›ok‹ drücken, oder wird dann alles gelöscht?«, »Und dann gehe ich einfach auf … ach Quatsch, echt wahr, klappt, jetzt hab ich's, danke!«), dann aber konnte ich mit diesem Ding tatsächlich alles tun, was die Werbung versprochen hatte, Musik, Filme und Bücher mieten, kaufen, konsumieren (oder, weil's schneller geht, gleich alles klauen), Mails verschicken und empfangen, dies und das, vor allem aber: Zeitungen lesen! Richtige Zeitungsausgaben, die einen Redaktionsschluss haben, nichtplappernde, angenehm unbewegte Gefrierdateien anstelle dieser höchststressigen sekundenaktualisierten ONLINEMEDIEN-Flipperautomaten, nur eben ohne Papier.

Also nicht mehr über steile Berge und durch staubige Täler, hin zum einzigen Supermarkt, in dem … Hm. Nun, am Abend vor Antritt meines Urlaubs, mit diesem absurd praktischen Kulturkonsum-Tablett in der Hand, suchte ich doch nach Gegenargumenten. Mir war das Ding nicht geheuer – und ist es nicht auch immer ganz schön, im Urlaub nicht so ganz auf der Höhe der Zeit zu sein, sondern in einer eigenen, vollkommen freien Zeitrechnung? Die Spaziergänge zur Altpapierausgabe, würden mir die nicht fehlen?

Ein bisschen anfangsskeptisch zu sein ist ganz normal, Angst vor Veränderungen liebgewonnener Rituale und Gewohnheiten ein wichtiger Bestandteil des Abschiednehmens – immer wenn wieder ein noch tolleres, noch kleineres, dafür umso mehr fassendes Telefon oder Sonstwas auf den Markt kommt, erwehre ich mich einige Zeit lang mit teils sehr laschen Gegenargumenten (»Aber man will doch was in der Hand haben« etc.), doch dieser Widerstand hält bei mir nie lang, und bald schon mache ich mit. Sollte der technische Fortschritt es irgendwann ermöglichen, dass man nur noch in die Luft greifen muss, so als wolle man eine Fliege fangen, und schon erklingt ein Lied, schwirren Buchstaben durch die Luft, regnet es Texte, erscheinen Bilder auf Hauswänden – ich wäre dabei. Für den Moment aber fiel mir gerade noch rechtzeitig ein wirklich gutes Gegenargument ein: Wer weiß denn, wie teuer das wird, mit diesem Gerät im Ausland ins Internet zu gehen? Darüber hat man doch die schlimmsten Geschichten gelesen (und zwar in einer Zeitung aus – Papier)! Tja, wie teuer, also, das wusste niemand so genau. »Kommt drauf an«, war die häufigste Antwort, und bei meinem ANBIETER anzurufen kam nicht infrage, denn ich verstehe spätestens ab der dritten Nennung solcher Begriffe wie »Spezialtarif«, »Kombi-Paket« oder »Reiseversprechen« kein Wort mehr und habe immer die größte Sorge, mir leichtfertig ein von Verbraucherzentralen streng gerügtes Gebührengrab aufschwatzen zu lassen. Also doch ohne iPad dorthin, wo die einzige körperliche Anstrengung des Tages die Jagd nach den Zeitungen vom Vortag (dafür zum doppelten Preis) sein würde. Alles wie immer, und alles würde gut sein.

Als jedoch der Wind dann den Vortagssportteil in den Pool gepustet hatte und ich mit großem Aufwand die einzelnen Blätter zum Trocknen auf dem sonnenerhitzten Steinboden ausbreitete, alsdann vorsichtig Badeschlappen, Weißbrot, Oliven-Plastiktopf, Zigarettenschachteln und Aschenbecher darauf postierte, sodass der Wind in seiner Eigenschaft als Fön Gottes zwar trocknend darunterfahren, nicht aber erneut die Zeitung in den Pool wehen konnte, und als ich nach einer Weile vorsichtig die Blätter wendete und kurz überlegte, wie verrückt aussehen muss, was ich da tue, denn ich war ja nicht Knecht auf einer Tabakplantage, sondern wollte bloß lesen, in welcher Aufstellung die Mannschaften möglicherweise spielen würden bei dem Fußballspiel, dessen Ergebnis ich schon kannte – da wusste ich, dass dies der letzte Urlaub ohne iPad gewesen sein würde. Mit archäologischer Zärtlichkeit nahm ich den durch die Sonnentrocknung zusätzlich stark gealterten Sportteil in die Hand, fühlte sich an wie eine antike Pergamentrolle, und genau so las ich den vorgestrigen Stand der Dinge und freute mich einmal noch an der Unschuld des Spätinformiertwerdens.

# IN 80 FRAGEN UM DIE WELT

1. War es diesmal ein »Das gönne ich mir jetzt mal«- oder ein »Mehr ist in diesem Jahr nicht drin«-Urlaub?
2. Schaffen Sie es bitte, von Ihrem Urlaub zu berichten, ohne die Wörter Flair, Ambiente, Location und sensationell zu verwenden?
3. Hatte der in Deutschland diesmal ungewöhnlich warme Juli Einfluss auf Ihr Reiseziel bzw. auf die nachträgliche Bewertung einer langen Reise in die, nun ja, Sonne?
4. Mussten Sie bei der Handgepäckkontrolle am Flughafen irgendwas in die blauen Tonnen werfen? Ist es Ihnen gelungen, das Sicherheitspersonal dennoch nicht zu beschimpfen?
5. Konnten Sie sich im Flugzeug mit Ihrem Sitznachbarn einigen über die Inanspruchnahme der mittleren Armlehne?
6. Teilen Sie die Einschätzung der allermeisten Fluglinien, »Mr. Bean«-Filmchen seien auch heute noch lustig?
7. Als einige Passagiere nach erfolgreicher Landung dem Flugkapitän applaudierten, warum haben Sie da eigentlich nicht unironisch mitklatschen können?

8. Ist Ihnen anhand dieses Urlaubs nochmal klarer geworden, wie Billigfluglinien kalkulieren?

9. Finden Sie, dass Sie mit Sonnenbrille lässig aussehen?

10. Haben Menschen, die sich schon im Flugzeug, kurz vor der Landung, die Strandgarderobe anziehen, mehr vom Leben?

11. Brustbeutel, Gürteltasche, an die Unterwäsche geklebte Reiseschecks – man weiß ja nie?

12. Mussten Sie sich während der Reise sehr beherrschen, anderen Menschen keine Tipps hinsichtlich der Erziehung ihrer Kinder zu geben?

13. Erstes Gefühl, als Sie die Tür Ihrer Unterkunft öffneten?

14. Wenn Sie das erste Mal dort waren: Inwiefern hatten Internetseite, Katalog oder anderweitige Empfehlung zu viel versprochen? Wenn Sie zum wiederholten Mal dort waren: Was war diesmal besser und was schlechter als beim letzten Mal?

15. Falls Sie der Typ Urlauber sind, der hinterher in irgendwelchen Internetforen Hotel-Bewertungen formuliert, tun Sie das mehr, um andere zu warnen oder um sich selbst zu rächen?

16. Welches Ritual im Tagesablauf hatte sich bereits am zweiten Urlaubstag verfestigt?

17. Wovon hatten Sie wieder mal viel zu viel (und wovon zu wenig) in den Koffer gepackt?

18. Welches ganz bestimmte Kleidungsstück haben Sie zu Ihrer Überraschung täglich getragen?

19. Wenn man nicht allein gereist ist und trotzdem sehr viel gelesen hat, ist das dann ein durchweg gutes Zeichen?

20. Würden Sie unterscheiden zwischen guten Büchern und guter Urlaubslektüre?

21. Welchen Gegenstand haben Sie als Lesezeichen zweckentfremdet?

22. Empfinden Sie Urlaubsspuren wie Eiscreme- oder Sonnenschutzcreme-Flecken in Büchern als ärgerlich oder als romantische Erinnerungshilfe?

23. Über welche Region Ihres Körpers denken Sie nach so vielen Tagen des Halbnacktherumlaufens jetzt anders als zuvor?

24. Ist es wahr, dass Gewichtszunahme ein Indiz für angenehm verbrachten Urlaub ist?

25. Hilft Ihnen die Frauenzeitschriftsbinse, dass man braungebrannt immer etwas fülliger wirkt?

26. Welches Gericht wollen Sie zu Hause unbedingt mal nachkochen?

27. Welche Zufallsbekanntschaft aus diesem Urlaub würden Sie einschränkungslos gern in ihrem Heimatort wieder treffen?

28. Haben Sie eine Methode gefunden, sich an Pool oder Strand würdevoll umzuziehen?

29. Welches Lied ist für Sie untrennbar mit diesem Urlaub verbunden?

30. Ohne welches Medikament werden Sie künftig nie mehr verreisen?

31. Glauben Sie trotz allem, dass Algen und Quallen zu irgendwas nützlich sind?

32. Wie war das genau, als Sie kurz irrtümlich dachten, bestohlen worden zu sein?

33. Bademantel, Handtuch, Aschenbecher – oder haben Sie gar nichts geklaut diesmal?

34. Wird die Poesie des Grillenzirpens überschätzt?

35. Was hat Sie beim Frühstücksbüfett allmorgendlich wieder geärgert?

36. Akzeptieren Sie – ohne den Kopf zu schütteln und verächtlich durch die Nase zu schnauben! – ein stundenlang allein daliegendes, rittlings aufgeschlagenes Dan-Brown-Buch als Liegestuhlreservierung?

37. Haben Sie an Ihrem Reisegefährten oder an sich selbst einen Wesenszug (oder vereinzelten Haarwuchs an seltsamen Stellen) entdeckt, der besser unentdeckt geblieben wäre?

38. Welcher Streit während dieses Urlaubs ist im Nachhinein besonders amüsant, weil sein Ausgangspunkt so absolut irrelevant war?

39. An welchem Punkt waren Sie derart erholt, dass Ihnen Ihre eigene gute Laune fast ein bisschen auf die Nerven ging?

40. Endlich mal Zeit haben – kam es da zu silvesterartigen Bilanzgedanken das eigene Leben betreffend? Irgendwelche Vorsätze gefasst?

41. Haben Sie eine Erklärung dafür, dass Sie in den Sommerferien so oft an Ihre Kindheit zurückdenken?

42. Was haben Sie im Supermarkt Ihres Urlaubsorts vermisst? Und was haben Sie dort entdeckt, was es in Ihrem heimatlichen Supermarkt leider nicht gibt?

43. Mal eine Nacht unter freiem Himmel schlafen – typischer Fall von »klingt toller als es ist«?

44. Gibt es Hängematten und Strandkörbe, in denen zu liegen wirklich so bequem ist, wie es von Weitem aussieht?

45. Welche deutschen Fernsehsender konnten Sie empfangen? Und welchen hätten Sie gern empfangen?

46. Waren Sie jederzeit auf dem neuesten Stand der Weltpolitik?

47. Wenn Ihr Reisegefährte sich in der Landessprache artikulierte, fanden Sie das eher beeindruckend oder peinlich? (Wie alle Fragen ist auch diese ebensogut nach einem innerhalb Deutschlands verbrachten Urlaub beantwortbar. Und die gleich folgende erst recht.)

48. Welche neuen Wörter haben Sie gelernt?

49. Im öffentlichen Raum nicht alles oder sogar fast kein Wort zu verstehen, macht Sie das nervös oder können Sie das genießen?

50. Wenn man Ihnen im Restaurant automatisch, ohne dass zuvor ein Wort gewechselt wurde, eine deutschsprachige Speisekarte brachte, fanden Sie das diskriminierend oder zuvorkommend?

51. Zufrieden mit Ihrer Sonnenbräune?

52. Welches Missgeschick oder welche Nervensäge konnten Sie in heiterer Urlaubsstimmung zum Running Gag umdeuten?

53. »Land und Leute« – haha. Oder?

54. Ganz ehrlich, wissen Sie die Namen von Hauptstadt und Regierungsoberhaupt des Landes, in dem Sie waren?

55. Und können Sie mal kurz die dortige Nationalhymne ansummen?

56. Eher schlechtes Gewissen oder eher Müdigkeitsanfall, wenn Sie das Wort »Sehenswürdigkeit« hören?

57. Posten oder Postkarten?

58. Wie viele Stunden pro Tag etwa hatten Sie das Handy eingeschaltet? Und – bisschen Angst vor der nächsten Telefonrechnung?

59. Haben Sie an Geldautomaten aufwändigere Turnübungen als sonst durchgeführt, um die Eingabe Ihres PIN-Codes zu tarnen?

60. Falls Sie auf dem nächsten Kontoauszug oder der nächsten Kreditkartenabrechung eine Betrugsabbuchung entdecken, haben Sie dann sofort einen Verdacht, bei welcher Geldtransaktion im Urlaub IHRE DATEN AUSGESPÄHT worden sein könnten?

61. Beim Rüberschieben welchen Trinkgelds oder welcher Minimalbestechung haben Sie sich besonders reiseerfahren und weltmännisch gefühlt?

62. Hatten Sie auf etwaigen Tanzflächen das Gefühl, dass nach den letzten drei Fußballweltmeisterschaften von Ihnen in Ihrer Eigenschaft als Deutscher nun eine neue Leichtfüßigkeit erwartet wird?

63. Wenn Sie im Ausland auf andere Deutsche trafen, haben Sie sich gefreut?

64. Glauben Sie Menschen, die behaupten, noch nie ins Meer gepinkelt zu haben?

65. War es falsch, am letzten Urlaubsabend etwas besonders Schönes wiederholen zu wollen?

66. Gibt es irgendetwas, über das Sie Ihre Versicherung in Kenntnis setzen werden?

67. Haben Sie bei Rückgabe des Mietautos dem Verleiher etwas verschwiegen?

68. Als es auf dem Rückflug dann endlich wieder deutsche Zeitungen gab, haben Sie sich da so gefreut, dass Sie von der Stewardess einmal den kompletten Satz – darunter sogar eine Autozeitschrift und ein Handarbeitsjournal – erbeten haben?

69. Was ist Ihr Trick am Gepäckrückgabefließband, Koffer zweifelsfrei als Ihre eigenen zu identifizieren?

70. Als Sie zu Hause ankamen und den Briefkasten öffneten, war dieser beängstigend voll oder enttäuschend leer?

71. Und, falls Sie im Urlaub widerstehen konnten, wie viele Mails hatten Sie nach Ihrer Rückkehr im Posteingang? Irgendwas Wichtiges, unverändert Relevantes dabei?

72. Wie war die Stimmung zu Haus im Kühlschrank bzw. welche Nahrungsmittel hätten Sie besser vor Ihrem Urlaub schon weggeschmissen?

73. Wie viele Tage stand das Gepäck nach Ihrer Heimkehr unausgepackt im Flur?

74. In Koffer oder Schuhen bisschen Sand mitgebracht?

75. Werden Sie wirklich ausgewählte Fotos, die Sie mit dem Handy gemacht haben, abziehen lassen?

76. Waren Sie am ersten Arbeitstag nach dem Urlaub fast schon lächerlich viel früher im Büro als sonst?

77. »Du siehst ja erholt aus« – hören Sie da einen Vorwurf heraus?

78. Mit der Erzählung welcher Urlaubsbegebenheit scheiterten Sie und mussten murmelnd einsehen, dass es sich wohl um einen Fall besonders schwer übermittelbarer »Situationskomik« handelte?

79. Ist Ihnen aufgefallen, dass Urlaubsgeschichten vor allem dann gut erzählbar sind, wenn darin Unfall, Diebstahl, Betrug, Krankheit, Streit oder Enttäuschung vorkommen?

80. Bitte vervollständigen Sie den folgenden Satz: Es war wirklich schön, bis auf …

# DREHBUCHSCHREIBEN
## MIT HELMUT DIETL

Es begann an einem Donnerstagnachmittag im Sommer 2006. Das genaue Datum (29. Juni) kann ich jederzeit rekonstruieren, weil in der darauffolgenden Nacht der Dichter Robert Gernhardt starb, am Freitag, 30. Juni 2006. In jener Nacht war ich mit zwei Freunden durch München gewildert, als gäb's da irgendwas zu gewinnen oder kein Morgen oder was weiß ich, wir fingen in einem halbwegs berüchtigten Keller an, ich erzählte den beiden von meinem ersten Treffen mit Helmut Dietl, aber dieser Keller war kein Ort zum Erzählen, es war mehr ein Ort zum Vergessen, und so verloren wir einander bald. Mein Handyakku war leer, und als ich in den Morgenstunden an der Tür desjenigen Freundes klingelte, der mir eine Schlafstatt in seinem Wohnzimmer vorbereitet hatte, öffnete niemand, der Freund schlief fest, ließ sich – anders als die erboste Vermieterin – auch durch Steinwürfe gegen das Fenster nicht wecken. Ich versuchte vergeblich, an der Regenrinne hochzuklettern, hatte noch 3 Euro in der Tasche, kaufte mir ein Brötchen und eine Zeitung, war pleite, und dann war auch das geschafft.

Übermüdet stieg ich in den Zug, fuhr zurück nach Frankfurt, und als ich dort ankam und das Handy wieder einsteckte, summte es unaufhörlich, und so erfuhr ich von Robert Gernhardts Tod. Ich wohnte in jener Zeit nur ein paar Hundert Meter entfernt von Gernhardts Wohnung, noch wenige Wochen zuvor hatte ich ihn ein letztes Mal besucht; just wurde auf allen umliegenden Balkonen gejubelt, weil die deutsche Nationalmannschaft gerade wegen eines unterm Kniestrumpf des Torwarts Lehmann aufbewahrten Notizzettels das Elfmeterschießen gegen Argentinien gewann und somit ins Halbfinale der Fußballweltmeisterschaft vordrang, ich hingegen saß unjubelnd am Schreibtisch meines Einzimmerkabuffs und schrieb einen Nachruf auf den großen Dichter Gernhardt. Das war der Freitag in Frankfurt – und am Donnerstag also hatte ich in München (!) Helmut Dietl (!!) kennengelernt, nachmittags, tatsächlich in einem Biergarten (!!!).

Ein gemeinsamer Freund hatte dieses Treffen arrangiert, und natürlich war ich einigermaßen nervös gewesen, hatte ich doch Dietl seit Jugendtagen immer sehr verehrt. Sehr schnell jedoch entspann sich zwischen uns ein fröhliches Gespräch, über Krankheiten vor allem, über solche, die wir selbst hatten, zu haben glaubten, gern mal hätten oder zu bekommen fürchteten, desweiteren über Angewohnheiten und Eigenheiten, die andere als Macken werten – und, wenn man so will, über das Leben. Unser gemeinsamer Freund saß dabei, auch er leicht nervös, was ich daran bemerkte, dass er permanent den Winkel seines Schirmmützenschirms auf der Stirn verschob, bald aber ließ er die Mütze in Ruhe, zufrieden, dass sein Plan aufzugehen schien: Dietl und ich kamen also klar miteinander. Brezeln, Bier – und dass ich gar kein Bier trank, in einem Biergarten!, weil ich nämlich nicht lang zuvor das Saufen aufgegeben hatte, das missfiel

Dietl durchaus nicht; in einem Münchner Biergarten mit Helmut Dietl kein Bier zu trinken, das ist geradezu ideal-typische Dietl-Dialektik, er hob seinen Bierkrug, ich mein Teeglas, und das war's dann.

Er erzählte von seinem Plan, einen Film in Berlin zu drehen. Zwar hatte er schon seinen letzten Film dort gedreht, der neue aber sollte auch deutlich in Berlin spielen und »wenn man so will, von Berlin handeln«, so Dietl. Dieses »wenn man so will« streute Dietl häufig ein, »wenn man so will« und »wie auch immer« waren wohl die von Dietl am häufigsten gebrauchten Redewendungen, und neben seiner Grundhaltung, nämlich ironischer Skepsis gegenüber allem Gesagten, auch dem von ihm selbst Gesagten (und erst recht gegenüber Redewendungen), drückte sich darin eine Aversion gegen jede Eindeutigkeit aus (kurz darauf kam, sehr zu Dietls – in dieser Mixtur sehr ihmgemäßen – Vergnügen wie Missvergnügen, ein Schauderbegriff in Mode: EINEIN-DEUTIGKEIT). Jedenfalls, »wenn man so will« und »wie auch immer«, diese beiden Wendungen also bedeuteten bei Dietl: So könnte es sein – oder auch ganz anders, wenn nicht gar genau andersherum, verstehst? Die gemeinsame Arbeit lehrte mich vieles, auch dass dieses die meisten seiner Sätze nachgerade heimtückisch endende »Verstehst?« immer und zu allen Zeiten rhetorisch aufzufassen war und gefälligst niemals zu beantworten. Außerdem, weitere Lektion, brauche ich seither viel mehr Zeit, um einen Text zu verfertigen – und obendrein habe ich mehr oder minder bewusst einige der dietlschen Lieblingsredensarten übernommen.

Wie auch immer, Dietl hatte zu diesem Zeitpunkt, Ende Juni 2006, schon eine Menge möglicher Figuren und Szenarien im Kopf und auf Papieren, brauchte aber noch jemanden, mit dem er gemeinsam in Berlin das Drehbuch dieses in Berlin spielenden Films über – wenn man so will – Berlin aufschreiben konnte. Die Idee, einige Figuren aus seinen früheren Werken nun nach Berlin zu beordern, begeisterte mich sofort, weil ich Dietls Serien und Filme sehr liebe und obendrein nach einem früheren, glücklosen Versuch, in Berlin zu wohnen, mit dieser Stadt sowieso noch was offen hatte; insofern ist Helmut Dietl schuld daran, dass ich dann wieder nach Berlin zog.

Einige Wochen später trafen wir uns erneut, nun in Berlin, und wie es weitergehen sollte, war mir völlig unklar, ich hatte zudem beständig allergrößte Angst, es zu vermasseln, denn wie alle Genies galt natürlich auch Dietl allgemein als SCHWIERIG. Wenn man allerdings ein paar Regeln beachtete, zum Beispiel immer pünktlich war und nicht dumm daherredete, war es überhaupt nicht schwierig mit ihm.

Im Herbst besuchte ich ihn in München, genauer gesagt: BEI München, auf dem Land, wir spazierten über die Felder, und ich wagte nicht zu fragen, wann wir denn jetzt endlich mal SCHREIBEN würden, denn was wir taten, immerfort taten, war: plaudern. Bissl plaudern. Darüber, was man erzählen könnte in diesem Film, und noch viel lieber darüber, was und wie man auf gar keinen Fall erzählen sollte. Darin brachten wir es früh zu ungeheurer Genauigkeit: Was wir auf keinen Fall wollten, was unbedingt vermieden werden müsste, was sich von selbst verbot, welche Wörter, Charaktere und Handlungsmanöver streng sanktioniert gehörten und so weiter, ja, all das konnten wir exakt benennen und ausführen – und zwar plaudernd. Wenn uns auch zuweilen, meistens sogar, nicht im Geringsten klar war, was wir überhaupt wollten, so wussten wir doch immer sehr genau, was wir keinesfalls wollten. Und sobald sich beim Plaudern so etwas wie EINE IDEE abzeichnete, brachen wir das Gespräch sofort ab, traten stattdessen Maulwurfshügel platt, schmissen verfaultes Fallobst ins Gebüsch oder machten ein Schläfchen. Kaum etwas, lernte ich, bereitete Dietl so viel Unbehagen wie scheinbare Klarheit und vordergründigem Verständnis dienende Deutlichkeit; dergleichen trachtete er unbedingt zu verhindern, ja, permanent zu sabotieren, weil solches vieles sein mag, eines aber vor allem nicht ist: komisch.

In Dietls Arbeitszimmer lehnte an der Wand ein Papp-schild, Relikt früherer Dreharbeiten, darauf stand geschrieben: »KEINE GESPRÄCHE vor, hinter oder neben mir!!! Danke!« Dieses Schild, erzählte er mir, werde grundsätzlich während Dreharbeiten an seinem Regisseursstuhl angebracht, schon immer, denn sosehr er bis zum Drehbeginn das Plaudern schätze und kontinuierliches Plaudern überhaupt die Grundbedingung seines Drehbuchschreibens und Daseins bilde, sowenig ertrage er das dann – wenn einmal alle Wörter dort seien, wo sie hingehörten – nurmehr als Geschwätz zu bezeichnende Plaudern, welches schlimmstenfalls SPON-TANE ÄNDERUNGSIDEEN von Schauspielern zum Inhalt habe; jegliche Versuche in dieser Richtung unterbinde er mit diesem Schild, und wenn dennoch ein Schauspieler ansetze, »Wie wär's denn, wenn ich stattdessen besser sage … Oder mehr so, mal jetzt ganz aus'm Bauch …«, sei seine Ant-wort immer die gleiche: »Naa, naa, naa, wirkli ned – spiel's einfach, wie's da steht. Auch die Pausen, die b'sonders – steht ois da. Gell? Spiel's einfach. Uuuuuund bitte!«

Und in der Tat, Dietls legendäre Rhythmusgenauigkeit

vermochte nur schlechte Schauspieler in den Wahnsinn zu treiben, die guten liebten natürlich Dietls für jede Drehbuchpassage exakten und nicht diskutablen Vorgaben, wie laut oder leise, schnell oder langsam, deutlich oder undeutlich etwas gesprochen werden sollte. Dafür freilich mussten wir es erst noch aufschreiben. Und umschreiben, neu schreiben, kürzen, ergänzen, wegschmeißen und wieder von vorn beginnen – auch nach der Premiere, dachte ich, würden wir gewiss noch ein paar Jährchen lang Änderungen an diesem Drehbuch vornehmen.

Schließlich, im Spätherbst 2006, die Testwoche: Ob das nun wirklich ginge mit uns beiden, oder eben nicht. Dietl hatte inzwischen in Berlin Mitte eine Wohnung angemietet, mit Blick auf den Monbijoupark, vier Minuten zu Fuß von der, in die ich unterdessen gezogen war, praktischerweise – manchmal fügt es sich ja – hatte ich mich im Sommer verliebt und war direkt bei der Dame eingezogen, genau in jene Gegend, in der ich es schon einmal probiert hatte und kläglichst gescheitert war, doch diesmal schien alles anders zu sein, dieselbe Kulisse, ganz andere Handlung.

Alsdann legten wir los, jeden Morgen um Punkt zehn, und Punkt meint hier wirklich Punkt. Wenige Minuten zu früh oder zu spät wurden direkt, noch durch die Gegensprechanlage, gerügt, statt »Ja, bitte?!« oder gar »Guten Morgen« ertönte die exakte Uhrzeit. Schreiben ging dann so: Ich saß am Computer, Dietl links neben mir, vor ihm auf dem großen Tisch ausgebreitet verschiedene Papierstapel, Teetasse, ein Glas Akazienhonig, ein Batterieradio, ein ledernes Etui mit Maniküre-Utensilien, ein paar kurze gelbe Bleistifte, jeweils in der Mitte durchgeschnitten und stets bestens gespitzt. Ich tippte, weil ich wenigstens das besser konnte als er.

Und so plauderten wir, witzelten, machten uns warm mit Sätzen, die alles sofort und unabänderlich töten würden. Schreiben bedeutete auch, das allermeiste eben nicht zu schreiben. Von Beginn an waren wir uns einig, dass es galt, jede Art von HANDLUNG unbedingt zu vermeiden; bloß keine stringente Beweisführung, keine logische Entwicklung, keine didaktische Moral. Diesbezüglich gilt ewiglich Harry Rowohlts Diktum: »Wer Handlung will, soll zum Catchen gehen.«

Eine erste wichtige Lektion für mich war es, richtig falsch statt korrekt zu schreiben; denn richtige, wenn man so will: wirkliche wörtliche Rede muss natürlich in Kraut&Rüben-Grammatik verfasst werden. Die automatische Rechtschreibprüfung des Texterfassungsprogramms unterkringelte praktisch jedes zweite Wort, die in Lautschrift niedergeschriebenen Dialekte und Soziolekte, die vergurkten Komposita, die zerzausten Plattitüden und kruden Satzbauten – erst wenn es ganz falsch war, war es richtig.

Früh auch lernte ich den Gebrauch des mit Abstand wichtigsten und niemals verkehrten Satzzeichens in einem Dietl-Drehbuch: …

Diese drei Punkte kennzeichnen keine Auslassung, im Gegenteil, sie sind beim Sprechen zu füllen, ihre Funktion kann als Gelenkflüssigkeit im Textkörper bezeichnet werden (wenn, ja, wenn man so will!), sie dienen der rhythmisierenden Annäherung an realistische wörtliche Rede. Dieses »…« war nicht nur zuhauf (jedoch alles andere als willkürlich) zwischen Satzteilen, sondern auch inmitten einzelner Wörter zu setzen, und dort kann dieses »…« vieles bedeuten, von einer je unterschiedlich langen Pause über unverständliches Gemurmel bis zu einem kurzen, längeren oder kaum enden wollenden »Ähhööäähhhmäähh«. Kaum ein Satz wurde korrekt beendet, denn korrekt spricht ja kein Mensch, bis auf die im deutschen Fernsehfilmelend, also endete bei uns nahezu jede Äußerung einer Figur mit drei Punkten; gerade auch dann, wenn noch ein entscheidendes Prädikat oder ähnliches zum Verständnis fehlte, wurden die drei Punkte gesetzt, die alles schön und korrekt falsch im Nichts stranden ließen beziehungsweise die Aufforderung an den Dialogpartner darstellten, seinem Gegenüber in dessen dem Bedeutungsnirwana entgegenmäanderndes Wort zu fallen, seinerseits aus ebensolchem rhetorischen Unterholz drauflosbrabbelnd, und dieses immer anders auszugestaltende Nichts wurde ebenfalls durch diese drei Punkte indiziert. Und sosehr Helmut Dietl im Alltag an seinem absoluten Gehör für Sprachdeformationen litt, sosehr kam ihm dies beim Schreiben zugute. Er verfügte, neben seinem Amtsmünchnerisch, über eine enorme, idiomengesättigte Fertigkeit in jedweder durch Herkunft, Umgebung, Charakter und Bildungsgrad geprägten Sprach-Nuancierung; ich selbst konnte, nach Abschluss unseres gemeinsamen Schreibjahres, immerhin einigermaßen passabel Bayerisch sprechen.

Wenn ich hin und wieder die Lesbarkeit eines Dreipunkte-Infernos durch ergänzende Prosa klarer fassen wollte, sagte Dietl: »Du, des lässt ma schön bleiben, weil … des … des … das macht dann schon dieser Dingsda … der … der Regisseur, gell?« Ja, der Regisseur, auch der würde noch einiges zu tun bekommen … später dann mal … irgendwann.

Ach ja, damals rauchte Dietl noch, anfangs stand in der Tischmitte ein Aschenbecher, sehr bald aber links und rechts für jeden von uns einer, auf Dietls Tischhälfte lag immer mindestens eine Schachtel Gitanes, denn 120 Zigaretten pro Tag, wie soll man das schaffen, wenn nicht immer welche griffbereit liegen? Ich selbst kam oft gar nicht zum Rauchen, weil ich ja mit dem Tippen betraut war und ohnedies alles so verqualmt, dass man kaum mehr auf die Idee kam, aktiv zu rauchen, passiv reichte völlig. Um vierzehn Uhr machten wir eine Pause, Mittagsschlaf, um sechzehn Uhr, PUNKT sechzehn Uhr!, stand ich dann wieder vor der Tür, und wir machten weiter, bis mindestens achtzehn Uhr dreißig, höchstens neunzehn Uhr zehn, täglich, von Montag bis Freitag; wenn auch gar nichts klar war und mitnichten sich allmählich eine gewisse Klärung oder gar Klarheit einstellte, wenn auch täglich wirklich alles zur Debatte stand – die Arbeitszeiten immerhin waren als geregelt zu bezeichnen. Abends gingen wir meistens gemeinsam essen, plaudern, das am Tag Geschriebene verwerfen und über die groteske Versorgungslage und kaum mehr bespottungswürdige Restaurant-Schlechtigkeit des Bezirks Mitte schimpfen (»Wie in der Ukraine!«, so Dietl, der nach eigenen Angaben mit jeder in Berlin verbrachten Woche 500 Gramm an LEBENDGEWICHT verlor); Anlass der Bewirtung: Recherche.

Es hatte sich herumgesprochen, dass Dietl an einem Drehbuch arbeitete, an einem in Berlin spielenden Film, und so traten ständig alle möglichen uninteressanten Akteure des lokalen gesellschaftlichen Lebens an unseren Tisch, um Dietl mitzuteilen, wie sehr sie fürchteten, wiedererkennbar in diesem Film vorzukommen. Man musste nicht sehr clever sein, um dabei vor allem die berechtigte Angst herauszuhören, sie würden nicht darin vorkommen.

Jeden Abend wieder behelligte uns auch irgendjemand mit der Frage, was denn nun sei »mit der Fortsetzung von ›Kir Royal‹«? Nix, wie Dietl sehr bald zu erklären müde wurde. Einen Film über Veränderungen plane er, mehr sagte er nicht, allenfalls noch, dass es keineswegs ein »Film über Berlin« sei, sondern dass lediglich gewisse Szenen dieses Films auf einer PREUSSISCHEN QUADRATMEILE in Berlin Mitte spielen würden, Ende, aus.

Wenn uns ausnahmsweise wirklich mal eine abends im Lokal oder zwischendurch beim Spazierengehen beobachtete Person oder Szenerie vorkommenswert erschien, gab es die nie ausformulierte, doch stets selbstverständliche Grundregel, falls überhaupt, dann genau das Gegenteil des Gesehenen oder Abgelauschten niederzuschreiben – denn ebenso wie eine stringente Handlung musste jedwede Aktualität und jegliche geradlinig-kabarettistische Reaktion auf die Gegenwart vermieden werden. Auch in den Chor der so beliebten griffigen Definitionen dessen, was und wie Berlin angeblich sei oder eben nicht sei, wollten wir uns keinesfalls einreihen. Ein Film über Veränderungen, spielend in Berlin, mehr nicht.

Die Testwoche verlief gut, und so beschlossen wir, von Januar 2007 an gemeinsam das Drehbuch zu schreiben, montags bis freitags, zehn bis vierzehn und sechzehn bis ungefähr neunzehn Uhr.

Zum Jahreswechsel standen wir auf dem Balkon, auf dem wir im just anbrechenden Jahr täglich stehen würden. Dietl wünschte mit eventuell leicht höhnischem Unterton der kleinen, in seiner Wohnung versammelten Silvestergesellschaft noch einen schönen Abend und ging sechs Minuten nach null Uhr ins Bett, was ein kaum getarnter Rauswurf war und unterschiedlich aufgenommen wurde, mir gefiel das gut. Ein paar Tage später begannen wir dann mit der täglichen Arbeit am Drehbuch. Jeden Morgen um Punkt zehn Uhr stand ich vor der Tür, jahreszeitenunabhängig immer leicht schwitzend, denn täglich wieder klingelte ich um exakt 10:00:00 Uhr und hatte dann also knapp eine Minute Zeit, die Treppen bis zum vierten Stockwerk hochzujagen, damit es beim Eintritt in Dietls Wohnung bloß nicht schon 10:01:00 Uhr war. Gewöhnlich fragte er dann, wenn ich ihn kurzatmig begrüßte, betont beiläufig, warum ich denn so hetzte, sah aber zugleich auf die Uhr und teilte mir meine Zieleinlaufzeit mit.

Meistens konfrontierte Dietl mich morgens zum Aufwärmen mit einer handwerklichen oder innenarchitektonischen Problemstellung, mal (und nicht nur einmal!) musste der Schreibtisch neu im Raum ausgerichtet werden, Bilder waren auf- oder umzuhängen, das Zahlenschloss eines alten französischen Pergamentkoffers war zu entrosten, Haushaltsgeräte waren zu reparieren, meine Meinung zu Kalkgehalt oder Temperatur des Leitungswassers war gefragt, bizarre Behördenpost wurde gemeinsam entschlüsselt, der Bambus auf dem Balkon musste jeweils dem saisonalen Sonnenstand gemäß umpositioniert werden, nächtliche Träume oder Dietls Fort- wie Rückschritte beim Erlernen des Klavierspiels an einem STUTZ-FLÜGEL waren zu erörtern, Torheiten aus dem Radio oder den Tageszeitungen mussten ebenso detailliert besprochen werden wie interessante Nebenwirkungen von Medikamenten oder die Absurdität eines Kochschinkeneinkaufs in Berlin Mitte: »Des is doch an Irrsinn, wennst hier an stinknormalen Kochschinken kaufen willst, des is doch schier zum Wahnsinnigwerden is des doch – den hams nämlich ned, weil des Einfache, des is denen hier zu einfach! Freili, Schinken hams allerlei da, an Gepökelten hams oder einen mit am lätscherten Spargelrand oder 'ner scheißgpfefferten Sonstwasrinde, des hams ois da, massenhaft, aber an ganz einfachn, gkochten Schinken – nirgends, nir-gend-wo! I fahr doch ned rüber innen Westen für an depperten Kochschinken! I mein, wo simma denn? Ah, Berlin, genau, Berlin Mitte ... So, wo simma jetzt ..., also da in unserm ... Ding da ... Drehbuch ...?«

Bald begriff ich, dass all diese dem Tagwerk vorangestellten Debatten und Aktionismen keineswegs dazu dienten, »in Schwung zu kommen«, sondern vielmehr den Zweck hatten, etwaigen morgendlichen Schwung, Enthusiasmus gar, zu kanalisieren, umzuleiten und zurückzukämpfen, um anschließend, völlig erschöpft und fürs Erste demoralisiert, die Textarbeit wiederaufzunehmen; diese Stimmung war die ideale, um nicht eilig und somit schlampig zu werden beim Schreiben. Wenn wir also an einer dieser einleitenden Verrichtungen oder Erörterungen angemessen ergebnisfrei gescheitert waren, sagte Dietl meistens: »Wie auch immer, es ist vollkommen sinnlos« – und dann fingen wir an.

Wenn wir schon bald darauf nicht weiterwussten oder uns akute Müdigkeit übermannte, stellten wir uns auf den Balkon und zählten die Baukräne, die da draußen, auf dem von unseren Filmfiguren im allerweitesten Sinne beackerten Geläuf der Glücksritter in den Himmel ragten, es wurden wöchentlich mehr (Kräne UND Filmfiguren). Recht bald umstellt und bedrängt von einem überbordenden Ensemble erdachter Figuren (von denen es knapp ein Drittel auch wirklich in den Film geschafft hat), waren wir natürlich dankbar für manche Störung durch echte Menschen; unvergessen der Handwerker, der Jalousien an die Balkon-Schiebetür montierte, was natürlich – denn all dies spielt in Berlin – mehrere Anläufe brauchte, mal waren die Lamellen zu kurz, dann der Balkon zu lang, beim nächsten Anlauf die Farbe falsch, dann fehlte irgendeine bestimmte Schraubensorte, ein weiterer Vormittag ging drauf mit der Klärung, ob nun die Wohnung uneben war oder die Wasserwaage kaputt oder nicht doch die Jalousien-Halterung schief angebracht, und so waren wir eine Weile lang zu dritt dort in der Schreibwohnung zugange und erfuhren dadurch viel über das Leben des Jalousien-Manns, der uns ein paar Wesenszüge für eine Figur lieferte, die im Drehbuch eine gewisse Rolle bei der Neugründung einer Partei spielte, was wir sehr ausführlich beschrieben und fein ins Geschehen, das keine Handlung sein sollte, verwoben – und kurz darauf selbstverständlich komplett wieder herausstrichen. Irgendwie musste man ein ganzes Jahr schließlich herumkriegen.

Es kam vor, dass absurde Wendungen politischer oder gesellschaftlicher Art, die wir uns ausgedacht hatten, dann tatsächlich in ähnlicher Weise eintraten, und auch die strichen wir natürlich heraus. Überhaupt: gestrichen haben wir viel. Wenn es vormittags mit uns durchgegangen war, empfing mich Dietl zur zweiten Schicht am Nachmittag, spätestens am nächsten Morgen mit umfassenden Streichungsmassakern. »Des is ois a Riesenquatsch«, sagte er dann, also tilgten wir etliche Passagen, bewahrten manche allerdings auch in anderen Dokumenten auf, und so wuchs die bald kaum noch zu überschauende Zahl an Drehbuch-Versionen. Interessant war, wie viele komplett unterschiedliche Filme sich mittels Kürzungen aus diesem Material machen ließen; ursprünglich der bloßen Vernebelung möglicherweise sich andeutender HANDLUNG dienende Seitenabzweigungsminiaturen erwuchsen mitunter zu endlosen Dialogmonstern, jeweils in Spielfilmlänge, zum Beispiel über eine bei Bauarbeiten freigelegte Fliegerbombe aus dem Zweiten Weltkrieg oder den geheimbündlerischen Verzehr eines japanischen Kugelfischs. Oder die uns begeisternde, in einem Hustensaft-Beipackzettel erwähnte Nebenwirkung KRANKHAFTE HOCHSTIMMUNG, die uns zur Erfindung der zwischendurch sogar titelgebenden BERLINER KRANKHEIT animierte, deren Wirkgeschichte etwa 150 Seiten füllte und im fertigen Film mit keiner Silbe mehr erwähnt wird. Nicht anders erging es dem von uns erdachten, vorübergehend das Drehbuch geradezu dominierenden Schaubühnen-Regisseur Gerhard Osnabrück samt seinem die Regietheaterkunst der Gegenwart revolutionierenden Großprojekt »Heim@«.

Unsere ungezählten, von Dietl mit hinterhältigem Fatalismus als BEFREIUNGSSCHLÄGE bezeichneten und im festen Bewusstsein zu scheitern vorangetriebenen Kürzungsorgien begannen stets mit dem Befund des dem Autor Dietl ja recht gut bekannten Regisseurs: »So viele Szenen – und weit und breit koa Film.« Und so fingen wir wieder von vorn an.

Es wurde Frühling, es wurde Sommer, Kräne kamen, Kräne verschwanden, einfacher Kochschinken blieb einfach im Westen, während wir im Osten schrieben und schrieben – und im Winter bezeichneten wir dann schließlich einen etwa 650 DIN-A4-Blätter umfassenden Papierstapel als (so großspurig ist man, am Ende aller Kräfte) »Drehbuch, 1. Fassung«. Dessen Verfilmung hätte, grob geschätzt, etwa 100 Millionen Euro gekostet und einen ungefähr neunstündigen Spielfilm ergeben. Nun, da musste man wohl noch ein wenig kürzen. Die erste Szene dieser Ur-Fassung spielte – das Missverständnis BERLIN-FILM sogleich ausräumend – im Riesengebirge, vier Ministerpräsidenten auf Hirschjagd. Vielleicht einen Dreiteiler, mit dem Titel

»Schwarz-Rot-Gold«? Material jedenfalls und Titel (»Berlin Mitte«? »China Club«? »Die traurigen Frauen von Berlin«?) hatten wir genug. Geld leider nicht.

Als, etliche Schwierigkeiten später, schließlich im Sommer 2011 die Dreharbeiten abgeschlossen waren, saßen wir in einem indischen Restaurant und Dietl sagte nur ein Wort: TRUCKS.

Wie bitte?

Ja, Filme zu machen bedeute heutzutage mehr denn je: Trucks, Trucks, Trucks, kilometerlang aneinandergereihte Trucks, es sei zum Wahnsinnigwerden. Um eine Szene zu drehen, in der zwei Menschen sich unterhalten, würden ganze Straßenzüge mit ebensolchen TRUCKTRECKS vollgestellt, für alles und jeden einen verschissenen Truck, für jede Lampe einen Truck. Und einen Assistenten. Und jeder Assistent habe selbst auch wiederum einen Assistenten. Mindestens. Sein nächster Film werde ganz ohne Trucks auskommen, schwor Dietl, in diesem seinem nächsten Film würden lediglich vier Menschen an einem Tisch sitzen und – plaudern. Das klang gut, und ich drängte mich zur erneuten Mitarbeit auf, nicht ohne anzumerken, dass es möglicherweise ganz gut wäre, wenn dieser Tisch dann nicht im Riesengebirge stünde.

Am darauffolgenden Abend, bei der Dreharbeiten-Abschlussfeier im Restaurant »Seehaus«, Englischer Garten, München, schaute Senta Berger melancholisch aus dem Fenster, als sich draußen ein gewaltiges Sommergewitter entlud, und um sie herum wurden die in solchem Falle üblichen Nullsätze gesprochen (»Kommt jetzt alles runter, sintflutartig«, »War ja schon den ganzen Tag so drückend«, »Morgen wird's dann wieder schön« etc.), doch Senta Berger war jetzt, am Ende der Dreharbeiten, ganz Mona Mödlinger und sprach leise: »Mein armer Oleander.«

Wenn sie mal damit nicht gar schon den Titel für den Vier-Menschen-an-einem-Tisch-Film geliefert hat, na, wir würden das verfolgen und vielleicht schon in etwa zehn Jahren eventuell Skizzen zu einer ersten Drehbuchfassung vorliegen haben.

Es begann an einem Donnerstag, und obzwar das Drehbuch auf alles sich Rundende verzichtet, ist es doch schön, dass der Film an einem ebensolchen Donnerstag ins Kino kam, wie alle Filme. Wie auch immer – wenn man so will.

# EINE REDAKTIONSKONFERENZ ZU
# THOMAS BERNHARDS GEBURTSTAG

*Im Konferenzraum einer deutschen Tageszeitung sitzen die drei Redakteure, deren Ressort und Räumlichkeiten hausintern »Die Kultur« genannt werden. Auch diese drei Redakteure selbst werden, sobald sie zumindest in Zweidrittelstärke gesichtet werden, als »Die Kultur« bezeichnet: »Da kommt die Kultur«, wird gesagt, wenn sie den Flur entlangschreiten. Zur täglichen Themenplanungskonferenz jetzt also vollzählig erschienen: die Kultur. Es konferieren:*

*Der Ressortleiter; liebt große Thesen, große Namen, große Fotos; hat es immer eilig.*

*Der Alte Hase; ehemaliger Ressortleiter, ganz früher war auch er mal ein Eifriger; eilig hat er es überhaupt nicht mehr.*

*Der Eifrige; träumt davon, eilig selbst Ressortleiter zu werden; verdrängt die Ahnung, dass er auf jeden Fall ein Alter Hase sein wird dermaleinst, möglicherweise sogar, ohne vorher je Ressortleiter gewesen zu sein.*

Der Ressortleiter: …was haben wir noch? So langweilig wie euer Angebot kann die Welt doch gar nicht sein. Ihr müsst mehr rausgehen!

Der Alte Hase: Wann denn, wohin denn?

Der Ressortleiter: Debatten an Land ziehen! So, womit machen wir übermorgen auf?

Der Eifrige: Vielleicht mit Bernhards Achtzigstem? Am 9. Februar wäre Thomas Bernhard 80 geworden!

Der Ressortleiter: Sehr gut, das machen wir groß. Wie machen wir's?

Der Alte Hase: Meines Wissens ist bis heute unklar, ob der Bernhard am 9. oder am 10. Februar geboren wurde.

Der Ressortleiter: Am 10. haben wir 'ne halbseitige Anzeige, also machen wir's am 9. Und zwar groß. Alle werden es groß machen.

Der Alte Hase: Haben wir nicht mal beschlossen, dass wir keinen Feiertagsjournalismus mehr machen wollen, kein Jubiläumsfeuilleton, kein Terminkalender-Reflex-Geseier? Deshalb haben wir vor zwei Jahren auch nix zu Bernhards 20. Todestag gemacht.

Der Ressortleiter: Und zwar als Einzige. Scheiße war das. Und vor meiner Zeit. Bernhard 80 – natürlich machen wir das! Wer könnte denn …

Der Eifrige: Ich könnte Peymann anrufen! Die haben doch … der hat doch … der ist doch … Ich ruf ihn gleich an!

Der Ressortleiter: Peymann? Spricht der noch mit uns?

Der Eifrige: Wieder! Der ist ja nie lang böse.

Der Alte Hase: Das ist so bisschen das Problem bei Peymann, finde ich. Letztlich macht der alles, zu jedem denkbaren Thema würde der sofort in die Harfe greifen: Ägypten, Vegetarismus, Gorch Fock, Dschungelcamp, Frauenquote, Afghanistan, Lokführerstreik …

Der Eifrige: Bei Lokführerstreik fällt mir ein, dieses Wortungetüm, von dem da jetzt immer die Rede ist, Moment, hab's mir notiert … hier: »Bundesrahmenlokomotivführertarifvertrag«! Ein totales Bernhard-Wort, finde ich. Vielleicht kann man daraus was stricken? Bernhards Komposita und die Folgen, irgendwie so …

Der Alte Hase: Das ist eben genau kein Bernhard-Wort, das ist alles andere als ein Bernhard-Wort, ein dämliches Kabarettwort ist das, weiter nichts. Bernhard-Wörter gehen so: »Weinflaschenstöpselfabrikant«, »Kunstmarktgerede«, »Staatsanbiederungskunst«, »Gesellschaftsonanisten«, »Verrammlungsfanatiker«, »Klaviervirtuosenlaufbahn«, »Jugendverzweiflung«, »Theaterstückdürre«, »Demokratiegefasel«, »Geburtstagsheuchelei«, »Subventionsdampf«, »Pumphosenspießer«, »Trauerkleiderordnung«, »Toilettenskandal« …

Der Ressortleiter (auf den leeren Seitenplan starrend): Mh-mh-mh … Peymann ist mir zu Berlin. Und auch zu wenig überraschend. Wenn wir bis morgen nix anderes haben, können wir immer noch Peymann fragen, aber das wäre die absolute Verlegenheitslösung.

Der Alte Hase: Obwohl, das würde mir gefallen, »Blablabla, von Claus Peymann. Eine Verlegenheitslösung«. Ist doch schließlich Pflicht, dass man Artikel über Bernhard grundsätzlich mit so einem temperierenden Gaga-Genrebegriff übertitelt, in größenwahnsinniger Analakademikeranmaßung, dergestalt eine ironische Titeltraditionslinie zu »Holzfällen. Eine Erregung« und so … hinzuzwinkern, pfui Deibel.

Der Ressortleiter: Titel ist gut … All diese sprichwörtlich gewordenen Titel, »Auslöschung«, »Der Untergeher«, »Alte Meister«, »Verstörung« – könnte man doch so zuspitzen: Alle kennen die Titel, kein Mensch hat die Bücher gelesen!

Der Alte Hase: Ah, verstehe, heute ist wieder mal Tag der großen Thesen.

Der Eifrige: Wie wär's denn mit Hennetmair?

Der Ressortleiter (leicht angewidert, aber interessiert): Dieses Axolotl-Roadkill-Früchtchen?

Der Alte Hase: Schmarrn. Der mostsaufende Immobilienmakler vom Bernhard, der mit dem versiegelten Tagebuch.

Der Ressortleiter: Lebt der noch?

Der Alte Hase: Müsste, aber der ist doch irgendwie auch durch. Außerdem spinnt der.

Der Eifrige: Oder die Fleischmann, die diese tollen Flirt-Interviews mit ihm gemacht hat. Oder der Bruder!

Der Alte Hase: Halbbruder. Doktor Peter Fabjan – ganz was Neues.

Der Ressortleiter: Lebt der noch? Ist mir aber auch schon wieder zu linear.

Der Alte Hase (zum Eifrigen): Wenn du jetzt wieder mit diesem arischen Scooter-Schreihals kommst, dreh ich dir den Hals um.

Der Eifrige: Aber der ist nicht dumm! Außerdem hat der mal …

Der Alte Hase: Wir alle wissen, dass der mal ein Bernhard-Hörbuch eingesprochen hat. So what!

Der Ressortleiter (verträumt): Was würden wir denn selbst gerne lesen? Harald Schmidt und Elfriede Jelinek – ein Streitgespräch!

Der Alte Hase: Erstens: Was sollen die denn streiten? Zweitens: Leben tun sie beide noch, immerhin. Drittens: Die kriegen wir eh nicht, und auf die Schnelle schon gar nicht.

*Der Ressortleiter blickt auf die Uhr, steht schon auf, zögert, setzt sich dann rittlings auf den Konferenztisch und wird laut; zur auch gestischen Bekräftigung der nun folgenden Regierungserklärung haut er im Takt seiner Worte mit dem rechten Zeigefinger auf die metallene Konferenzkeksdose.*

Der Ressortleiter: Wir sind eine Tageszeitung mit dem Anspruch, jeden Tag einen … äh … magazinigen … Kulturteil von … nationaler Bedeutung … im Grunde jeden Tag eine Wochenzeitung rauszuballern. Heutzutage bedeutet Zeitungmachen …

Der Alte Hase: Arbeiten, bis auch dem Letzten von uns die Frau weggelaufen ist, ich weiß schon.

Der Eifrige (beschwichtigend, dabei konstruktiv wie immer): Vielleicht einfach »80 Fakten über Thomas Bernhard«? Das könnten wir …

Der Alte Hase: Das ist 'ne stupide Fleißaufgabe, das könnte der Praktikant machen.

Der Ressortleiter: Lebt der noch? Ich mach nur Spaß. Nein, ich möchte einen NAMEN. (Er paraphrasiert leiernd die gewünschte Unterzeile des gewünschten Textes) »Heute wäre Thomas Bernhard 80 geworden – XY gratuliert, exklusiv bei uns.« Richtig fett auf Seite 1 angekündigt, Bumms!

Der Eifrige: Wie wäre es denn mit dem Fellinger?

Der Ressortleiter: Dem wem?

Der Alte Hase: Das ist sozusagen der Bernhard-Beauftragte bei Suhrkamp. Und Cheflektor, nebenbei. Jaja, der Fellinger, auch schon 30 Jahre jetzt bei Suhrkamp. Der hat damals noch …

Der Ressortleiter: Ist mir viel zu akademisch. Den wollten wir doch außerdem letztes Jahr schon mal kontaktieren – was ist daraus eigentlich geworden, aus der Kommafehler-Geschichte?

Der Alte Hase: War uns dann doch zu bastiansickmäßig.

Der Ressortleiter: Ich hätt's gern gelesen. Du warst es doch, der plötzlich wieder anfing, Bernhard zu lesen und sich gewundert hat, warum da so viele falsch gesetzte Kommata drin sind, gerade bei dieser, ich sag mal … extrem rhythmischen Prosa … dort, wo unbedingt welche hingehörten, fehlten sie, sagtest du, und dort, wo sie absolut störten und falsch waren, wimmelte es nur so von Kommata, das war doch wunderbar, wir wollten das doch jemanden vom Duden-Verlag Korrektur lesen lassen, es gab sogar schon ein Layout: »Thomas Bernhard – eine Korrektur«.

Der Alte Hase: Wie gesagt, wir fanden es dann doch zu …

*Der Eifrige hatte kurz den Raum verlassen, kommt jetzt zurück mit einem Stapel noch in Folie geschweißter Bücher, CDs und DVDs – all die Neuerscheinungen und Wiederveröffentlichungen zum Bernhard-Jubiläum. Der Eifrige beginnt hektisch mit der Entzellophanierung der Rezensionsexemplare, blättert, sichtet, nickt wie wahnsinnig.*

Der Redaktionsleiter: Das denke ich immer, wenn mal Besuch kommt und an euren Regalen vorbeigeht, ob ihr nicht wenigstens die Folie abmachen könntet, ehe ihr die Bücher dann sowieso nicht lest.

*Der Alte Hase nimmt den Hörbuch-Klotz »Autobiographische Schriften«, wiegt ihn in der Hand.*

Der Alte Hase: »15 CDs, Laufzeit circa 1122 Minuten« – ich mein, wir müssen ja nebenbei auch noch jeden Tag in Notbesetzung ein Feuilleton zusammenschrauben hier. Und zwar eins von nationaler Bedeutung, nicht wahr? Wenn nicht international – wir drei, hm?

Der Eifrige: Hier, hier, hier, hört mal! »Der Wahrheit auf der Spur«, Bernhards Reden und Interviews und so, da ist auch der letzte Text drin, den er vor seinem Tod geschrieben hat, ein Leserbrief an die »Salzkammergut-Zeitung«, da wettert er gegen die drohende Einstellung des Straßenbahnverkehrs in Gmunden und plädiert, wenn ich das richtig verstehe, im Gegenteil sogar für einen Ausbau. Das könnte man natürlich wunderbar auf »Stuttgart 21« münzen.

Der Ressortleiter: Also Richtung: Wenn Thomas Bernhard noch leben würde?

Der Eifrige: Fänd ich spannend! Hätte er ein Handy, wäre er bei Facebook …

Der Alte Hase: Um Gottes willen. Thomas Bernhard wird 80 – es gratuliert Sascha Lobo, ja? Unmöglich, da machen wir uns doch lächerlich mit. Denkt an den Goethe-Stuss in der *FAZ* neulich.

Der Ressortleiter: Immerhin wurde darüber gesprochen. Und, ganz ehrlich, ehe wir gar nichts haben … Wäre denn der heute noch lebende Bernhard immer noch bei Suhrkamp? Käme der mit Witwe Unseld klar?

Der Alte Hase: Geldgierig war er vor allem, der Bernhard, also wäre er heutzutage bei Random House. Und sein erstes Buch nach dem spektakulären Verlagswechsel hätte geheißen: »Die Witwe. Ein Hohngelächter«. Aber das ist genau diese Art Konjunktivfeuilleton, die wir …

Der Eifrige: Apropos Suhrkamp. Durs Grünbein könnte uns ein Geburtstagsgedicht schreiben, mit dem habe ich kürzlich gesprochen, der würde gern ab und zu was für uns … äh … dichten.

Der Alte Hase (lächelnd): Au ja, eine »Gmundener Elegie« – da ist leider, ähnlich wie bei Peymann, das Risiko zu groß, dass er's wirklich macht.

Der Ressortleiter (ungeduldig): Das rockt nicht, das liest auch keine Sau. Reimt sich ja nicht mal. Nee, nee, wir müssen was SETZEN. Wirklich so 'n Ding hinlegen, das sich die Leute ausschneiden … das bei Perlentaucher dick empfohlen wird et cetera. Wie bebildern wir's denn überhaupt?

Der Alte Hase: Den Text, den wir nicht haben?

Der Eifrige: Gibt natürlich diese genialen Fotos von Erika Schmied und Sepp Dreissinger. Vielleicht einfach 80 Fotos, Doppelseite?

Der Ressortleiter: Können wir für's iPad machen, als Slideshow, aber ich will schon auch 'n Text, am besten ein Manifest oder so, ein Statement, mit dem wir uns auch als Blatt ... Was wäre denn ein echter Coup?

Der Eifrige: Ein Hingucker wäre jemand, der sagt, Thomas Bernhard war kein guter Schriftsteller. Ich könnte Maxim Biller fragen!

Der Alte Hase: Das Problem ist, alle haben Bernhard gern mittlerweile.

Der Ressortleiter: Kann man daraus nicht was drehen? So ... so ... sinngemäß: Er hat alle gehasst – und jetzt lieben ihn alle. Der große Unverstandene. Der Zutodegeliebte. Der, der, der ...

Der Alte Hase: Der Thomas Bernhard eben. Das ist doch alles hundertmal festgestellt, bewiesen, widerlegt – in alle Richtungen gebürstet. Diesen öden Originalitätszwang sollten wir mal zuallererst begraben. Bernhards Schallplattensammlung, Bernhards Leibspeisen, Bernhards Häuser, Bernhards mit der Motorsäge zerfetzte Krucka-Cordhose – alles ist allen bekannt, alles ist katalogisiert, alles ist Phrase. Am besten, wir machen gar nix.

Der Eifrige: Ich hab's! Ein fiktives Interview zum Achtzigsten, sozusagen, die Antworten collagiert aus seinem Werk!

Der Ressortleiter: Mal so rum, was haben wir ihm denn zu verdanken?

Der Alte Hase: Eine Horde stumpfsinniger Epigonen, die glauben, wenn sie dreieinhalb Romanseiten lang keinen Punkt setzen, sind sie der neue Bernhard …

Der Eifrige: Oder wir gratulieren mit einem Bandwurmsatz, eine ganze Zeitungsseite lang!

Der Alte Hase: … außerdem natürlich den nurmehr spießbürgerlichen, inflationären Gebrauch der Begrifflichkeitsdistanzierung »sogenannt«, das ist ja fast so schlimm mittlerweile wie ironisierende Gänsefüßchen in die Luft zu gestikulieren, diese permanente »Sogenannt«-Bezeichnerei. Und nicht zuletzt die depperte, unausrottbare Journalistenwetteiferei um das bernhardeskeste Bernhard-Synonym, diese faden Nachahmungskomposita: Bernhard, der Beschimpfungsweltmeister. Bernhard, der Weltverachtungskönig. Bernhard, der Invektivenvirtuose. Bernhard, der österreichischste aller österreichischen Anti-Heimatdichter … Und by the way, das mit dem Bandwurmsatz gab's auch schon etwa zweihundertmal. Jedes Jahr wieder.

Der Ressortleiter: So, ich würd hier jetzt gern 'n Cut machen, ich muss an den Balken, sonst erscheinen wir nämlich morgen mit leeren Seiten. Den Bernhard schieben wir, du hast ja eh gesagt, es sei strittig, ob er am 9. oder 10. geboren wurde – also machen wir's am 10., dann sind wir zwar mit Sicherheit die Letzten, aber lieber die Besten als die Ersten, mit Online können wir ja eh nicht konkurrieren.

Der Alte Hase: Sowieso nicht, die sind uns derart voraus, zwangsläufig, ja fast möchte ich das Wort benutzen, das einem die Bernhard-Nachäffer so verleidet haben: »naturgemäß«! NATURGEMÄSS sind die uns um Längen voraus, online feiern die doch längst Bernhards Hundertsten.

Der Ressortleiter: Also, am 10. – dann haben wir noch einen Tag Luft.

Der Alte Hase: Und wir haben die halbseitige Anzeige am 10., brauchen also gar nicht so viel ... Luft.

*Das Mobiltelefon des Eifrigen summt.*

Der Eifrige: »Unbekannter Teilnehmer«! Tschuldigung, aber da gehe ich mal kurz ran, das könnte Handke sein ... (Er drückt auf die Gesprächsannahmetaste) Hallo?

Der Alte Hase: Klar, Handke. Oder Salinger, ausm Grab.

*Der Eifrige springt von seinem Stuhl auf, als er hört, wer dran ist.*

Der Eifrige (jetzt stehend; höchsterfreut ins Telefon): Herr Peymann! Das ist ja ... gerade haben wir über Sie ... Nein, nein, im Gegenteil, nur in höchsten Tönen! Wie? Von Stören kann gar keine Rede sein, was können Sie denn für mich ... was kann ich denn für Sie ... wie kann ich helfen?

*Während der Eifrige also stehend mit Claus Peymann telefoniert, versinkt der Ressortleiter in seinem Sessel und überfliegt die Betreffzeilen der 37 Mails, die während der Konferenz auf seinem Blackberry eingegangen sind. Der Alte Hase öffnet derweil die zuvor vom Ressortleiter mit dem Zeigefinger traktierte Konferenzkeksdose, schaut angewidert hinein.*

Der Alte Hase (leise): Unbekannter Teilnehmer … Der Peymann ist derart prätentiös, lächerlich ist das. Nicht mal der Eichinger, Gott habe ihn selig, hatte seine Rufnummer unterdrückt.

Der Eifrige (ins Telefon): Nein, das habe ich noch nicht gelesen, Herr Peymann, aber das klingt ja sehr …

Der Alte Hase (immer noch leise zunächst, dann versehentlich lauter werdend): Ich frage mich wirklich, wieso wir nicht einfach mal nur Waffeln kaufen, wenn wir doch alle sowieso immer nur die Waffeln rauspicken. Diese runden Marmeladendinger isst doch kein Mensch!

Der Eifrige (weiter ins Telefon): … natürlich, das kann ich mir sehr gut bei uns vorstellen, lieber Herr Peymann, das würde uns schmücken, absolut … Danke, dass Sie an uns gedacht haben … Ja … für Sie auch! Danke!

Der Alte Hase (jetzt viel zu laut): Kaum ist eine neue Keksdose angebrochen, sind die Waffeln weg, und übrig bleiben immer diese Marmeladendinger. Eine neue Dose wird aber erst angebrochen, wenn auch die Marmeladendinger aufgegessen sind, die aber niemand von uns gern isst! Und genau so machen wir hier auch Zeitung, und das kotzt mich an!!

*Als der Eifrige sein Peymanntelefonat beendet hat, blickt der Redaktionsleiter von seinem Blackberry auf; er ignoriert die Keksdosenphilippika des Alten Hasen und erteilt dem Eifrigen mit einer aufmunternden Kopfbewegung das Wort.*

Der Eifrige: Also, das könnte unsere Rettung sein. Der Peymann erzählte gerade, dass er den »Salzburger Nachrichten« ein sehr schönes Interview gegeben hat, das wir wohl nachdrucken könnten, darin wurde er gefragt, inwieweit Bernhards Ruhm den peymannschen Ruhm befeuert habe und umgekehrt, woraufhin er ein für allemal klargestellt habe – und da hätte er also nichts dagegen, sagt er, der Peymann, das auch in Deutschland gedruckt zu sehen anlässlich des 80. Geburtstags vom Bernhard – »Berühmtheit? Nein, das hat uns wirklich nicht interessiert.«

Der Alte Hase: Das ist allerdings eine Meldung mit … äh … News-Wert.

Der Redaktionsleiter: Sonst hat er nichts gesagt?

Der Eifrige: Doch, dass er gern ein Streitgespräch führen würde.

Der Redaktionsleiter: So – und worüber will er mit wem streiten?

Der Eifrige: Das … äh … das hat er nicht gesagt. Er war aber auch sehr in Eile.

Der Redaktionsleiter: Gut. Sehr gut. Ähm …

Der Alte Hase: »Es ist eh alles positiv.«

Der Redaktionsleiter: Das … überrascht mich jetzt.

Der Alte Hase: Ist nicht von mir, ist vom Bernhard.

Der Redaktionsleiter: Das hat der gesagt?

Der Alte Hase: Jaja. Der Bernhard hat viel gesagt. Ganz viel hat er gesagt, der Bernhard. Wer kommt mit essen?

*Plötzlich ertönt Sirenengeheul, offenbar wurde bei Bauarbeiten unweit des Verlagsgebäudes mal wieder eine Fliegerbombe aus dem Zweiten Weltkrieg gefunden. Die drei Männer blicken stumm nach draußen.*

# POPSHOPPING

## *Frühling*

Nach einer in Leipzig verbrachten und dementsprechend guten Nacht stieg ich kürzlich in den ICE zurück nach Berlin und befand mich gerade inmitten der Aufführung des Klassikers »Kann das sein, dass Sie auf meinem reservierten Platz sitzen?«, der ja immer mit dem wortlos vorgetragenen, etwa zehnmaligen Abgleichen der am Handgepäcksfach angebrachten mit der auf dem Reservierungsbeleg eingetragenen Sitzplatznummer beginnt – da sah ich den Sänger Max Herre samt Band auf Sitzplatzsuche durch den Waggon wandern, unterbrach mein Rentnerhobby und setzte mich mit den Jungs irgendwoanders hin. Sie hatten am Abend zuvor ein Konzert gegeben, ich eine Lesung, und so konnten wir uns prima über das Showgeschäft im Allgemeinen und Leipzig im Speziellen unterhalten. Das BESONDERS AUFMERKSAME Publikum Leipzigs! Ist ja wirklich so. Schwups waren wir wieder zu Hause, und da kaufte ich mir umgehend die schon etwas länger draußene, weiß der Teufel warum, ein bisschen an der großen Öffentlichkeit vorbeigerauschte, neue Platte von Max Herre: »Ein geschenkter Tag«. Wie ich liebt Herre die frühen Lindenberg-Platten sehr, und auf seiner eigenen hört man das mehr denn je heraus, nicht nur, weil er ein altes Udo-Lied gecovert hat. Vielleicht ohne es zu merken, hat er übrigens auch Bob Dylan gecovert, und zwar so, wie nunmal die Grundzüge jeder guten Geschichte auch so ähnlich in der Bibel zu finden sind: Herres »Like a Rolling Stone« heißt »Sag Bescheid«. Und das mache ich jetzt, ich sag Bescheid: Max Herre ist einer der wenigen bedeutenden, direkt ins Herz singenden deutschen Gegenwartssänger. Die Werke aller Hamburger Streberkinder mögen mehr DISKUTIERT werden. Aber wir Mädchen hören lieber Max Herre. Der sieht auch besser aus, schöne Grüße.


## Eisheilige

Da lebt man fröhlich vor sich hin, gefestigt unter anderem durch die Gewissheit, die entscheidenden Platten selbst erlebter Jahrzehnte immer griffbereit um sich zu haben – und dann sowas! Ich sondierte meinen Radiohead-Bestand, absolut sicher, dass ich sämtliche Alben dieser Band besitze, selbstverständlich. Doch die sattsam bekannte und leider zutreffende Binse »Drei Umzüge entsprechen einem Wohnungsbrand mit Totalschaden« bewahrheitete sich einmal mehr: Ausgerechnet Radioheads Meisterwerk »The Bends« war unauffindbar. In welcher Stadt, in welchem Land, in welchem Jahr mag der Verlust stattgefunden haben? Kein Fall für die Hausratversicherung, aber umso mehr Gelegenheit für eine intensive Selbstbefragung: Diebstahl? Unachtsamkeit? Besoffene Verschenkung? Wer hat meine »The Bends«? Auch wenn ein nachgekauftes Exemplar nie *die* Platte sein wird, mit der ich doch manches verbinde, das

Kunstwerk im Zeitalter seiner technischen Reprodundso-
weiter, um die Gebrauchsspuren-Aura ist es schade, doch
der Inhalt dieses Kunstwerks ist beliebig häufig neu kaufbar.
Trotzdem schade. »The Bends« gibt es mittlerweile natürlich
als »Special Edition«, und die brauchte ich jetzt. Special Edition – viel mehr drauf, aber viel weniger dran.

Vor dem Elektronikkaufhaus duellierten sich, wie jeden
Tag, der *Grillwalker* und der *Grillrunner,* diese beiden Helden des Berliner Alexanderplatzes, denen ich seit Jahren
den Grillparzer-Preis zuzuschustern versuche, vergeblich.
Beide haben einen kleinen Würstchengrill um den Bauch
geschnallt und einen Schirm über den Kopf gespannt, und
sie sehen aus wie dieses ZDF-Mainzelmännchen, das Ins-
trumente eines ganzen Orchesters am Körper befestigt hat
und unter Zuhilfenahme beinahe aller Gliedmaßen ordentlich *tutti*-Lärm macht.

Ihre »Rostbratwurst im Brötchen« kostet 1,20 Euro, sie
haben sich gegenseitig unterboten, und wenn ich Lehrer
wäre und meinen Schülern die Vorteile eines freien Marktes
erklären müsste, würde ich das anhand dieser mobilen Wurst-
grillstationen am Berliner Alexanderplatz tun: Erst gab es nur
einen dort, die Würste kosteten 1,50, dann hat ein anderer
das Verfahren kopiert, es gab sogar einen Patentstreit, aber
jetzt stehen sie sich da täglich gegenüber, haben einander
immer wieder um 10 Cent unterboten, jetzt herrscht bei 1,20
vorläufig Waffenstillstand. Wie viel sollte ein Würstchen kosten, wie viel kosten Einkauf, Lagerung, Herstellung, Verkauf,
würde ich meine Schüler ausrechnen und so ermitteln lassen,
ob 1,20 nicht vielleicht doch eine unzulässige Preisabsprache
zweier Wurstbrätergiganten ist – oder eben ein dank Wett-
bewerb auf ein faires Maß reduzierter Preis. Ich wollte immer

schon mal die beiden Wurstangebote vergleichen, dafür aber müsste ich Würste essen, und das tue ich nicht. Alles hat seine Grenzen, nur die Wurst hat zwei. Gerade wollte ich zwischen den beiden Mobilwurstgrillern hindurch ins Kaufhaus treten, da sprach mich eine Art Nachwuchs-Sido an, mit furchteinflößender T-Shirt-Beschriftung, ordentlich Klunker um den Hals und Sonnenbrille stand er vor mir und erstaunte mich mit seinen Manieren. Wenn einen jetzt schon HipHopper siezen!

Interessieren Sie sich für Rapmusik?, fragte er höflich. Schön, dann habe er da was für mich – er wedelte mit einer in schlichtes Papier getüteten, so handbeschrifteten wie selbstgebrannten CD, mehr von DER POLITIK doch stets geforderte EIGENINITIATIVE junger Menschen ist ja kaum vorstellbar. Der Rapper Fler, ob ich den kenne, habe diese seine Platte produziert, und normalerweise nehme er 15 Euro dafür, heute aber sei ein besonderer Tag und er könne sie mir für fünf Euro überlassen. Hm – so ganz ohne Probehören finde ich das zu riskant, versuchte ich mich rauszuschummeln, doch der höfliche HipHopper gab so schnell nicht auf: Soll ich Ihnen wat vorrappen?

Das galt es nun auf jeden Fall zu vermeiden. Lass mich mal kurz einkaufen gehen, und wenn ich wieder rauskomme, machen wir Kassensturz, und wenn ich dann noch 5 Euro übrig habe, kommen wir ins Geschäft, ja?

Erfolglos suchte ich die neue Single der Members of Mayday, wenn ich schon die Orgie selbst heuer sausen lasse, will ich doch wenigstens die Hymne haben, »Make my Day«, diesen monumentalen Gruß an Technotronic. Nicht zu finden. Und für die neue Single der Fantastischen Vier war ich zwei

Tage zu früh da. Stattdessen, muss man auch haben, »Morning Sun« von Robbie Williams. Für diesen »Radio Edit« wurde der Mundharmonika-Witz zwar übel in die Streicher hineingeschmiert, dennoch: was für ein Lied! Hat die Welt Robbie eigentlich für sein Comeback im letzten Herbst ausreichend umarmt, ihm gratuliert, dass diese Platte an einigen Stellen fast die Größe von »Escapology« erreicht? Dass es schön ist, ihn wiederzusehen? Offenkundig nicht, denn jetzt muss er dieses Lied im vollgepissten Nichtschwimmerbecken namens »Willkommen bei Mario Barth« vortragen.

Als vor ein paar Wochen Maurizio Pollini, unser Lieblingskettenraucher unter allen noch lebenden Weltklassepianisten, in der Philharmonie spielte, musste ich dringend »Columbo« auf Super RTL gucken. Zur richtigen Zeit am falschen Ort, das ist mein Motto. Also eine halbwegs neue Chopin-Aufnahme von Pollini mitnehmen, wenigstens das Chopin-Jahr nicht auch noch verpassen. Und weil ich, anders als im letzten und vorletzten, ja in jedem vergangenen Jahr fürs nächste geplant, in diesem Frühjahr doch wieder nicht ein paar Wochen mit der Vespa durch Neapel gefahren war, nahm ich noch eine wunderbar schäbige »Italo Disco«-Box mit, Musik, die leider nur ortsgebunden Zauber entfaltet.

Auf der Rolltreppe abwärts beschloss ich, dem höflichen Rapper unbedingt seine selbstgebrannte Existenzgründer-CD abzukaufen. Vor der Tür standen, einander finsteräugig in Schach haltend, *Grillwalker* und *Grillrunner*. Vom höflichen Rapper keine Spur.

## *Sommer*

Ventis ham jar nüscht mehr zu stehen hier, hatte uns die Elektrofachmarktverkäuferin vorschriftsmäßig berlinerisch mehr vertrieben als beraten, als die Hitze in der Stadt am allergrößten gewesen war und unsere Schreibtischarbeit, ja jeden auch nur annähernd klaren Gedanken vollkommen unmöglich gemacht hatte. Es war schon der dritte Laden an diesem Tag, und mein Freund Moritz und ich, wir hatten uns schon gefügt in die Idee, einen Witzfilm nachzuspielen, unsere Frage an das Verkaufspersonal lautete jeweils: »In welchem Stockwerk haben Sie denn keine Ventilatoren mehr?« Aber Charme – oder was man dafür hält – perlt natürlich an einer Berliner Verkäuferin ab wie nix, ein Vertreter für elektrische Zahnbürsten immerhin, der unsere Abfuhr belauscht hatte, flüsterte uns verschwörerisch zu, im benachbarten Kaufhaus gebe es eventuell noch Ventilatoren, aber auch da war alles schon von den Paletten gezerrt und fortgetragen, und obwohl es im Kaufhaus selbst angenehm kühl war, hatte ich keine Geduld, noch Platten zu kaufen. Wieder draußen, beschlossen wir, sofort an die Ostsee zu fahren, unsere Schreibtische also nach dorthin zu verlagern, wo ein leichter Wind und auch sonst alles geht. Im Auto hörten wir eine an einer Tankraststätte gekaufte Rod-Stewart-CD und waren bester Dinge. Jeden Morgen schauten wir begeistert auf die Wetterkarte im Frühstücksfernsehen, Berlin glühte – und wir waren am Meer. Der Sohn des Hotelbesitzers hatte uns einen sehr günstigen Tarif ausgehandelt, zu dem wir die jeweils schönsten ungebuchten Zimmer bewohnen durften, bis ein VOLLZAHLER kam, und so zogen wir täglich um und hatten es gut. Im Handschuhfach des Jeeps, mit dem der

Hotelbesitzersohn (ein Prachtkerl mit Hansaplast-geflicktem Strohhut) uns die Umgebung zeigte, befanden sich vier CDs: die erste von Fettes Brot, die letzte von Element of Crime, die neue Eminem und die zu Unrecht völlig vergessene Body Count. Diese vier CDs, so der Hotelbesitzersohn, seien die einzig guten gewesen im örtlichen Musikgeschäft, ich solle also meinen *Popshopping*-Fischzug lieber nach meiner Rückkehr in Berlin tätigen, in jener Ostseebude sei nichts mehr zu holen. Mitsamt der Tankrast-CD von Rod Stewart und diesen kurios, dabei zielsicher zusammengewürfelten vier Platten aber hatten wir ja das für eine gescheite Sommerfrische Allernötigste. Dann kam der Blaualgenteppich, Berlin war mittlerweile abgekühlt, vielleicht gab es sogar wieder Ventilatoren, denn man brauchte jetzt keine mehr.

## Spätsommer

Nachdem wir am Vormittag eine ganze Weile ergebnislos durchs Kulturkaufhaus getigert waren, hatte mein Freund Moritz mir geraten, diese Folge *Popshopping* doch besser in einer Apotheke durchzuführen. Gibt irgendwie grad keine Platten, diktierte er mir ins Notizbuch, die interessantesten Neuerscheinungen des Monats sind Produkte der Pharmaindustrie. Oder das Sarrazin-Buch, er hob das rote Skandalwerk von der Palette, wie es denn damit wäre? Tja. Lustig wäre ja nur, man würde das wirklich von vorn bis hinten durchlesen, nicht nur nach STELLEN durchforsten, nicht nur das jetzt schon legendäre achte Kapitel, das Sigmar Gabriel im Literarischen Quartett von Maybrit Illner hervorgehoben hatte. Geht natürlich nicht, ist selbstverständlich

ALS BUCH unlesbar, außerdem muss ich im Raddatz-Tagebuch weiterkommen, 900 Seiten, und auf mindestens jeder zweiten steht das Wort »gleichsam«, wunderbar ist das.

Gerade wollten wir den Einkauf abbrechen und tatsächlich zur nächsten Apotheke uns aufmachen, da erblickten wir einen Aushang: Am frühen Abend würde die Frau des Bundesverteidigungsministers, Stephanie Freifrau zu Guttenberg, hier im Kulturkaufhaus ihr verdienstvolles Buch über sexuellen Missbrauch vorstellen. Ach, mein geliebtes Kulturkaufhaus, hier ist doch immer was los, sowas erlebt man ja bei iTunes nicht.

Als ich dann deutlich vor Beginn der Veranstaltung erneut im Kulturkaufhaus ankam, drängten sich dort schon viele Anhänger der Familie (und der Idee) zu Guttenberg, ganz vorn in der Schlange stand Mainhardt Graf von Nayhauß, der Grandseigneur des Regierungsviertelgeflüsters, berühmt geworden durch die Großtat, einst Kohls Klodeckel im Kanzler-Jet auszumessen, was ihm unter missgünstigen Kollegen den Spitznamen »Graf Scheißhaus« eingebracht hatte. Ich gesellte mich zu ihm, und um mein Vordrängeln zu legitimieren, hielt ich einen kurzen Schwatz mit ihm, fragte, ob er die vormittägliche Bundestagsdebatte live im Parlament verfolgt habe. Nur am Fernseher, sagte der Graf, denn er habe zeitgleich noch für die *Bunte* einen Text über Maybrit Illner verfassen müssen. Am Fernseher aber sei ihm wieder einmal aufgefallen, wie potentiell unangenehm Birgit Homburgers Stimme sei, eine solche, eher höherlagige Stimme müsse man doch im Zustande der Verärgerung dämpfen, sonst wirke das so keifig, befand der Graf.

Wir kriegten prima Plätze, der Kulturkaufhauskeller füllte sich rasch, die Menschen lieben Frau zu Guttenberg, und sie sprach ja obendrein über ein wichtiges, ernstes Thema. Plötzlich Unruhe: tatsächlich, ER! Lichtgestalt, Opel-Staatshilfen-Verweigerer, Wehrpflichtabschaffer, reformierender Konservatismusbewahrer! Da kam also wirklich Herr zu Guttenberg, stellte sich betont unauffällig an eine Säule im hinteren Teil des Raums, um seiner Frau zuzuhören und nicht die Publikumsaufmerksamkeit zu absorbieren. Schon merkwürdig, dieses Paar sagt lauter einleuchtende Dinge, und doch ist einem ihre Freundlichkeit und Eloquenz nicht ganz geheuer, ein bisschen strahlen sie aus, dass es ein Gnadenakt ist, sich mit uns hienieden abzugeben. Ist NUR SO EIN GEFÜHL. Eins der verqueren Sorte, weil der Umkehrschluss so deprimierend ist: Vertrauen in das Gegenmodell, etwa eine Politikbetriebsnudel wie Birgit Homburger, die außerhalb des Parteienapparats ein jaulender Sozialfall ist in dem Sinne, dass man sie sich gar nicht außerhalb vorstellen kann? So oder so, als Projektionsfläche ist das Ehepaar zu Guttenberg bestens geeignet.

Ich ging nach oben, hatte jetzt wenigstens eine brauchbare Arbeitshypothese für meinen Einkauf: Kulturgüter für einen Abend mit Familie zu Guttenberg! Die beiden bringen ja zunächst mal so eine »Deutsche Grammophon«-Saite in einem zum Klingen, Wagner wäre zu platt, außerdem gilt für dieses Gedröhne ewiglich Woody Allens Diktum »Immer wenn ich Wagner höre, überkommt mich das Bedürfnis in Polen einzumarschieren«; also – immer gut – von Pollini eingespielte Beethoven-Klaviersonaten. Was noch? Dass die beiden gern AC/DC hören, ist bekannt, deren Platten brauchen sie folglich nicht. Ein Jubiläums-Sampler von G-Stone hingegen wäre zum einen angenehme Hintergrundmusik für einen großbürgerlichen Plausch, GLEICHSAM ergäben die Motti der zwei CDs ein geeignetes Fundament, kurz die aktuelle Konservatismusdebatte zu streifen: »13 F\*\*king new Tracks« und »16 F\*\*king Classics« – das ist doch exakt Guttenbergs Argumentationslinie! Auch könnte man mit Verweis auf das Label K7 ein wenig über Wien sprechen, »Ich liebe ja Wien«, würde ich sagen, und schon gäbe ein Wort das andere, da bin ich ganz sicher.

Der Abend würde voranschreiten, und vielleicht schätze ich Frau zu Guttenberg ganz falsch ein, aber ihr Wollfadenröckchen und die hochhackigen Samtstiefel ließen mich vermuten, dass sie die Art Dame sein könnte, der man etwas später am Abend eine große Freude mit ein paar Kloppern von Diana Ross machen kann. Mit dieser gut gemischten Einkaufstüte rannte ich zurück in den Kulturkaufhauskeller, doch die Guttenbergs waren schon weg.

## Herbst

»An sonnigen Herbsttagen zog es mich um die Mittagszeit herum zumeist auf Friedhöfe.« Diesen Satz möchte ich dermaleinst meinem Biographen vom Schaukelstuhl aus zuraunen, und da ich meinen Biographen nicht oder kaum anlügen möchte, richte ich mein Leben entsprechend aus. Ich spazierte also mit meinem Freund Helmut über den Berliner Garnisonfriedhof, die Hände hinterwärts gefaltet, Kastanien über den Friedhofsweg kickend. Einer Informationstafel entnahmen wir, dass es dort einige gusseiserne Kreuze zu bestaunen gab, bei denen es sich um Zeugnisse der »Blütezeit des Berliner Eisenkunstgusses« handelt, und so diskutierten wir, inwieweit der Eisenkunstguss als Subgenre

der Eisengusskunst zu verstehen ist; Eisenkunstguss, Eisengusskunst – wir versuchten, sinnvolle Sätze zu bilden und mit
hoher Geschwindigkeit zu sprechen, in denen diese beiden
Begriffe möglichst häufig vorkamen, Fischers Fritze revisi-
ted. Kürzlich sah ich eine Quizsendung im Fernsehen, in der
vier Wörter genannt wurden, von denen eines, das es aus-
zuwählen galt, nichts Essbares bezeichnete, »Schokomuffin«
gegen »Raggamuffin«, und der Moderator sprach dabei
permanent von »Reggaemuffin« statt von »Raggamuffin«,
wobei ja jeder weiß, dass Ragga sich zu Reggae so verhält
wie Eisenkunstguss zur Eisengusskunst, und fast hätte ich
die Polizei angerufen. Über die Vergänglichkeit aller Dinge,
sonst unser Hauptthema, sprachen Helmut und ich selbstverständlich nicht; Herbst, Friedhof – das reicht ja.

So wurde es Nachmittag, und ich eilte zum Elektronikkaufhaus, den allfälligen Platteneinkauf zu erledigen. Auch
dort war Herbst, im Sinne der Erntezeit, im Neuheiten-
regal stapelten sich die Best-of-Veröffentlichungen – ein
eindeutiger Hinweis auf die nahende Vorweihnachtszeit, so
wie Lebkuchen-Karussells im Supermarkt (oder genauer
gesagt: Zeitungsberichte über viel zu früh gesichtete Lebkuchen-Karussells in Supermärkten, bestenfalls natürlich:
kurz nach Ostern!). Die Robbie-Williams-Werkschau gibt
es in drei verschiedenen Ausführungen, Doppel-CD, Drei-
fach-CD und Deluxe-Schwachsinn mit drei CDs und drei
DVDs, und ich freue mich schon so, möchte eigentlich alle
drei Editionsvarianten mitnehmen, obzwar ich das alles
schon hundertmal besitze, die Singles, die Alben, die Film-
chen, ach, Fan sein heißt absichtsvoll dumm sein, und es
macht solch einen Spaß! Es ist natürlich schon Robbies mindestens zweites Best of, diesmal wird der Bogen geschlagen

von Take That bis Take That, also von »Everything Changes«
bis zur Williams-Barlow-Brokeback-Mountain-Friedens-
pfeife »Shame«. So ein Best-of zu Lebzeiten ist ja nichts
anderes als das Diktieren der eigenen Biographie, mehr
oder weniger vom Schaukelstuhl aus, mit Wolldecke über
den Beinen. Leider erzählt Robbie uns seine Geschichte
diesmal verkehrt herum, er beginnt mit der Gegenwart.
Um seine Großtaten und Fehltritte aber als ineinander-
greifende, einander bedingende Etappen zu begreifen,
muss man normalchronologisch vorgehen und diese Platte
also von hinten aufrollen, mit der Take-That-Demission
beginnen, dann die unbeholfene, aber in ihrer einfältigen
Programmatik doch anrührende George-Michael-Cover-
version »Freedom« als Brücke in die ersten, unsterblichen
Solo-Meisterwerke, hin zur frühen Perfektionierung des
Prinzips Robbie auf dem zweiten und dritten Album, dann
der Swing-Ausrutscher, ohne den jedoch seine wohl beste
Platte »Escapology« niemals möglich gewesen wäre, nach
der es folgerichtig ganz finster und orientierungslos wurde,
wovon er sich aber erholte und mit einer annehmbaren
Platte im letzten Jahr ein Semikolon setzte, um jetzt wieder aufs Ruderboot (das ihm einst zur Galeere geworden
war) zu Gary und den anderen Boys zu steigen. So herum
gehört ist diese Platte unbestreitbar das wichtigste Buch dieses Herbstes, ein Entwicklungsroman, ein Heldenepos. Für
seine eigene Beerdigung, erzählte Robbie vor Kurzem einem
Interviewer, hat er ein unter Verschluss gehaltenes Requiem
komponiert, für alle anderen Menschen aber findet sich auf
dieser Platte mindestens ein biographiesummierender Hit
als Soundtrack für die letzte Fahrt, dachte ich, als ich am
nächsten Vormittag wieder über den Friedhof spazierte.

# RAINALD GOETZ

Beim Papiersortieren fand ich kürzlich ein Thermopapierfax, und es erinnerte mich an das Lied »Der Wind« von Blumfeld und den kleinen, heiteren Disput, den ich mit Rainald Goetz über dieses Lied hatte. »Und draußen weht der Wind und immer wieder«, singt Distelmeyer darin, Hofmannsthal beleihend, wegen Bildungsauftrag, Goethe-Institut und mittelbar gewiss auch wegen Homer und John Lee Hooker, aber weiß man's?

Mit Rainald Goetz jedenfalls war man ja immer abwechselnd verstritten oder verliebt ineinander, man wusste nie so genau, ob er einen gerade als super empfand oder als verabscheuungswürdig, das wechselte munter ab, man ahnte oft nichts, wenn man ihn traf, dann war er aber schon wieder ganz aufgeregt, weil er irgendwas, das man geschrieben oder öffentlich gesagt oder getan hatte, absolut verwerflich oder eben auch mal total toll fand. Über diese seine Kontroll- und Bewertungssucht jedes veröffentlichten Worts konnte er in guten Tagen auch selbst sehr lachen, es aber nicht ändern. Klar, totales Spastentum, logisch, sagte er dann und schwitzte und umarmte einen, mit Bierflasche in der Hand. Oder er schrie einen an und blitzte einem indezent mit seiner kleinen Kamera direkt ins Gesicht, als könne er somit eine Art Exorzismus durchführen. Die überspannten Auftritte des Rainald Goetz in jener Öffentlichkeit, die zu beobachten und zu sezieren und schließlich schriftlich zu vernichten ja immer sein Konzept und seine Bedingung jeglicher Teilnahme, wenn nicht Teilhabe war, immer mit Kinderfüllfederhalter und Oktavheft ausgerüstet, ja man muss wohl sagen: bewaffnet, diese öffentlichen Auftritte waren natürlich selbst auch Teil der Öffentlichkeit und also als solche zu bestaunen; wie ein Kind, das sich die Augen zuhält, schien Goetz nie so ganz klar zu sein, dass auch er gesehen wird bei seinen Erkundungen. Ja, dass auch er – wie alle anderen – in der Öffentlichkeit eine lächerliche Figur darstellt, ein überdrehter 60-Jähriger, immer aufgeregt, immer fotografierend, notierend, niemals einfach nur rumstehend und die Dinge laufen lassend, und den jegliche Art von Prominenz ausrasten lässt und elektrisiert, wie den letzten *Bunte*-Abonnenten; und dass auch er sich mit diesen Auftritten und dem rücksichtslosen Ausleben seiner Neurosen schuldig macht, und sei es nur, indem er wieder einen angenehm oberflächlichen Abend mit superbrutalen Attacken gegen irgendwen zerstörte und einfach nicht checkte, dass man gern auch mal einfach so plaudern will und nicht jeder immer »beim Nennwert seiner Öffentlichkeitsfigur« bewertet und behandelt werden muss, wirklich jeder, der irgendwo irgendwas sagt, schreibt oder »meldet«, wie Goetz das nennt, als sei er der immerwache Schleusenwärter und Grenzbeamte. Im Text freilich reflektiert er das, natürlich, das ist ja eines seiner großen Themen. In der realen Interaktion jedoch ist er, der große Durchschauer sozialer Vorgänge: ein hampelnder Idiot. Macht ja nichts. Lustigerweise aber hat er genau das mal mir vorgehalten, dass ich in irgendeinem Buch doch sehr genau irgendwelche Sozialregeln beschrieben und erkannt hätte, gegen die ich aber nun im persönlichen Umgang verstoßen hätte. Und bestimmt hatte er recht. Besser als umgekehrt, klar, da bin ich ganz bei Ihnen, Herr Dr. Goetz.

Weil Rainald Goetz aber natürlich einer der großartigsten deutschen Schriftsteller überhaupt ist und unglaublich viel erfunden und bewirkt hat, ist es ja logisch, dass jeder, der »auch schreibt«, automatisch Rainalds Nähe sucht, was ihn natürlich immens stresst, verständlicherweise, und seine oft völlig asozialen Zurückweisungen erklärt. Die auchschreibenden Leute wollen von Rainald gemocht und akzeptiert werden, gerade weil sie wissen, wie streng und ungnädig er ist, und so lassen sie sich alles gefallen, und wenn er sie beschimpft, hat immerhin Rainald Goetz sie beschimpft. Und wie ein getretener Hund kommen sie dennoch immer wieder angelaufen, apportieren die Zeitung mit ihren kleinen Texten darin, unterwerfen sich und winseln um ein Leckerli, hängen groupiegleich an ihm dran, auf dass er sie beschimpfe oder lobe oder anderweitig verachtend an sich zerre – sie jedenfalls, egal wie, zumindest wahrnehme.

Mir ist das irgendwann zu blöd geworden, mir ist er aus der Entfernung sympathischer, ich liebe seine Bücher, werde aber immer nervös, wenn ich ihn irgendwo treffe, das ist jedes Mal, als ob man eine Frau trifft, mit der es ungut auseinandergegangen ist, hier noch mit dem Zusatzproblem, dass durch Rainalds Anwesenheit jede Situation sofort eine öffentliche wird und Material.

Jedenfalls, als wir über Blumfelds Platte »Testament der Angst« diskutierten, waren wir gerade wieder so: Denken

Sie sich jetzt Zeige- und Mittelfinger meiner rechten Hand überkreuzt ausgestreckt. So waren wir da gerade, Rainald und ich. Er besaß gerade ein Auto, einen alten BMW, weil ihm, wie er sagte, das total eingeleuchtet habe, dass der Bobby Roth nämlich für seinen »Baader«-Film ein paar alte Autos besorgt habe, alte Bundesrepublik und RAF-Plakat im Postamt und so weiter, jedenfalls, das habe er als Ansage begriffen, alles klar, jetzt brauchen wir in diesem Sommer alle so alte Autos, Fluchtwagen eigentlich, logisch. So wie er, der ja nie einen Anzug trug, plötzlich, als Uslar zu seinem 30. Geburtstag alle Gäste anwies, sich komplett weiß zu kleiden, mit ein paar anderen einen hellen Anzug kaufen ging, logisch, klar, genau richtig jetzt, Befehl von oben, Anzug, geil.

Man konnte sich immer freuen, dass wirklich alles bei Rainald umgehend Konzept war. Und mit diesem seinem alten Konzept-BMW also fuhren wir an einem frühsommerlichen Sonntagnachmittag zum »Sowjetischen Ehrenmal« im Treptower Park, warum denn auch nicht. Die dort anzutreffende Beeindruckungsarchitektur, die ja ulkigerweise ihrerseits, wiewohl der im Kampf gegen den Faschismus Gefallenen gedenkend, einen landschaftsgärtnerischen Faschismus darstellt, machte uns direkt gute Laune.

Auf der Wiese vor dem wuchtigen »Ehrenmal« trafen wir zufällig auf den *FAZ*-Redakteur Mark Siemons, was Rainald direkt in eine totale Lachhysterie versetzte. Und irgendwie kamen wir dann, wieder in Rainalds RAF-BMW, als ich in klassischer Beifahrermanier die Bord-CD-Sammlung durchwühlte, eben auf Blumfeld zu sprechen, und Rainald rief aufgeregt, wieder mal von null auf hundert in unter fünf Sekunden, höchsterregt und alarmiert also rief Rainald, der damals gerade erschienenen Blumfeld-Platte »Testament der Angst« mangele es an Poesie. Jochen Distelmeyer, so Rainald Goetz in der für ihn typischen, hypernervösen Ambivalenzsucht, Distelmeyer also sei ein so guter Typ, »Tüpppp«, sprach Rainald das immer aus, toller Tüpppp also, der Distelmeyer, superpräziser Denker und im Sozialen genau richtig gestörter Irgendwas, der das ganze Komplizierte und letztlich Lächerliche des Sängerberufs, zumal in deutscher Sprache, sowieso immer mitdenke und vielleicht gerade deshalb eben ein Poesiedefizit habe und so weiter, so ein Rainald-Goetz-Lob eben; ich widersprach, empfand die Texte sehr wohl als poetisch und bat Rainald, sich doch unter speziell diesem Aspekt nochmal das Lied »Der Wind« anzuhören. Was er tat und mir noch am gleichen Abend ein Fax in dieser Angelegenheit schickte, in großer, gehetzter, sehr schöner Schreibschrift kam also auf Thermopapier, those were the days, Rainalds Exegese von »Der Wind« aus dem Faxgerät geschnurrt, er, so Rainald, habe eben doch recht, Distelmeyer singe zum Beispiel »Mein Kopf ist schwer und fühlt sich an wie Fieber« – dies sei »eben genau nicht« poetisch, Fieber, falsch! Poesie wäre, so Rainald: »Mein Kopf ist schwer und fühlt sich an wie Flieder.«

Er unterstrich, aus Deutlichkeitsgründen und nicht ohne Triumph, wie mir schien, mehrfach das Wort »Flieder« – und mittlerweile ist dieses Fax herrlich verblasst, das war das Gute an diesen Thermopapierfaxen, sie verblichen im ungefähr selben Tempo wie manche Freundschaften und Erinnerungen an solche Sommerwochen, in denen es kein Gestern und kein Morgen gab, sondern alles Heute war.

# WM 2010

Wo ich war, als Kennedy erschossen wurde, weiß ich nicht genau, geboren jedenfalls war ich noch nicht. Ab einem gewissen Kindesalter aber kann man sich auf merkwürdige Art genau an Weltereignisse erinnern, die man zwar in den seltensten Fällen direkt miterlebt hat, jedoch weiß man exakt, wo man mit wem war, als man davon erfuhr. Die seltsamsten Details verkettet das Gehirn mit solchen Ereignissen, um sie im Gedächtnis zu vertäuen, und so wird aus dem historischen Datum eine persönliche Wegmarke.

Nie werde ich vergessen, wie ich, 13-jährig, in der Umkleidekabine eines Jeansgeschäfts stehend, aus dem Jeansgeschäftsradio hörte, dass Franz Josef Strauß gestorben ist. In der Nacht, als die Mauer fiel, habe ich leider geschlafen, aber an die Nachrichtenüberbringung anderntags am elterlichen Frühstückstisch erinnere ich mich genau. Oder wie ich 2009 vom Berliner Konzert der Pet Shop Boys kam und, noch ganz beseelt, mein Handy wieder anschaltete, das den Tod Michael Jacksons vermeldete.

Und genau so, da ist das Gehirn ein erstaunlicher Fußballexperte, merkt man sich die sogenannten großen Turniere (groß nennen wir nicht bis in die Regionalligadetails interessierten, aber saisonal immer gern aufheizbereiten Fußballanhänger ein Turnier ehrlich gesagt dann, wenn die deutsche Mannschaft sehr gut oder doch wenigstens sehr erfolgreich spielt, am liebsten und seltensten: beides zugleich). Diese großen Turniere können wir jederzeit in Gänze rekonstruieren. Wo warst du, als Klose vom Platz flog? Merken wir uns alles. WM 1990? Logisch. WM 1994? Keine Ahnung.

Vergisst man während eines Lebens auch vieles, Hochzeits- und Geburtstage, Namen, Gesichter, PIN-Codes, wirklich beinahe alles, so vergisst man niemals, wo und mit wem man jedes einzelne deutsche Spiel bei einem wie eben definiert großen Turnier gesehen hat. Und dadurch werden die Siege und Niederlagen von elf Menschen, die wir persönlich nicht kennen, zu unseren eigenen Erlebnissen: indem wir uns an all unsere privaten Begleitumstände erinnern.

## Deutschland : Australien

Noch war das WM-Fieber eine eingebildete Krankheit, die Symptome waren bloße Imitationsversuche des allzu oft MÄRCHENHAFT genannten Sommers 2006, in etwa so, als würde man einen gebrauchten Teebeutel zum zweiten Mal mit heißem Wasser übergießen. Australien? Na, das würde man wohl auch allein hinkriegen, zu Hause auf dem Sofa. Meine Freundin guckte ein Stockwerk tiefer irgend- einen Mädchenfilm. Die guten Mädchen hatten bei diesem ersten Spiel noch nicht ganz begriffen, dass und was WM ist. Die nicht so guten Mädchen standen schon mit schwarz- rot-gold geschminkten Wangen am Brandenburger Tor, suchten die Fanmeile (und also sich selbst) und sangen ein nicht neues Lied der Sportfreunde Stiller.

Bei jedem Tor lief ich runter und hüpfte vor meiner Freundin herum, viermal durfte ich so jubelnd runterlaufen, damit hatte nun keiner gerechnet, außer vielleicht Löw, dem Strategen, und natürlich Mister Jugendförderung, Dr. Theo Zwanziger, der während dieser WM besonders beispielhaft die lässliche Heuchelei demonstrierte, von der auch wir Normalzuschauer und Gelegenheitsfans uns nicht freisprechen konnten: Zweifel an Löw hatte man griffbereit, doch als nun Deutschland plötzlich nicht nur gewann, sondern sogar sehr ansehnlich spielte, wurden wir alle ganz hurtig die größten Löw-Bewunderer.

Der Mann im blauen Pullover, unser Löw, möglicherweise sogar unser Jogi. Einstweilen keine Witze mehr über seinen grotesken Nivea-Werbespot, nein, sofort den Vertrag verlängern! Auch Bierhoff soll bleiben, alle sollen bleiben, es soll jetzt alles immer so weitergehen, genau so. Draußen Hupkonzert, derart laut, man hörte die Sorge mit, dass dies das erste, aber letzte Vier-Tore-Konzert sein könnte. Da muss man auf Vorrat hupen.

## *Deutschland : Serbien*

Langsam wirklich in WM-Laune, alle Pflichten waren der einen unterzuordnen: Wo gucken wir DAS SPIEL? Wir müssen draußen gucken, diesen Fehler also machen, alles wollen, Sonne und Fußball, was für ein Blödsinn. Aber mein Freund Moritz und ich fuhren mit den Fahrrädern los. Ich will mir nicht im Nachhinein oktopusartige

Prognosefähigkeiten andichten, es ist aber wahr und bezeugt, dass ich vor diesem Spiel Bedenken äußerte: Ein schlechtes Gefühl, keine Ahnung von Serbien, aber ein schlechtes Gefühl, so ein 1:1-Gefühl, sagte ich und stützte dies und mich auf angelesenen Statistik-Müll, im zweiten Turnierspiel »tut sich die deutsche Mannschaft traditionell schwer« und so weiter.

Moritz hielt das für Quatsch und wollte zu einem Strandbad fahren. Schon von Weitem sah man eine lange Schlange vor dem Eingang, zwanzig Minuten vor dem Anpfiff durften wir nichts riskieren, wir drehten also bei, aber wohin? Am Straßenrand flächendeckend Fernseher, jede Kneipe, jedes Schuhgeschäft, jede Bäckerei hatte kleinere bis ganz große Fernseher aufgestellt, man konnte die Vorabberichterstattung praktisch ohne Unterbrechung mithören auf dem Fahrrad, die Frage war wohl vielmehr, an welchem Ort in Berlin man dieses Spiel nicht sehen konnte.

Also nahmen wir in irgendeiner Bar Platz, völlige Konzentration aufs Spiel, weil wir hier niemanden kannten, außer, oh, hallo, unserem Zahnarzt. Das Spiel – ein Desaster; gemeinsam mit dem Zahnarzt suchten wir nach Gründen, abergläubisch ist man ja in Fragen des Sports ganz automatisch, was also hatten wir selbst falsch, nämlich anders als beim Australien-Spiel gemacht? Wir waren zu unentschlossen gewesen, zu hektisch! Neue Regel: Man muss eine Stunde vor Spielbeginn dort sein, wo man den Anpfiff erleben wird, man kann nicht erst ein paar Minuten vorher eintreffen, das bringt Unglück!

## Deutschland : Ghana

Alle Mädchen waren nun dabei, alle begriffen, worum es ging – um nämlich alles! Wir waren zum Spielgucken in den Keller des Soho Houses gegangen, meine Freundin hatte mir eine schwarz-rot-goldene Plastikhand am Stil geschenkt, mit der man anfeuernd und die Umsitzenden nervend klappern kann, ich klapperte, erst überzeugt, dann ängstlich, schließlich erleichtert.

Oben auf dem Soho-House-Dach wurde halb überzeugt gefeiert. Wo Angst ist, da ist Anteilnahme, da wird Fußball verstanden. Wie oft musste man in den folgenden Tagen das Gary-Lineker-Zitat hören, »… und am Ende gewinnen immer die Deutschen«? Zu oft. Goldene Worte, die durch zu häufigen Gebrauch nur noch Blech sind. Oder nicht?

## Deutschland : England

Draußen war es knallheiß, wir gingen also wieder in den Keller des Soho-Houses, keinerlei Wagnis oder Ablenkung bitte – und dann: Rache für Wembley, Torrausch, Ekstase. Vom »Bundestrainer Joachim Löw« sprach nun wirklich niemand mehr, »Jogi« war er nun und für alle Zeit, unser Jogi. Er trug bei diesem Spiel wieder den hellblauen Pullover, den er schon beim beziehungsweise der uns schon zum Australien-Sieg getragen hatte. Ein Glücksbringer? Über Löws taillierte Hemden Witze zu machen war einstmals guter Brauch gewesen, jetzt aber fanden wir an Löw alles toll, seinem babyblauen Pullover schrieben wir magische Kräfte zu, und seine Frisur wurde nicht mehr belächelt, sondern wo nicht selbst beim Friseur bestellt, so doch zumindest bejubelt.

## Deutschland : Argentinien

Vorletzter Kurzurlaubstag in Sardinien, ich beschloss, das Spiel allein im Hotelzimmer zu sehen. Italien war schon ausgeschieden, und ich wusste nicht, wie viel Verständnis für deutsches Bangen und, hoffentlich, Jubeln im öffentlichen Raum Italiens aufgebracht werden würde. Im Hotelfernseher konnte man die absurdesten Programme empfangen (Dubai TV etc.), der einzige deutsche Sender war die Deutsche Welle, die mich schon drei Tage zuvor, bei der Bundespräsidentenwahl, wahnsinnig gemacht hatte, weil sie die Live-Berichterstattung mitten im zweiten Wahlgang für eine aufreizend langatmige Reportage über irgendeine Hallig unterbrochen hatte. Wobei das ja eine übergeordnete Richtigkeit hatte, ist doch ein Bundespräsident nichts anderes als eine Hallig. Jedenfalls schaltete ich auf Sky um, meine Freundin behauptete, man könne dort auch einem deutschen Kommentator lauschen, und begann, auf der komplizierten Fernbedienung herumzudrücken, aber ich unterband das sofort, Hauptsache Bild, kein Technik-Risiko eingehen! So musste ich also dem italienisch-aufgeregten Tremolo eines schon vor dem Spiel komplett atemlosen Kommentators zuhören, der an alle deutschen Spielernamen, die mit einem Konsonanten enden, ein »a« dranhängte, Schweinsteigera, Mertesackera, Lahma – und natürlich: Müllera! Müllera!!!! Löw, nein, Löwa wieder im hellblauen Glückspullovera. Zu

Hause, schwor ich, würde ich mir noch vor dem Briefkasten-
öffnen und Kofferauspacken auch so einen Löw-Pullover
besorgen.

## *Deutschland : Spanien*

Wieder in Berlin, die Straßen und Lokale weiterhin fuß-
balldominiert, zusätzlich tobte die Fashion Week, diese
Rosé-Champagner-Version der Fanmeile, deshalb war es
leicht, viel über den hellblauen Männerpullover an sich und
im Wandel der Zeit und im löwschen Spezialfall zu erfahren.
Strenesse, V-Ausschnitt, da waren sich noch alle einig,
aber schon die offenbar bei diesem Pullover unabdingbare
Zuordnung des Wortes Baby war widersprüchlich, Material oder Farbe, eins von beidem war ein Kompositum mit
dem Bestandteil Baby, die einen sprachen von Babykaschmir,
die anderen von Babyblau. Vielleicht beides? Babyblaues
Babykaschmir? Und so ging ich zum ersten Mal in meinem Leben in einen Strenesse-Laden. Strellson, Strenesse,
Unrath & Strano, Coppenrath & Wiese – wer sich wie ich
nicht allzu sehr für Mode interessiert, kann all diese Namen
ja nicht unterscheiden. Jetzt aber wollte ich es nicht nur wissen, ich wollte sogar auch diesen, genau diesen Jogibabypulli
haben. Als Glücksbringer. Kaschmir, hatte man mir gesagt,
sei der Hammer, im Winter wärmend, im Sommer kühlend.
Und schön teuer! Die einen sprachen von 199, die anderen
gar von 299 Euro. Man lachte mich nicht aus im Strenesse-Laden, durch den leiernden Ton der Verkäuferantwort
auf meine Pulloverfrage allerdings wurde deutlich, dass ich
der etwa siebenhundertste Kunde war, der sich nach diesem

längst vergriffenen Kleidungsstück erkundigte – »in vier bis sechs Wochen« sei der Jogipulli wieder lieferbar, aber so weit im Voraus plant ja während einer WM kein vernünftiger Mensch. Ich zog also einen zwar auch hellblauen, aber eben anderen Pullover zum Spiel an, nicht babykühlend, schade aber auch. Viel zu warm. Jedoch ein Zeichen guten Willens (und starken Aberglaubeschwachsinns).

Das schlechte Gefühl vor diesem Halbfinal-Spiel war das Einzige, was für einen deutschen Sieg sprach, denn hatte ich nicht zuletzt vor jedem dann zusehends glanzvoll gewonnen deutschen Spiel ein solches schlechtes Gefühl gehabt? Ich bin der nervige Typ, der bis zur 93. Minute zweifelt und unkt, das ist einfach mein Verfahren, mit der Angst umzugehen: die Möglichkeit der Katastrophe benennen und ausführen, um bestenfalls von der Realität widerlegt zu werden. Diesmal leider nicht. Kleinlaut nach Hause, vor dem Nachbarhaus war gerade die Polizei eingetroffen, um das Getöse in der dort beheimateten spanischen Tapas-Bar zu befrieden. Ich war sehr einverstanden mit diesem Polizeieinsatz.

## *Spiel um Platz 3 & Finale*

Die WM war nun, nach Ausscheiden der deutschen Mannschaft, eigentlich vorbei. Ich guckte an meinem durchgeschwitzten Nichtkaschmirpullover herunter – man ist dann doch zu wenig Jogi, um allzeit perspektivisch denken zu können. WM heißt totale Gegenwart, völlig egal, wie jetztjung und deshalb in vier Jahren vielversprechend die deutsche Mannschaft sei – der Sommer, trotz anhaltender

Hitze und sogar noch ansteigender Temperaturen in den folgenden Tagen: dahin, vorüber, Rilkestimmung. Von mir aus hätte direkt nach dem Abpfiff der Herbst offiziell beginnen können.

# TATTOOS

Für immer? Aua. Gegen immer, das hatten wir gedacht. Doch seit unserem Zusammentreffen, das ein Auffahrunfall war, haben wir das Denken aufgegeben. Sehr angenehm.

»Sie haben Ihr Ziel erreicht«, sprach die Navigationssystem-Domina, ich schaute auf vom Telefon und sah sofort: sie. Also steckte ich das immerfort maschinell auf mich einschwatzende Telefon in die Tasche, hatte ich doch mein Ziel erreicht, sie und den verabredeten Treffpunkt, eine Tätowierkaschemme in Berlin Neukölln. Sie, die direkt vor der Zieladresse einen Parkplatz fand, manchmal hat man Glück, sogar in Berlin.

Und jetzt war es 17 Uhr 57 an einem Freitag, der schwül gewesen war, nun schoben sich die Wolken zusammen und meinten es ernst. Wir auch. Das merkte man daran, dass wir die ganze Zeit lachten und uns küssten – und mach das mal gleichzeitig. Theoretisch unmöglich. Praktisch: superleicht. So wie alles war, seit wir uns kannten, leicht, sehr leicht. Schwer zu glauben, gewiss, das Glauben aber, das hatten wir, nebst so vielem anderen, zügig über Bord geworfen. Glauben heißt Nichtwissen! Und wir wussten nun alles sehr genau, waren uns und einander sicher – und betraten also das Tattoostudio, das uns einer empfohlen hatte, der dort Großteile seines Körpers hatte beschriften und symbolbefrachten lassen.

Am Tage hatten wir lauter Unverschämtheiten zu ertragen gehabt; der Tag als solcher, die Menschen als solche, die Vergangenheit, die Gegenwart, die Zukunft, es nervt ja alles immerzu wahnsinnig, und so waren wir beide mit allem zu spät gewesen an diesem Tag, in Verzug und abgehetzt, nun aber beide hyperpünktlich, das für uns beide einzig bedeutsame Ereignis dieses Tages stand nie infrage, auch jetzt, auf der Schwelle hinein ins Tattoostudio: kein Zögern, Zagen, Zaudern, sicher wie zwei Gangster, die einen genauen Überfallplan haben und auf alles vorbereitet sind. »Ein privates Weltereignis«, diese von Alfred Polgar stammende, genaueste und in jede Richtung wahre Definition des viel beanspruchten und doch nicht synonymisierbaren Überwortes Liebe, so abgründig und doch, ja: liebevoll, diese Definition jedenfalls galt insbesondere jetzt, war allerdings für ein Tattoo doch zu lang, unsere zumindest sollten kürzer werden: Destillat und Essenz – du und ich. Fertig.

Der Tätowierer selbst, seine Bewerbungsmappe war sein eigener Körper, der also hatte auf vier Fingern seiner linken Hand jeweils einen Buchstaben tätowiert, nur der Daumen unbeschriftet, es stand dort, wenn er die Hand ausstreckte:
Zeigefinger: L
Mittelfinger: O
Ringfinger: V
Kleiner Finger: E
LOVE.

Sehr schön, doch wo ist der Fehler? Die Lesrichtung und damit der zuvörderst gemeinte Adressat dieser genadelten Botschaft, denn wer kann und soll diese Buchstabenreihe lesen? Bei ihm: die anderen. Die Buchstaben nämlich waren so herum gesetzt, dass der es lesen kann, dem die Hand hingestreckt ist. Bei uns sollte es – alles! – andersherum sein. Nicht anderen etwas zeigen oder bedeuten, wir wollten es selbst lesen, es war für uns, jedenfalls sollte es keine Mitteilung an andere sein.

Also Hand ausgestreckt und allein für uns lesbar, unbedingt auf der linken Hand, weil links das Herz ist, es ist die Herzhand. Sie ist Medizinerin, unter anderem, mit diesem Organ also, dem alles die Liebe Betreffende zugedacht wird, kennt sie sich aus. Mit Herzensangelegenheiten, die über Medizinisches hinausgehen allerdings, damit kennen wir alle uns gleich gut und schlecht aus. Wir beide waren, bevor wir uns getroffen haben, zu dem Schluss gekommen: Das lassen wir mal lieber bleiben künftig. Und hatten eben dann, als es begann mit uns, aufgehört zu denken – absolut empfehlenswert.

»Traurige«, hatte auf einem Ladenschild gestanden, an dem wir ein paar Tage zuvor lachend vorbeigegangen waren, eine Straßenlaterne verdeckte das »n« zwischen dem »i« und dem »g«, und wir lasen also den Fehler, der unsere Wahrheit beschrieb: Trauringe = Traurige.

Mit Ringen hatten wir keine guten Erfahrungen gemacht; beide hatten wir schon Ringe gehabt, und das, wofür sie standen, war nicht mehr, die Ringe aber waren noch da gewesen. Also erstmal die Ringe weg: Ich hatte meinen vom Balkon geworfen, in einen Baum, und man hörte nichts klimpern auf der Straße, möglicherweise zur Freude einer Elster, wer weiß, oder der Herbst würde kommen und den Ring wieder sichtbar machen. Der Herbst – an den dachten wir sowieso nicht. Es war Sommer, seit wir uns kannten, obwohl es da noch kalt war und März, doch wir empfanden fortan und seither alles als Licht und Wärme und trugen nur noch Sommerkleidung. Wir haben uns nicht erkältet.

Keine Tattoos, niemals, nein, Tätowierungen nun wirklich nicht, das ist doch Matrosenbrauchtum, Reeperbahnsuffimpulsirrtümer, Tattoos sind subkutane Haltungs-Post-its, Cuecards für Überzeugungshausierer, Spickzettel für Ihrerselbstunsichere. Nichts für uns. Soviel war, soviel schien sicher, jetzt allerdings war alles neu und gar nichts mehr sicher, alles anders diesmal, so großspurig muss es beginnen, sonst kann man es ja gleich bleibenlassen, und eben deshalb hatten wir es auch bleibenlassen, bis wir uns trafen. Und dann haben wir, erklärte und ganzganz sichere Liebesskeptiker und folglich Alleinbleibideologen: uns verliebt. Du suchst die große Liebe nicht mehr, du hast aufgehört zu suchen, aus Erfahrung und Beobachtung – und um wenigstens künftig Schmerzen zu vermeiden. Und dann findest du sie und sie dich, und ihr beiden seid es, fortan, Verliebte, und ihr denkt nicht an Schmerzen von gestern, nicht an potentielle Zukunftsschmerzen, keine Angst vor nichts – und was dann? Dann geht ihr in ein Tattoostudio und zweifelt keine Sekunde, und euer Reden und Denken und Handeln ist: Ja, ja, ja. Echt, echt, echt. Und da also waren wir jetzt. Jenseits des Zweifels, mitten im Tattoostudio, gleich würde es losgehen, eine Formsache ja bloß noch, fühlten wir uns doch ohnedies längst tätowiert, innen, das sieht man nicht, erkennt es aber sofort und eindeutig, warum also es dann nicht auch tun? Ab unter die Haut damit.

»Objects in mirror are closer than they appear« stand im Rückspiegel, als wir in Amerika ein Auto mieteten.

Wir lachten und schauten desweiteren nicht mehr hinein, bewegten wir uns doch vorwärts, mit hohem Tempo, und ließen vieles hinter uns. Die Vergangenheit wird überschätzt, die Zukunft auch. Zu selten ist die Rede von der Gegenwart.

Am Abend unseres zweiten Treffens, das ein Zufall war und nach dem desaströs verlaufenen ersten eigentlich nicht geplant oder erwartbar (und als Erstes schafften wir sodann mal das Wort »eigentlich« ab und das Konjunktiv-leben – nicht zurückblicken, nicht vergleichen, nichts erwarten, direkt rein; und weglaufen alsdann nur noch zusammen), an diesem zweiten Abend, der zu unserer ersten Nacht wurde, hatten wir auf diese Weise, ohne zu zahlen, eine Bar verlassen, einfach Hand in Hand raus und weg, entschiedenen Schrittes zwar, aber auch nicht zu auffällig schnell, und unbedingt, ohne zurückzublicken.

Doch muss man nicht immer bezahlen, für alles? Diesmal jedenfalls nicht. Wir hatten die Gläser in der Hand und gingen, wir tranken sie im Weggehen aus, lachend, immerfort redend und lachend und ohne Schluckauf, und warfen dann die leeren Gläser in einen Papierkorb, auf dem Werbung klebte für oder gegen irgendwas, wir haben nicht so genau hingesehen, weil wir unsere Augen brauchten für das Wichtige, für einander, die Restwelt ward unscharf, und deshalb hat uns fast ein Bus überfahren, die sind nämlich sehr leise, und da hilft dann auch kein Rückspiegel mehr. Wir aber waren unverwundbar. Der Bus wich aus, und so war es seit unserem Zusammentreffen, vor uns teilte sich das Meer, wir schritten mutig voran, jenseits des Hoffens beginnt die Freiheit, da braucht man auch die Krücken Glauben oder Hoffen nicht mehr, alles wird bloßes Sein, und genau das, nochmal verkürzt, sollte ein paar Wochen später unser Tattoo-Text sein. Die Vergangenheit? Ach, die. Jeder hat seinen Rückspiegel zu ertragen.

Wir schauten nur nach vorn und sahen also, wie der schweigsame Tätowierer die Nadel ansetzte. Dann schauten wir zur Seite, nicht um den Schmerz besser auszuhalten, sondern um uns in die Augen zu sehen. Wir schauten hinein in uns, schlossen die Augen, der andere machte jeweils Fotos von dem, der gerade dran war, und auf den Fotos lachen wir die ganze Zeit. Es war ein warmer Sommerabend, von draußen entfernter Donnerhall, das Sommergewitter schien jetzt auch umzuschalten, von Dräuen auf Sein, von Konjunktiv auf Indikativ, von Möglicherweise auf Tatsächlich.

Ob es wehgetan habe, das fragten uns hinterher alle; die paar wenigen, denen wir unser Tattoo zeigten, und die nochmal wenigeren, die es von selbst sahen und uns fragten, was es auf sich habe mit diesen Buchstaben auf unseren Ringfingern. Viele sahen es nicht, und wir wunderten uns.

Noch nicht, antworteten wir denen, die fragten, ja mehr noch, vermessen – like lovers do – sagten nämlich wir, dass es auch nicht wehtun würde, nie, weil wir das entscheiden, entschieden haben und dabei bleiben werden: Wir tun einander nicht weh. Ganz einfach. Doch, auch und insbesondere wir kennen die Statistiken, die normalen Verläufe, aus eigener

Erfahrung und Anschauung anderer, das übliche Massaker, das großer Liebe folgt, die mit hehren Versprechungen und großen Plänen zu beginnen hat, scheinbar vor allem, um eine gescheite Fallhöhe zu bereiten für ein dramatisches Ende. Und natürlich, das gehört unbedingt dazu, denken alle, sie genau seien die Ausnahme, zwar klappt das bei keinem, oder kennst du EIN glückliches Paar? Ich auch nicht – bei uns jedoch wird es klappen. Ach ja? Jaja, wir wissen sehr wohl, wie das klingt, eben darum ja und so weiter – doch da hörten die anderen schon nicht mehr zu.

Ist auch egal; die anderen, das sind ja die anderen. Wir sind wir, und ich strecke meine linke Hand aus, da steht es auf dem Ringfinger, schwarz auf Haut:

JU
BE

Und bei ihr:

BE
JU

Die beiden Anfangsbuchstaben unserer Vornamen, in ihrem Fall auch ihr Rufname und natürlich, seit ich sie kenne, in jedem englischsprachigen Lied die Ersetzung jedes Yous: Ju are the sunshine of my life, Ju are the one, I love Ju und so weiter, aber wie genau?

JU BE und BE JU – das kann so allerlei heißen, doch beginnen unsere Vornamen nun mal so, gut für uns.

Du bist
Sei Du
Du + ich = wir.

Die Buchstaben sind in einer von uns für uns entworfenen Schrift gesetzt, nein, tätowiert. Für immer! Diese Buchstaben sind unser Ring, unser Verlobungsring, unser Ehering, unser Allesring. Der Ring, der keiner ist. Und deshalb der Ring aller Ringe ist.

Wir hörten die Nadel in unsere Haut britzeln, wir sahen die Katze durch den Laden katzen, wir sahen den schweigsamen, wenn überhaupt, dann langsam und leise sprechenden Tätowierer, unser Mann, mit ihm hatten wir ein paar Tage zuvor die Schrift entworfen, die er uns jetzt also in die Haut nadelte. In allem schien er langsam zu sein, wir vielleicht zu schnell, Perspektivfrage, jetzt gab er das Tempo vor, das sich für uns ausmaß, als sei beim Skypen wegen schlechter Verbindung das Bild eingefroren. Er war so langsam, als blicke er die ganze Zeit in den Rückspiegel. Was er da wohl sah? Vielleicht sah er das Land, aus dem er gekommen war, deutlich östlich, vielleicht jetzt schon EU oder bald, wer kennt sich da schon noch aus, wir nicht, denn wir sind jetzt hier, mein neuer Lieblingsstadtteil AUF DER WELT, Liebe kann zaubern: Berlin Neukölln; wie wir meisten in Berlin, so jedenfalls auch unser Tätowierer unzweifelhaft: Flüchtling vor irgendwas.

Hu, ha, autsch, nein, geht schon; ein bisschen weh darf es ja tun, muss es sogar. Und so schrieb der schweigsame Langsamkeitsartist das, was da immer stehen würde.

Wir lachten die ganze Zeit. Schmerzen können ja auch ganz geil sein. Tut es weh? Man müsste das eigentlich alle fragen, die einen Ring tragen oder keinen, die noch nie einen oder die mal einen trugen. Alle. Denn es tut ja weh. Ein Ring, kein Ring, drei oder was – Schmerz ist garantiert. Jemand, dessen

Handhautfarbe am Ringfinger eine blässliche Rundumaussparung aufweist, der zeigt damit die jetzige Abwesenheit des vormaligen Ringes und dass also einmal mehr das Haltbarkeitsdatum von »ewig« sich als übertrieben erwiesen hat und anderes als der Tod vor diesem ein Paar geschieden hat – anfangs ist der vormalige Ring als Negativ zu sehen, als hellere Hautfarbe, die sich allmählich dem Rest anpasst; im Sommer geht diese sehr sichtbare Drüberwegkommhäutung schneller.

Nie fragt man ja, eines solchen Exringes ansichtig: Tut oder tat das weh? Man schaut in einen Kinderwagen und sagt, egal, was man sieht und sehend denkt: Süß! Zeig den Ring, da ist es dasselbe, es ist egal, wie man den findet, man sagt: Schön! Und wie war der Antrag? Völlig egal, wie die Antwortgeschichte ausfällt, man sage daraufhin bitte nichts als: Romantisch!

Die erzählte Geschichte ist die Variante, auf die sich die Beteiligten geeinigt haben. Willst du, soll ich? Beide müssen es erzählen, sich nicht ins Wort fallen (Das war ganz anders, dann erzähl du doch, nein du – Paar-Elend), nein, besser Splitscreen und somit beide Perspektiven, und nur, wenn beide es vollkommen anders erzählen, könnte es die Wahrheit sein. Verdächtig sind vollkommen übereinstimmende Geschichten, wie auch ein Alibi höchstverdächtig ist, bei dem alles stimmig ist und sich kein Widerspruch findet. Wenn alles passt, ist es auf jeden Fall gelogen. Man erinnert sich falsch, und tut man das, ist es wahrer, zumindest der Wirklichkeit näher. Auch ein echter Dialog hat Fehler und Inkonsistenzen zu beinhalten, Füllsel, Sackgassen, Binnenwidersprüche, er darf nicht zu logisch sein, nicht allzu informativ.

Die Fehler, die allein müssen richtig sein.

Es tat nicht weh. Es hatte ein bisschen gebrannt, und dann war es vorbei. Ich schaute auf meine Hand, die Nadelpunkt für Nadelpunkt entstandenen Buchstaben waren jetzt sehr klar lesbar, es sah gut aus. Es lief französischer HipHop, es waren plötzlich und passenderweise zwei Katzen, die durchs Studio liefen, der Tätowierer trug Plastikhandschuhe, eine Operation, keine am offenen Herzen, das zwar nun auch nicht, andererseits doch, genau das: zwei wider besseres, nein, schlechteres Wissen: offene Herzen. Und vier Buchstaben. Die Zukunft. Resultat der Vergangenheit, Ausdruck der Gegenwart. Und wir überschrieben damit etwas, wo vorher nichts stand, eine Leerstelle, und im Herzen, sieh an, da war ja doch eine ganze Menge Platz, und der andere hatte alle Schlüssel. Die Objekte genauso groß wie wir selbst, der Rückspiegel war jetzt egal, vorn sah man uns und hinter uns nichts. Es war die Stunde Null. Wenn schon Irren und Fehler: dann wenigstens Vollgas und richtig und scheiß mal auf den Rückspiegel. Ein Tattoo jedenfalls: Das kann man nicht abmachen. Das steht dann da immer. Steht da so. Und wir? Wir liegen darunter, in der 24-Stunden-Sonne namens: Liebe.

Kokosöl, sagte die Frau an der Tätowierstudiokasse, und dass sie nur Barzahlungen akzeptiere.

Bargeld, ok, muss ich dann jetzt schnell noch holen, aber Kokosöl? KOKOSÖL?

Ja, jetzt einfach zwei Wochen nicht baden, nicht in die Sonne – und Kokosöl drauf.

Aha, Kokosöl. Kokosöl? Habt ihr sowas da?

Nein.

Hm.

Kokosöl habe doch eigentlich jeder zu Hause.

Ach tatsächlich, ich aber nicht, wir nicht.

Sonnenlicht vorerst meiden, und wir dürften jetzt zwei Wochen nicht baden, ok; Abspülen machen wir eh nicht, wir kochen nicht, wir sind ja noch nicht tot. Wir gehen irgendwohin oder nehmen was mit und schmeißen dann alles weg. Zwei Wochen keine Sonne und nicht baden; oder anders gesagt: einfach in Berlin bleiben. Ich lief die Straße runter und stellte mich auf einen Holzschemel vor einem Neuköllner Geldautomaten. Auf einer benachbarten runtergelassenen Jalousie stand: Berlin hates you. Ich fand das superlustig.

Zurück, bezahlen, Kokosölfrage ungeklärt; ich ging zum Wortkargen und gab ihm Trinkgeld, ich hatte jetzt wieder Bargeld, und sobald ich das habe, gehe ich so vor: weg damit. Der schweigsame Tätowierer bedankte sich so langsam, dass ich – eher ungeduldig, immer schon und hoffentlich auch das: für immer – schon im Verlauf seines Zeitlupendankes unterbrechen musste, um ihn zu fragen, ob es später noch irgendwann wehtäte und was dann zu tun sei. Er sagte: Am besten Gras rauchen.

Soso, wunderbar, und wo kriegen wir das her, Gras zu suchen deprimiert mich auf jeden Fall weniger, als jetzt in Drogeriemärkten nach Kokosöl zu fahnden, überhaupt einen Drogeriemarkt aufzusuchen, um kurz vor acht an einem Freitagabend – das wäre doch praktizierter Selbsthass. Des Tätowierers Langsamkeit verstand ich jetzt als Prüfung. Ich hörte zu, als er sich anschickte, in Superslomo meine klare Frage zu beantworten, wo bitte es in Neukölln Gras gäbe, worauf doch die einzig richtige Antwort die Gegenfrage gewesen wäre: Wo denn bitte nicht?

Aber er war ganz in Rückspiegelland oder woimmer, hier jedenfalls war er nicht. Nun zeichnete er eine über die Maßen komplizierte Strecke auf, die eigentlich nur davon handelte, die Straße runterzugehen und zwei Blocks weiter abzubiegen auf einen Spielplatz. Auf einen Spielplatz! Er strich sich die Haare hinters Ohr, und dabei fiel ihm ein Joint aus dem Haar, der hatte wohl hinterm Ohr geklebt.

Immer um Abkürzungen bemüht, legte ich noch einen Zwanziger dazu, zeigte auf seinen aus dem langnichtgewaschenen Haar auf seine Skizze gefallenen Joint und fragte: Können wir nicht einfach den nehmen?

Klar, sagte er, eventuell sagte er das, aber da waren wir schon draußen, mit unseren bloß leicht brennenden Tattoos, über die er zum Schluss Pflaster geklebt hatte.

Das Tattoo, nein, als solches tat und tut es nicht weh. Was aber tut verlässlich weh? Das Leben. Stimmt, davon hat man gehört. Was hinter uns liegt, mag näher sein, als es scheint – aber hat nicht sowieso immer der Schuld, der einem hinten drauffährt? Die Dinge vor wie hinter uns jedoch, die sind uns gegenwärtig einerlei, wir haben das Ziel erreicht, legen unsere tätowierten, noch leicht brennenden Ringfinger nebeneinander und übereinander und freuen uns.

Wir sind und bleiben der Sommer, sagten und beschlossen wir. »I got Ju under my skin«, sang ich vor mich hin.

Es blitzte wieder, das war jetzt nicht der Laser, sondern draußen das Gewitter. Landwirte oder Bergwanderer errechnen aus der Zeitspanne zwischen Blitz und Donner, wie weit entfernt das Gewitterzentrum ist. Es blitzte und donnerte nahezu zeitgleich, also befanden wir uns wohl mitten darin, wir liefen die Straße entlang hinein in die Dämmerung, der Regen brach möglicherweise genau in dem Moment los, oder?, hm, wie war denn das nun mit dem Gewitter, entlud es sich, wurden wir nass? Ach, wer allzu genau die Himmelfarbe und überhaupt das Wetter beschreiben kann, muss das auch, sich hochdroben Poesiegewissheit und Symbolkonsens ausleihen, demzufolge unten offenkundig nicht so viel los ist momentan. Die weiße Wolke ungeheuer oben, und als ich aufsah – – –

Über das Wetter der folgenden Wochen jedenfalls ist mir nichts bekannt. Der Himmel war egal, denn es war bei uns hier unten plötzlich so – ja, wie eigentlich? So, dass ich kein Wort dafür kenne. Aber neuerdings – und zwar für immer, doch, doch! – eine Abkürzung. Und nein, es tut nicht weh. Überhaupt nicht.

## SCHWEINEGRIPPE

Ob mein Nachbar die Schweinegrippe hat, weiß ich nicht, aber es gibt Indizien: Normalerweise verlässt er jeden Morgen mit Schlips und Kragen das Haus und kehrt erst nach Sonnenuntergang, ein Lied auf den Lippen, heim – doch seit einigen Tagen rumort er tagsüber in seiner Wohnung, verlässt sie überhaupt nicht, die Haustür habe ich vom Schreibtisch aus gut im Blick. Mindestens einmal pro Stunde dreht er sehr laut »Liebe ohne Leiden« von Udo Jürgens auf. Nun ist die Frage: Quarantäne oder Liebeskummer? Und die Anschlussfrage: Was würde ich ihm, wohlgesonnen, eher wünschen?

Genau wie Liebeskummer zeitigt auch die Schweinegrippe sehr unterschiedliche Verläufe: Der eine steckt es so weg, paar Tage im Bett und das war's – den anderen rafft es gleich ganz hin.

Dödödödödö-düp-düdöp-dödüdödüdöp-düdöp, singt Udo Jürgens.

Erstmal die Hände desinfizieren: Seit der großen Noro-Virus-Aufregung trage ich in jeder Jacken- und Manteltasche stets ein Fläschchen Sterillium mit mir herum; wenn bei abendlichem Rumgestehe eine Gesprächspause eintritt,

die man vor Inkrafttreten des Rauchverbots mit gegen-
seitigem Feuergeben und Zigarettengefummel überbrückt
hätte, zücke ich immer gern diese Fläschchen und spendiere
eine Runde Desinfektion – sofort läuft das Gespräch wieder,
gruppendynamisch stabilisiert. Nicht nur olfaktorisch ist die
Ähnlichkeit mit einem Flachmann unbestreitbar. Wenn ich
dann noch meinen Viruswissen-Klassiker bringe, dass – unter
dem Gesichtspunkt der Ansteckungsgefahr – Wangenküsse
zur Begrüßung ungefährlicher sind als Händeschütteln, wird
verlässlich mit großem Juchhuu eine weitere Runde Sterillium verlangt. Wie in Hostienerwartung strecken sich mir
die in Gefäßform gemuldeten Hände entgegen, ich plörre
eine kleine Pfütze des hellblauen Antiseptikums hinein, und
dann beginnt das große Händereiben (bitte auch und vor
allem zwischen den Fingern!, empfiehlt die Apothekerin),
als wärme man sich über offenem Feuer, und hernach fühlt
man sich, als habe man Medizin studiert. So riechen Ärzte,
so bleibt man gesund. »Hygiene ist das A und O«, heißt es;
deshalb ist die Schweinegrippe ein so wunderbares Small-
Talk-Thema – dazu hat nun wirklich jeder eine Meinung,
mindestens:

Man muss sich impfen lassen!

Der Impfstoff ist nicht ausreichend getestet!

Die Impfung ist gefährlicher als die Krankheit!

Die Politiker kriegen einen viel besseren Impfstoff als
DAS VOLK!

Und der Gesundheitsminister da oben auf seinem Impf-
gipfel, was sagt der? Der sagt, eine Impfung sei unbedingt
zu empfehlen, allerdings dürften jetzt nicht alle gleichzeitig
in die Impf-Praxen laufen. Er selbst habe sich zunächst mal
gegen die saisonale Grippe impfen lassen. Zwischen der

Impfung gegen diese und der gegen die Schweinegrippe müssen mindestens zwei Wochen verstreichen, wissen wir – woher nochmal? Aus dem Fernsehen? Aus den Zeitungen? Kommt auf die Sendung an, kommt auf die Zeitung an. Zu des Ministers persönlicher Impfreihenfolge jedenfalls sagten irgendwelche Spezialisten irgendwo, das sei ziemlicher Unfug, als Arzt müsse der Minister Rösler es doch eigentlich besser wissen: Die Schweinegrippe verdränge die saisonale Grippe; die Verläufe auf der Südhalbkugel hätten das eindeutig gezeigt. Was immer das heißt.

Also, Argumente gibt es für wie gegen eine Impfung genug; erstmal die Hände desinfizieren. Der Sohn meines besten Freundes bekam in der Schule nun den Rat, sich die Hände immer so lang zu waschen, wie es braucht, zweimal »Happy Birthday« zu singen. Damit kann man doch arbeiten, wobei: Kinder können sehr schnell singen. Happybirthdaytoyouhappybirthdaytoyouhappybirthdayhappybirthdayhappybirthdaytoyou. In der Parallelklasse sind schon zwei Schüler erkrankt, wohl zu schnell gesungen, einige Eltern jedenfalls isolierten daraufhin ihre Kinder zu Hause, hielten jedes Hatschi für ein Symptom und besorgten Tamiflu, für falls.

Da ich sehr gern zum Arzt gehe, nutzte ich die Gelegenheit und ging am Montag zu meinem Hausarzt, auch wenn die Zeitungen mahnten: Zunächst die Risikogruppen! Frauen und Kinder zuerst? Schwangere aber bitte noch nicht, die brauchen einen anderen Impfstoff, den es frühestens Ende November gibt, war zu lesen. Mein Arzt nahm eine »Risiko-Abwägung« vor und stufte mich als sofort impfbar ein. Das empfand ich zwar als unterschwellig diskriminierend, doch überzeugte mich allein schon die Aussicht auf einen

Erfahrungsvorsprung bei all den Grippefachgesprächen (»Lieferdelle!« – »Adjuvantien!« – »Tamiflu bunkern!«), in die jede Ansammlung von mehr als zwei Menschen momentan automatisch nach ein paar Minuten mündet. Falls man sich überhaupt noch unter Leute wagt.

Im Wartezimmer des Arztes lasen wir Impfpatienten uns die zu unterschreibenden Aufklärungspapiere durch, Fragen nach Vorerkrankungen (»Eiweißallergie«?) und Informationen über mögliche Nebenwirkungen, und verglichen all das mit unserer punktuellen, dem medialen Gesumme entstammenden Vorbildung. Ärzte hassen es, wenn Patienten sich mit krudem, aus dem Internet zusammengeklaubten Fachwissen munitionieren und, je nachdem, wo es sie so hingegooglet hat, halb begriffenes Viertelwissen weiterverbreiten, samt den üblichen Verschwörungstheorien: Die Weltgesundheitsorganisation ist unterwandert von der CIA und so weiter. Mindestens so ansteckend wie das Virus sind all die Gerüchte, die darüber im Umlauf sind, und die allgemeine Grippehysterie macht dieser Tage aus jedem, der nicht blind und taub ist, einen Experten. Schnell ergab sich also im Wartezimmer eine beispielhafte Schweinegrippenstammtischstimmung – jeder wusste was anderes. Pandemie, raunte einer. Ein anderer, der nicht geimpft werden wollte, sondern wegen eines eingewachsenen und vereiterten Fingernagels gekommen war, winkte ab: Die Pandemie-Definition sei eigens geändert worden, nur um diesen Impfstoff zu verkaufen, böse Pharmaindustrie, nach vormals geltenden Pandemie-Statuten wäre die Schweinegrippe keineswegs als solche eingestuft worden! Tja, was nun? An solchen Einerseitsandererseits-Kreuzungen schalten die Diskutanten immer in den nächsthöheren Gang und sagen irgendwelche

Zahlen auf: Soundsoviele Todesfälle – tja, aber wissen Sie, wie viele Menschen jährlich an der *normalen* Grippe sterben? Es sind in diesem Jahr mehr Deutsche an verschluckten Kugelschreibern erstickt als an der Schweinegrippe gestorben, wusste ein anderer beizutragen. Aus der Schirmständerecke kam ein dräuend gemurmeltes »Ukraine – ich sag nur: Ukraine«. Das Wartezimmer war sehr voll, wir Überinformierten wussten natürlich, warum: Ein Fläschchen Impfstoff mit jeweils zehn Einzeldosen muss innerhalb von 24 Stunden aufgebraucht werden.

Der Nächste, bitte!

Schweinegrippe, laberte ich gegen die Angst an, das ist doch mal ein geeignetes Wort, die Menschen zum Arzt zu treiben, Vogelgrippe klang fast niedlich dagegen. Jede Grippe sei eine Schweinegrippe, sagte mein Arzt, hier nun hätten wir es im Grunde mit einem Schwein-Schwein-Vogel-Virus zu tun.

Ich rollte meinen Hemdärmel hoch und ließ es geschehen. Piks, das war's schon, bitte ein bisschen einmassieren. Aktive Immunisierung, ab sofort also würde mein Körper das Gegengift produzieren, in drei Tagen schon würde ich relativ geschützt sein, in zehn Tagen ganz – aber was heißt schon ganz? Im Fernsehen sagte jemand, der Schutz durch die Impfung sei »sehr hoch«, und auf die Nachfrage, wie hoch genau »sehr hoch« sei: 80 bis 90 Prozent.

Ich verließ die Praxis und wartete auf die Nebenwirkungen – höchstens ein bisschen Fieber und Müdigkeit am Tag nach der Impfung, hatte mich der Arzt beruhigt. Doch wer weiß, ob nicht genau ich einer dieser seltenen Fälle bin, die die Impfung umhaut? Nachts wachte ich auf, erschrocken darüber, wie gut ich bis dahin geschlafen hatte. Das konnte ja alles heißen! Leichter Kopfschmerz, schnell zwei Paracetamol. Mein linker Oberarm, der mit der Schusswunde, Verzeihung, der mit der Impfeinstich- stelle, tat weh; ansonsten nichts, kein Fieber, kein Schwindel, nicht mal »Unwohlsein« – durchweg normaler Verlauf hier auf der Nordhalbkugel. Ich legte mich auf den rechten Arm und schlief wieder ein, bis mir Udo Jürgens durch die Wand Liebe ohne Leiden wünschte – und eine Hand, die meine hält. Aber, so möchte ich einwenden, desinfiziert muss sie sein.

# HIER IST DAS
# ERSTE DEUTSCHE FERNSEHEN

Da ist es ja, das Erste Deutsche Fernsehen mit der Tagesschau, allerdings in grauem Poloshirt, weißer Hose und Golfschuhen, statt wie üblich in Anzug und Krawatte, und auch nicht vor blauem Weltkartenhintergrund sitzend, sondern zwei Koffer hinter sich her durch den Berliner Hauptbahnhof ziehend; zudem ist es wirklich seltsam, jetzt von Jan Hofer nicht mit »Guten Abend, meine Damen und Herren« begrüßt zu werden, doch ist es ja noch früh am Tag. »Willkommen in Berlin Hauptbahnhof«, tönt es aus den Bahnsteiglautsprechern, die erste Silbe des Hauptstadtnamens betonend, und der Chefsprecher der Tagesschau murmelt: »Das heißt nicht Be<u>rlin</u>, das heißt Ber<u>lin</u>. E<u>rwin</u> aus Ber<u>lin</u>. Na ja. Hallo!«

Zwei Stunden Aufenthalt in Berlin, ziehen wir also die Koffer auf eine Caféterrasse, Cappuccino und Marlboro Lights für den Chefsprecher der ARD-Tagesschau. Auf den kleineren Koffer (»Da ist mein Büro drin«) hat Hofer Tageszeitungen geschnallt und die aktuelle Ausgabe des Magazins *Mountainbike*. Hofer ist heute nicht im Tagesschau-Dienst, könnte man denken, er ist schließlich auf dem Weg nach Leipzig, um die Talkshow »Riverboat«

zu moderieren, aber wo Hofer sich gerade aufhält, sagt
wenig darüber aus, ob er gerade Dienst tut. Das ist schade,
denn man will mit ihm eigentlich über den Urlaub vom
Tagesgetöse sprechen, darüber, wie man als erster Nach-
richtensprecher des Landes mal ein paar sommerliche Tage
ohne permanente Nachrichtenzufuhr und Nachrichtenauf-
bereitung gestaltet. Er blinzelt fröhlich in die Sonne, und
kurz erscheint einem nicht nur seine Kleidung außerdienst-
lich, doch greift er dann im Gespräch praktisch minütlich
zu zwischen Cappuccino-Tasse und Zigarettenschachtel
postiertem Blackberry oder iPhone, um irgendwas darauf
zu zeigen, nein, einen Tag ganz ohne diese Geräte könne er
sich nicht vorstellen, er regele ja nicht nur alle beruflichen
Dinge damit; auch bei wirklich allem anderen seien ihm
diese Schweizer Taschenmesser der Jetztzeit behilflich: »Ich
schlafe ja sogar mit meinem iPhone!«

Wie bitte? Aber ja, »Sleep Cycle«, ob man das nicht
kenne? Sei »eine geniale Sache«, und zwar ein iPhone-Pro-
gramm, man legt einfach das Telefon nachts neben sich auf
die Matratze, und dann misst es die Bewegung des Bettes
und damit des Schlafenden, errechnet daraus eine Schlaf-
kurve, die Tiefschlafphasen und so weiter und zeige einem
am Morgen genau, wie man geschlafen hat, wann geträumt –
und meistens sei er einer Meinung mit dem Gerät.

Also auch im Urlaub morgens der erste wache Blick
gleich aufs iPhone, noch vor dem Zähneputzen? Jaja, das
sei so eine Angewohnheit, »ich bin ja ein totaler Medien-
typ, ich bin immer total vernetzt, kriege alles mit, egal, wo
ich bin. Auch im Urlaub.« Allerdings reduziere er dann
das an normalen Arbeitstagen übliche frühmorgend-
liche Multimediabombardement (»Mails im Blackberry

durchgehen, gucken, ob sich am Sendeablauf was geändert hat, gegebenenfalls währenddessen schon mit dem iPhone telefonieren oder eine SMS schicken, diese hier zum Beispiel an Susanne Daubner, ob sie bitte daran denkt, dass sich der Sendebeginn des NDR-Regionalprogramms verschoben hat, dann Computer an, Zeitungen aus dem Briefkasten holen ...«).

Jetzt in den Sommerferien hat Hofer zwei Wochen gefastet, allerdings nur auf Nahrung verzichtet, totale Handy-Enthaltsamkeit hingegen, was ja momentan als die nächste große Wellness-Schwachsinns-Welle angeschwappt kommt, oh nein, das sei für ihn undenkbar, auch wenn ihm die Ärzte im Schloss Warnsdorf, nahe Timmendorf (»eine Mischung aus Hotel und Kurklinik«), durchaus angeraten hätten, mal einige Tage komplett offline zu bleiben, »aber man muss ja auch nicht alles glauben, was Ärzte einem so empfehlen«, sagt er, grinst, steckt sich noch eine an und zeigt, natürlich auf dem Handy, die Strecken, die er während des Urlaubs mit dem Fahrrad gefahren ist, dazu exakte Statistiken über Geschwindigkeit, Pulsschlag und alles Mögliche.

Immerhin sei es ihm gelungen, beim Frühstück anders Zeitungen zu lesen als normalerweise, nicht bloß im scannenden Überflug, auch mal längere Texte, den Reiseteil, solche Sachen. Die ersten drei Tage dieser Neuigkeitenzufuhrreduktion seien immer grauenhaft, »am dritten Tag sieht man ein, jetzt hör mal auf, du spinnst, schalt ruhig mal einen Gang runter. Tu mal nix! Und dann geht es auch. Aber anfangs muss man sich zwingen, sich in einen Liegestuhl zu begeben und gar nix zu machen, einfach mal zu dösen.«

Als Chefsprecher obliegt ihm die Dienstplangestaltung der Tagesschau, und daran fummelt er natürlich auch im

Urlaub herum, selbstverständlich alles online mittlerweile, sein Vorgänger habe das noch auf Papier gemacht, da gab es ständig Streit, »aber ich habe doch einen Zettel abgegeben«, hieß es dann, der Zettel aber war verschwunden oder hatte nie existiert, Chaos, aber jetzt, Moment, er zeigt es mal rasch auf dem Handy, hier, schön übersichtlich, für alle Sprecher jederzeit einsehbar, da gebe es keine Diskussionen, und zusätzlich ein sehr nützliches virtuelles schwarzes Brett, was haben wir denn da aktuell an alle Tagesschausprecher, tipptipptipp, aha, eine freundliche Belehrung über die korrekte Aussprache des chemischen Elements Lithium, das neuerdings vermehrt in Tagesschaumeldungen vorkommt, wegen dieser neuen, eben Lithium enthaltenden Batterien für Handys und Autos, und leider sei das Wort wiederholt falsch ausgesprochen worden von Tagesschausprechern, also, ein für allemal, es heißt nicht »Lizium«, sondern wird gesprochen wie geschrieben: Lithium.

Und so geht es munter hin und her, egal, wo Hofer (hier und da leider etwas ölig als »Mr. Tagesschau« bezeichnet) sich gerade befindet, und auch egal, wo sich seine Mitarbeiter gerade befinden, Ellen Arnhold zum Beispiel wohne ja in Beirut, ihr Mann sei dort Hoteldirektor, aber durch diese wunderbaren technischen Möglichkeiten sei es trotzdem jederzeit möglich, miteinander zu kommunizieren. Hier, er zeigt einem Susanne Daubners Antwort (»Alles klar, Chef!«), und schon wieder sind etwa 20 Mails eingetroffen, Hofer rollt einmal rasch durch, aha, mhm, aha, ist aber ganz bei der Sache. Urlaub! Doch, doch, das könne er schon. Er legt die Handys zur Seite, steckt sich noch eine Zigarette an. In diesem Kurklinikschloss kürzlich habe er sich um die Mittagszeit herum täglich einen Leberwickel anlegen lassen,

und das sei wunderbar, da schlafe man sofort ein. Seine Leber-
werte seien nämlich beklagenswert gewesen, er habe sich im
April wohl ein Virus eingefangen bei einer Inspektionsreise
durch China, da habe er mit Rudolf Seiters mal fürs Rote
Kreuz geguckt, ob die Spendengelder auch dort ankommen,
wo sie hinsollen, »und selbst im abgelegensten chinesischen
Provinzkaff ist es ja möglich, die 20-Uhr-Tagesschau zu
sehen, das ist schon wirklich doll«. Echt wahr, und wie geht
das? In solchen Fällen kommt Hofers drittes Mobiltelefon
zum Einsatz, »so'n Samsung-Teil, das habe ich mal für 90
Euro bei eBay ersteigert, und dann mit DVBT, zack, kann
ich deutsches Fernsehen gucken, weltweit«. Ähm, DVBT,
was war das nochmal? Neben einem allzeit vernetzten All-
tagsmaschinisten wie Hofer kommt man sich schnell extrem
postkutschig vor, beeindruckt, wie er mit all diesen Gerä-
ten und Programmen jongliert, man wäre nicht überrascht,
wenn er den nächsten Cappuccino gleich mit irgendeiner
App bestellte oder sich mit dem Blackberry die nächste
Marlboro Lights anzündete. Also, DVBT, was ist das? »Na,
Terrestrisches Digitales TV! Aber da muss man aufpassen,
eine Woche China: 800 Euro auf der Uhr, das geht ratz-
fatz.« Er sei dann dort immer in eine Teestube gegangen,
die hatten WiFi, und da saß also Jan Hofer am Mekong,
trank Tee – und guckte die 20-Uhr-Tagesschau. Jedenfalls
habe er sich dort irgendwas eingefangen, deshalb seien die
Warnsdorfer Leberwickel jetzt eine Wohltat gewesen, und
nach dem mittäglichen Leberwickelschlaf aufs Fahrrad!
Wolang er zu fahren hatte, sagte ihm, nächstes Gerät, sein
Fahrradcomputer. »Wenn ich Rad fahre, plane ich die Tour
am Computer, der überträgt es an den Radcomputer, und
der leitet mich dann per GPS, abseits der großen Straßen

und Wege, durch die Pampa. Was man da plötzlich alles sieht! Schrebergartensiedlungen, da sitzen die Leute, lassen sich die Sonne auf die Plauze scheinen und freuen sich des Lebens. Herrlich. Oder am kurtaxefreien Strand in Timmendorf, das – man muss es ja tatsächlich so nennen – wahre Leben, die echten Menschen. Wenn man ständig konfrontiert ist mit dem ganzen Elend der Welt, und das ist man als Tagesschausprecher nun mal, dann gibt es mitunter nichts Schöneres, so platt das klingen mag, als einen schönen Baum zu betrachten oder einem Vogel beim Singen zuzuhören.«

Und es macht ihn nicht nervös, sogar mitten im Wald pausenlos online zu sein? »Im Gegenteil. Es würde mich mehr stressen, das Handy nicht anzuhaben. Oder wenn der rote Balken kommt und ich hab keinen Strom mehr.« Lithium! Ja, genau. Und drei verschiedene Ladekabel für seine drei Handys, dieser Wahnsinn sei ja gottlob bald Vergangenheit, die Nachricht von der herstellerübergreifenden Vereinheitlichung der Ladekabel habe er neulich mit besonderer Freude verlesen.

So, jetzt muss er zum Zug. Der Kellner bringt das Café-Gästebuch, Hofer zieht aus seinem »Mein Büro«-Koffer eine Autogrammkarte, die ihn ordentlich mit Anzug und Krawatte vor selbstverständlich tageschaublauem Hintergrund zeigt, legt sie ins Gästebuch und schreibt hinein: »Danke für einen herrlichen Sonnen-Vormittag auf Ihrer schönen Terrasse« – auf dem iPhone waren für diesen Tag in Berlin zwar Regenwolken prognostiziert, dessen ungeachtet schien die Sonne, und Jan Hofer hat das also durchaus wahrgenommen, kann man die zum vorübergehenden Handyverzicht ratenden Ärzte von Schloss Warnsdorf beruhigen, am Ende also ein kurzer Sieg der Natur über die Technik, doch nun muss er wirklich los, denn Hofers Zug nach Leipzig wird, laut iPhone, pünktlich abfahren.

# DER TATORTREINIGER THOMAS DEMAND

Die Brille hatten sie ihm vom Kopf geschlagen. Auch die Uhr hatten sie ihm abgenommen, »You have to lose your sense of time«, hatte der von ihm als »der Engländer« bezeichnete Entführer das begründet.

33 Tage lang befand sich Jan Philipp Reemtsma in der, ja, Gewalt der Entführer. In seinem Bericht »Im Keller« beschreibt er diese Tage, er erzählt in der dritten Person von dem Entführten in jenem Keller, und diese Objektivierung hat einen ungeheuren Effekt: Sein subjektives Erleben kann Reemtsma dadurch umso genauer, reflektierter und rücksichtsloser beschreiben, zugleich veranschaulicht dieser Perspektivwechsel, in welch demütigende Rolle Reemtsmas »Ich« genötigt wurde, nämlich bloße Funktionalität, ein seiner Rechte beraubtes Individuum, somit ein anderer, ein Dritter, für die Entführer nur ein Gegenstand, Mittel zum Zweck, ein Etwas, das vorerst lebendig bleiben muss, weil man es gegen 30 Millionen Mark eintauschen kann, ein Menschenleben mit Preisschild dran; obendrein und vor allem aber ist Reemtsmas Erzählperspektive ein Triumph über jene, die ihn seiner Freiheit beraubten, so gelingt ihm die Wahrung seiner Würde: Ihr habt mich zwar entführt, in

diesen Keller, aber mein »Ich« bleibt oben. Die Brille gaben sie ihm dann zurück, nicht aus Freundlichkeit, sondern damit er Briefe schreiben konnte, die den Forderungen der Entführer Nachdruck verleihen sollten.

Als sie ihn angekettet in diesem Kerker zurückließen und er sich das Klebeband von den Augen zog, sah er sich um: »Ein weiß verputzter Raum, etwa drei mal vier Meter, niedrig, knapp über zwei Meter, ein Kellerraum wohl.«

Wir kennen das Ende dieser Geschichte, sie ging ja sozusagen gut aus, Reemtsma überlebte, die Täter wurden gefasst und bestraft. Zwar ist er dem Keller entkommen, doch, so schreibt Reemtsma, »den Keller lässt man nicht zurück. Der Keller wird in meinem Leben bleiben.« Meint der juristische Terminus »lebenslang« nur in Ausnahmefällen tatsächlich eine Haftstrafe bis zum Ende des Lebens für den Täter, so trägt das Opfer dieses Trauma tatsächlich ein Leben lang mit sich. Verfassen und Veröffentlichung des Buchs »Im Keller« jedoch schienen für Reemtsma ein Weg zu sein, zumindest ein wenig die Brille und die Uhr auch im übertragenen Sinne zurückzubekommen, sich zu nehmen, wieder Herr des Verfahrens zu werden, dieses Verfahrens in ureigenster Sache.

Bis heute ist nur ein kleiner Teil des Lösegelds wiederaufgetaucht, der Haupttäter sitzt noch in Haft und denkt wahrscheinlich weniger über das Reemtsma von ihm zugefügte Leid nach als darüber, wie er nach seiner Freilassung dermaleinst den im Wald oder woimmer versteckten Rest des erpressten Geldes in Euro umtauschen kann.

»Campingtisch« von Thomas Demand – wüssten wir nicht, dass es sich bei diesem Bild um die Fotografie einer

Rekonstruktion des Tisches in jenem Keller handelt, so würden wir es ganz anders betrachten, achtloser, nichts deutet ja auf die den abgebildeten Gegenständen nur qua Kontext eingeschriebene Gewalt hin. Der Kontext, das sind: die Menschen, ihre Taten, ist Geschichte, sind Geschichten.

Thomas Demands Papierskulpturen sind detailgetreue Rekonstruktionen von Schauplätzen, die – mal mehr, mal weniger zufällig – zu Symbolen wurden, verankert in der kollektiven Erinnerung. Menschen tun Dinge, übrig bleibt die Kulisse, die Szenarium wurde, nicht zwingend prädestiniert dafür, aber es hat sich eben dort etwas Bedeutsames abgespielt. Befleckt, erinnerungsbeladen, geschändet vom Menschen bleiben diese Orte zurück, und kaum merklich objektiviert Demand sie bei seiner Abbildung des Abbilds: Beschriftete Gegenstände werden entschriftet, gleichsam wird ihnen die Unschuld wiedergegeben.

Thomas Demand ist demgemäß ein Tatortreiniger: die Barschel-Badewanne im Zimmer 317 des Genfer Hotels Beau Rivage oder die von Demonstranten verwüstete Stasi-Zentrale – es fehlen auf diesen Bildern die Menschen, derenthalben wir diese Bilder kennen, zu kennen glauben, die Subjekte; und fast spüren wir darob das Aufatmen der Objekte, deren Befreiung von den Menschen Objektivität ermöglicht. Die Dinge an sich sind ja schuldlos, ihre stupende Gleichgültigkeit und durch Demand wieder sichtbar gemachte Unschuldigkeit zeigen auch, wenn wir – wissende Bildbetrachter – nun den Kontext addieren: den barbarischen Menschen.

Der durch Demands Arbeit erst mögliche neue Blick auf das bekannte Bild hat eine irritierende Wirkung. Schockierend deutlich wird die Banalität der Requisiten einer

Straftat, dieser Straftat, aber, so denkt man automatisch, und da wird es ungemütlich: jeder Straftat. Eine Rolle Klopapier, eine Brille, eine Wasserflasche, Zahnpasta, Zeitungen, ein Campingtisch.

Reemtsmas »Er« erinnert sich so an den Kram, der – aufgeladen durch das, wozu Menschen ihn verwendeten – gerade in seiner vermeintlichen Nichtigkeit das Martyrium verdinglicht:

»Auf dem Tisch Flaschen mit Wasser (›Evian‹), zwei Campingleuchten, eine davon die einzige Lichtquelle, Pappteller, Plastikbesteck, ein Plastikschwamm, Zahnbürste und Zahnpasta (›Perlweiss‹), Seife (›Fa‹, ›die wilde Frische‹, fiel ihm unpassenderweise ein), Klopapier.«

Wir erinnern uns ja an das Große immer mittels Lappalien, sie sind die Enterhaken im Gehirn. »Die wilde Frische« – in einem dunklen Kellerverlies.

Schuld sind immer die Menschen. Menschen tun Dinge – und nicht umgekehrt. Der deutsche Verteidigungsminister fiel kürzlich durch eine waghalsige Formulierung auf, er bezeichnete unbemannte, bewaffnete Drohnen, die es möglich machen, Menschen ohne jedes eigene Risiko – freilich auch ohne Prozess – gezielt zu töten, als »ethisch neutrale Waffen«. Wenn man länger über diese Formulierung nachdenkt, zerfällt die Welt in ein Pappmodell von Thomas Demand. Fortschritt als Dezivilisation, die Maschinen übernehmen. Das nach einer solchen Äußerung eigentlich sofort fällige Amtsniederlegungsgesuch des Ministers wäre bei Demand: ein weißes Blatt Papier.

# JÖRG FAUSER

Ich war knapp zwanzig Jahre alt, als ich das Buch »Rohstoff« zum ersten Mal in die Finger bekam, seither habe ich es mir ein gutes dutzendmal wieder vorgenommen, und es zieht mich jedesmal wieder hinein. In was? In die Welt beziehungsweise aus ihr hinaus. Ins gute alte Miljö.

Fausers einsame Helden faszinierten mich, ja, so stellte ich es mir vor, erwachsen zu sein: immer unterwegs, hier was schreiben, dort abstürzen, auf alles Mögliche reinfallen, eine faszinierende Halbwelt, die er da skizzierte; all die Gescheiterten und zwischendrin die volle Wahrheit. Als junger Mensch, Mann im Speziellen, ist man höchst anfällig für dieses Modell: Das Leben ein Kampf, den zu gewinnen sich nur die Vollidioten vornehmen, die Klugen schlängeln sich so durch, sehen zu, dass sie was abbekommen, und zeigen der Welt den Mittelfinger, was man, so in gebückter Haltung, auch erstmal würdevoll hinkriegen muss. Und überall derselbe Beschiss, all die Zufluchtsparalleluniversen, ob eine Partei, ein Sparclub, eine Beziehung, Familie wohl gar, ein Fußballverein, eine Gewerkschaft, Band, Gang oder was; die Kleidung, die Bezahlung und das Vokabular, mit dem man das Elend zu beschreiben und zu verteidigen

sucht, all das unterscheidet sich von Fall zu Fall, der Rest
bleibt sich gleich.

Harry Gelb, der Name bitte allein schon mal, verkörperte
für mich als Antiheld einen Zielzustand. Mitmachen, Arsch
retten, brutal sein und misstrauisch, hoffnungslos romantisch und immer gern dabei, wenn es irgendwo Radau gibt,
und niemals heimisch werden, größter Argwohn gegenüber dem Muff, den jedes System ausbildet. Dann packt
man wieder die Koffer, besser: den. Was braucht man schon,
vermitteln einem Fausers Helden, neue Stadt, neue Frauen-
namen, neuer Irrsinn. Sobald man es irgendwo kapiert hat,
geht es nicht mehr.

Als Junkie hat man es leicht, man hat immer ein Ziel,
immer was zu tun. Sich zerstören, das schlaucht gleich dop-
pelt, aber dabei fühlt es sich immer kurz mal an wie – doch,
tatsächlich – Sinn. Man weiß, wohin. Mit sich, der Zeit,
dem Geld. Ständig auf der Suche. Das Leben erfährt eine
äußere Beschleunigung, und dabei bleibt man stehen, liegen
sogar, und hoffentlich ist man intelligent genug, den Kater
zuzulassen und die Möglichkeit des Wiederaufstehens ständig neu zu überprüfen, eben nicht in einem durch bis in die
Hölle zu gasen. Harry Gelb berappelt sich immer wieder, ver-
schanzt sich hier, vertut sich dort, traut sich eine Menge, aber
niemandem über den ganzen Weg, eines ist er nie: sicher. Es
ist rührend, bitter und so überaus nachvollziehbar, wie Fauser
ihn körperlich allergisch auf jede Verbindlichkeit reagieren,
immer wieder scheitern, neu anlaufen und alles probieren lässt, zwischen den Welten wandern, mal komplett am
Arsch in einer Junkie-Absteige, umgeben von verrosteten
Nadeln, einem derangierten, malenden Spinner und Mitfixer,
Dreck, Schulden und allerlei zu bescheißendem Gesocks,

dann wieder als Aushilfsarbeiter mit festem Wohnsitz, festen Bezügen, Stammkneipe und Frau für immer – und eben doch nicht. Aber er selbst, und wir Leser auch!, glauben es jedesmal wieder, der Aufbruch kann nur gelingen, wenn das Ziel arg vermessen ist, einen Augenblick muss man es sich selbst glauben und die Welt dahingehend umbiegen, wozu sonst der ganze Aufwand? »Irgendein Mexiko brauchen wir alle«, heißt es da einmal. Dann geht wieder alles den Bach runter, und der Held ist nie verbittert, er wappnet sich nach Rückschlägen einfach nochmal anders, und weiter geht's.

Und dazwischen immer wieder die Versuche, das alles zu Papier zu bringen und das dann an den Mann – aber an welchen? Hinreißend die Schilderung all der verkorksten Versuche, mal als Chefredakteur eines, echt wahr, »Underground-Magazins«, dann als Bittsteller in unseriösen Miniverlagsklitschen, zwischendurch zur Auflockerung verständnisfreie Absagen von größeren, RICHTIGEN Verlagen. Niemand wartet auf sein Zeug, und dann packt er es wieder ein, wirft es weg, verschickt es von einem weiteren Postamt, aus einem anderen Winkel, aus einem weiteren Versteck. Irgendwann erscheint dann der »Stamboul Blues«, mit Fehlern und unter Ausschluss der Öffentlichkeit, Geld gibt es auch keins, aber immerhin die erste Lesung vor kirchlich zusammengesammelter CDU-Dorfjugend; geladen und gelockt wurde Gelb durch eine am Telefon erotisch klingende Frauenstimme, natürlich entpuppt sich die Dame als das Gegenteil der Verheißung, die Lesung wird selbstverständlich ein Desaster, Gelb betrinkt sich vorher noch geschwind in einem Kaufhauscafé, die Dame isst ein Eis, er bezahlt, trinkt weiter, die Gage von 50 Mark ist bald versoffen, das Hemd durchgeschwitzt, dann kriegt er noch ein paar gute Tipps mit auf den Weg zurück in seinen geliebten Moloch, und da will man einfach mitkommen und dabeisein, wenn er da am Hauptbahnhof ankommt und sich aufmacht, in die Keller, weiterweiterweiter. Die Bar, Kneipe muss man hier wohl sagen, als Paradies, wo einem alles passieren kann, nämlich im Grunde nichts, man wird in etwas verwickelt, die Suche erübrigt sich, der Rest ergibt sich, der Held – niemals. Die Güterbahnhöfe, Eckkneipen, Schlachthöfe, Subkulturhöllen, Fußgängerzonen, die er beschreibt und durchtapert – ein Deutschland, das es nicht mehr gibt, angeblich, so heißt es doch immer, die untergegangene Bundesrepublik, aber solchen Unfug können nur festangestellte, auf ihren Angstdrehstuhl getackerte Redakteurheinis behaupten, all diese Versagensstätten und im Unwirtlichen so irrsinnig anziehungskräftigen Grauzonen, die gibt es sehr wohl noch, dort findet es statt, das LEBEN, dorthin muss man sich nur mal aufmachen. Oder »Jazzclub« von Helge Schneider sehen. Immer wollen sie Realismus, und dann kommt einer und schildert ihn in aller Unerbittlichkeit und abgerockten Schönheit, und dann sagen sie, ach, blöder Alltag, diese Leute. Dazu Harry Gelb: »Wenn man wissen wollte, was mit den Studenten los war, genügte es, ihre Toiletten aufzusuchen.«

Kürzlich las ich in einer paradeverblödeten Literaturkritik als Absage an den Realismus diese frappierend hirnfreie Feststellung: »Alltag habe ich selber« – und anschließend wurden sogenannte packende Thriller und sensibel aufgezäumte Beziehungsscheiße gelobt. Und so schimpft auch Gelb auf die verlegten, beachteten anderen deutschen Romanschreiber: »... und ewig die versäumten Gelegenheiten, das geben sie dann für Besessenheit aus.«

Fausers »Rohstoff« ist wohl der beste in deutscher Sprache verfasste Drogen-Roman; es gibt derer viele, doch niemand hat es bislang wie Fauser verstanden, die Romantik wie das Urstumpfe daran zu Papier zu bringen, die Unabhängigkeit im Abhängigsein, dieses Aushalten der Welt durch permanentes Entfliehen – und letztlich auch das Scheitern im festen Bewusstsein, nicht falschgelegen zu haben, nicht falscher zumindest als die anderen; dass der Abweg der richtige war. Dabei schert er sich einen Dreck um literarische Konventionen, die Genres verschmelzen (Krimi, Tagebuch, Roman, Märchen), und so wird alles eins, ein großartiges Buch nämlich.

Schön, dass Fauser nun wieder komplett zugänglich gemacht wird, und der Verleger Wewerka ist genau der richtige Mann dafür. Kürzlich ist er Vater geworden und schickte ein Foto aus dem Krankenhaus herum, prima, eine neue Trotzkistin macht jetzt mit in der Welt, vielleicht holt sie den Karren aus dem Dreck, man sollte die Hoffnung nie aufgeben, man muss weiterschreiben, weitermachen. Und der Verleger, die Fausersache ist ihm ins Blut übergegangen, schließt die frohe Verlautbarung mit einem Eins-a-Fauser-Helden-Satz: »… und ich geh jetzt ein Bier trinken.« Beziehungsweise, wie Harry Gelb im »Rohstoff«-Finale, einmal mehr in jeder Beziehung niedergeschlagen, tapfer und unkaputtbar befindet: »Wenn das so ist, dachte ich, kannst du auch aufstehen.«

# DER VERLEGER

Es ist früh am Tag, zwischen fünf und sechs Uhr, Frau Didio betritt Raum Nr. 207 im Verlag Kiepenheuer & Witsch, das L-förmige Chefzimmer. Frau Didio saugt und wischt allmorgendlich den Staub des Vortags fort; alle zwei Monate kommt ein Fensterputzer, nicht unwichtig für diesen einmalig kölschen Ausblick: links das wuselige Ankunfts- und Abfahrtstheater des Kölner Hauptbahnhofs, geradeaus die zeitzahnbeknabberte Ewigkeit – der Dom. Zum nächsten Brauhaus sind es 80 Sekunden Fußweg, das RheinEnergie-Stadion sieht man zwar von hier aus nicht, man fühlt es als Kölner aber natürlich, und zur Unterstützung dieses Gefühls dient dem Verleger eine Dose 1.-FC-Köln-Drops gleich neben der Computertastatur.

Blick nach links auf die Bahnhofsuhr, geradeaus auf das Gotteshaus: Was und wem die Stunde schlägt – Verleger Malchow muss nur aus dem Fenster gucken.

Um kurz vor neun erscheint Barbara Ritter und öffnet zuallererst mal das Fenster zum Dom, durchlüften, der Verleger hat es gern warm in seinem Büro, »viel zu warm«, sagt Frau Ritter; Malchow nennt sie »meine Mitarbeiterin«, nie bezeichnet er sie als Sekretärin, Assistentin oder gar

VORZIMMERDAME. Wer zu Helge Malchow vordringen will, ob telefonisch, postalisch oder in Person, muss an Frau Ritter vorbei, die erstens nicht umsonst so heißt und zweitens vom DRK ausgebildete Ersthelferin ist.

Nach dem Fensteröffnen schaltet sie den Computer des Verlegers ein, und während der lossummt und sich warmpustet, macht Frau Ritter ein wenig Ordnung auf dem Schreibtisch, dessen karminrote Linoleumoberfläche Malchow selbst ausgewählt hat, durchaus zu Frau Ritters Überraschung. Papierstapel, zwei dunkelgrüne Faber-Castell-Bleistifte, das Läufer-Plast-Radiergummi, den metallenen Herlitz-Doppelspitzer – alles bisschen geraderücken, nicht pedantisch, wohl aber mit einem Blick für die Art Symmetrie, die gute Laune macht.

Zwei Zettel liegen noch vom Vorabend in der Mitte des Schreibtischs, daran hat Malchow wohl gestern zuletzt gearbeitet, handschriftliche Titelsuche für ein Sachbuch – so ganz hat er ihn noch nicht, den Titel. Aber vielleicht ist er ihm ja nachts dann noch eingefallen.

Neben den 1.-FC-Köln-Drops: seine geliebte Büroklammerdose aus Speckstein, eine kleine Buddhafigur und ein Briefbeschwerer: Schätzings Schwarm-Auge aus Stein; Stiftebecher, Notizzettelbehältnis, eine funkgesteuerte Logitech-Maus und der Fujitsu-Siemens-Computer. Den hat er schon sieben Jahre lang, schätzt Frau Ritter, einen Laptop besitze er zwar auch, benutze ihn allerdings kaum noch, seit er ein Blackberry habe, diesen Alleskönner für die Jackett-Tasche – Mail, SMS, Internet, Kalender, Adressen. Gut zu wissen: Mails an Malchow landen automatisch immer auch bei Frau Ritter. Und sein Avaya-Telefon, Durchwahl: 37, ist grundsätzlich auf ihres umgeleitet, man kann also auch gleich Frau Ritter anrufen – ihre Durchwahlnummer ist die 21.

Auf einem Rollcontainer linker Hand, Blickrichtung Hauptbahnhof, ragen einem erwartungsvoll die Anschlusskabel für das E-Book-Lesegerät entgegen, Stapel oranger und grüner Pappmappen, ein Päckchen Papiertaschentücher und Malchows Montblanc-Kolbenfüller, Modell »Senator President«, mit seinen Initialen auf der goldenen Mittelbanderole. Das dazugehörige 30-ml-Tintenfass, »Pelikan brillant-schwarz«, enthält, hoppla, *blaue* Tinte. Sehr alte, ja legendäre blaue Tinte, ein letzter Überrest aus der schönen alten Literflasche, aus der schon Dr. Nevens Füller jahrzehntelang betankt wurde – den Verlagsumzug im Sommer 2008 hat sie schließlich nicht mehr überlebt, beim Auspacken wurde das Malheur entdeckt: ein altes Joseph-Roth-Plakat, das viele Jahre oben in der Marienburg-Presseabteilung hing, war mit blauer Tinte besudelt, die Flasche zersplittert. Doch das kleine 30-ml-Gläschen war vorher abgefüllt worden und ist noch immer recht voll.

An der Wand hinter Malchows Schreibtisch hängen Autorenplakate: Wallraff, Foster Wallace, Hagena, Clapton, Sick, Hornby, DeLillo, Fischer, Timm, Lebert, Eminem … Eine herrliche Illustration des gefürchteten Wortes MISCHKALKULATION, diese aberwitzige Mixtur, deren Bestandteile wohl nichts eint als der gemeinsame Schmelzpunkt Malchow.

Darunter ein *USM Regalsystem*, 5 x 2 Ablagefächer, Frau Ritter ist kurz um die Ecke, man kann also mal rasch die Fächer öffnen: Reißzwecken, Meditonsin, patentgefalteter Köln-Stadtplan, Additiva-Vitamin C + Zink Depot-Kapseln. Ein Fach weiter: Malchows Bar. Nie verkehrt, wenn mal ein Dichter vorbeikommt: Sherry, Aquavit, Grappa, Brandy, Wodka, Trüffel-Sahne-Likör, Sekt, Champagner, ein Aschenbecher, eine Tüte Kartoffelchips und ein Korkenzieher, an dem ein Schildchen befestigt ist: »Helges Korki«.

Auf dem REGALSYSTEM steht eine oben und vorn offene Holzkiste, etwas größer als DIN A4: Malchows Postausgangskorb. Wohl das älteste Stück hier im Raum, dieses von ihm schlicht »Korb« genannte Utensil hat er schon als Cheflektor benutzt, da kommen handschriftlich entworfene Briefe, Vorschau- und Klappentexte hinein, Frau Ritter tippt sie dann ab, zum mündlichen Diktat bittet er nie.

Schräg gegenüber des Schreibtischs steht ein schwarzer *Eames Lounge Chair,* den Malchow bei eBay ersteigert und dann höchstselbst in Krefeld oder so abgeholt hat – jetzt müsste er ihn nur noch ab und zu benutzen, die Idee war schließlich gewesen, auf oder vielmehr in diesem extrem bequemen Sessel Manuskripte zu lesen. Aber irgendwie ist ihm das Ding zu niedrig. Mittagsschläfchen ab und zu? Nein, sagt Frau Ritter.

Es ist jetzt viertel nach neun, halb zehn, der Verleger kommt herein, hat das Telefon am Ohr, begrüßt Frau Ritter mit freundlichem Nicken. Hin und wieder, so Frau Ritter, käme auch mal eine launige Bemerkung, pfeifen oder gar singen allerdings habe sie ihn in Raum 207 noch nie gehört. Die beiden siezen einander übrigens, und zwar immer, auch im Karneval.

Als Erstes guckt er sich nun die täglichen Verkaufszahlen an, Frau Ritter bringt ihm dazu eine Tasse schwarzen Tee; Kaffee trinke er kaum. Sie hatten mal vereinbart, dass er tagsüber mehr trinken solle, und zwar Wasser, eine Weile lang habe sie ihm also immer mal wieder ein Glas hingestellt, aber das fand er dann doch nervig, sagt sie, und so hat sie es schließlich wieder bleiben lassen. Links neben seinem Schreibtisch auf dem Teppichboden steht eine Flasche *Raffelberger Medium*, halb leer, immerhin.

Wenn sie ihm den Tee gebracht hat, schließt sie die Tür – er selbst lasse sie eigentlich immer offen, das ist die berühmte malchowsche Politik der offenen Tür. Jahrelang sei es so gelaufen, dass die Mitarbeiter schon während der »Ist Helge da?«-Frage die Hand an der Türklinke hatten und direkt reinmarschiert sind. Um den Andrang etwas zu kanalisieren, hat Frau Ritter die Regel eingeführt, dass man sie bitte vorher fragt, ob es gerade passt. Mittlerweile würden die anderen Mitarbeiter sich daran sogar halten.

Lassen wir das Kommunikationsgenie Helge Malchow, der jederzeit mit solipsistischen Dichtern wie Fußballern, mit Rockstars wie Politikern, mit wirklich jedem sofort ins Gespräch kommt, lassen wir ihn nun mal kurz allein und ungestört an seinem Schreibtisch sitzen.

Natürlich empfindet jeder Autor speziell sich und sein Werk als tragende Säule des Verlagsprogramms und jedes seiner Gespräche mit dem Verleger als ein Ereignis, dessen Protokoll Marbach nicht vorenthalten werden dürfe, logisch. Im spektakulärsten Moment hier in Raum 207 des Verlages Kiepenheuer & Witsch, an den Frau Ritter (die ein äußerst gutes Gedächtnis hat) sich erinnern kann, war jedoch überhaupt kein Autor zugegen. Niemand war da, Malchow saß ganz allein an seinem Schreibtisch und nahm sich gerade den von Frau Ritter sortierten morgendlichen Poststapel vor; ganz oben auf diesen Stapel hatte Frau Ritter einen Brief des Ministerpräsidenten Rüttgers gelegt, in dem Malchow mitgeteilt wurde, dass er mit dem »Verdienstorden des

Landes Nordrhein-Westfalen« ausgezeichnet werde. Zwei, drei Sekunden Stille, dann rief Malchow sehr laut: »Ooooh!«

Da, sagt Frau Ritter, war alles drin, in diesem »Ooooh!«. Ob er dabei nach links auf die Bahnhofsuhr oder geradeaus zum Dom geguckt hat, ist leider nicht überliefert.

# AXEL SPRINGER GEHT DURCH BERLIN

Er müsse gleich zur Sache kommen. Nicht mal seinen Mantel wollte er ablegen, die diesbezügliche Frage überging er genauso wie die, ob er wie immer einen Tee trinken wolle. Er wirkte gehetzt, aufgelöst, verwirrt. Seine Stirn glänzte, er schwitzte ein wenig, er war die Treppe in Zweistufensprüngen hinaufgeeilt in den 3. Stock des Westberliner Altbauhauses.

Russenkapitalismus, Telefonzeitung, Trabi-Safari, *Welt*-Ballon, Vanillefleck auf dem Brandenburger Tor – unsortiert purzelten merkwürdige Wörter aus seinem Mund.

Wie an jedem Mittwochnachmittag um 17 Uhr, so hatte Axel Springer sich auch heute von seinem Fahrer in die an den Kurfürstendamm grenzende Seitenstraße bringen lassen, heute sogar einige Minuten zu früh, das kam sonst nie vor. Normalerweise brachte er zu diesen Sitzungen einen Stapel Zeitungen mit und englisches Teegebäck, heute nicht. Auch die sonst von ihm gewohnten Eröffnungshöflichkeiten, ein paar Worte über das Wetter, die Kunst an der Wand oder das heutige Halstuch des Professors – all das entfiel. Axel Springer redete und redete, es war schwierig für den Professor, sich da einzufädeln und zu folgen.

Wie immer bei dieser Mittwochssitzung saßen die beiden Männer in dem großen, hohen Raum auf zwei Ledersesseln einander gegenüber, direkt am Fenster, einem altbautypischen Doppelfenster, draußen sah man, wie die Bäume der Seitenstraße im angenehm warmen Abendsonnenlicht strahlten, tanzender Staub; die Fenster müssten mal wieder ordentlich geputzt werden, dachte der Professor, schüttelte dann kaum merklich den Kopf, um diese Privatgedanken zu unterbrechen und sich wieder zu konzentrieren auf sein Gegenüber.

Mitunter war es so vorhersehbar und langweilig, was seine Patienten ihm erzählten, nicht selten schweiften seine Gedanken im Verlauf einer Sitzung ab, er simulierte dann das Zuhören, wirkte durch gezieltes Gemurmel in regelmäßigen Abständen stets aufmerksam, während er im Kopf – manchmal auch ganz ungeniert auf seinem Notiz-Klemmbrett – Einkaufszettel entwarf, Liebesbriefe, Urlaubspläne oder Umbau-Ideen für sein Wochenendhaus. Heute aber, das war ihm schon klar gewesen, als Axel Springer mit wehendem Mantel (den er übrigens noch immer trug, was den Professor sehr irritierte) hereingeeilt war, heute war an derlei nicht zu denken. Er hatte nun wirklich schon so manches gehört in diesen Räumen, aber was Axel Springer ihm da heute darlegte, also, das war doch zu eigenartig, um dabei sanft wegdämmern zu können. Der Professor nahm seine Brille ab und legte das Notiz-Klemmbrett zur Seite. Er musste jetzt Ordnung in Springers Redefluss bringen, Struktur, ihn überhaupt erstmal ein wenig beruhigen. Erneut bot er einen Tee an. Axel Springer, erschöpft von seinen temperamentvoll vorgetragenen Ausführungen, dankbar für die Möglichkeit kurzer Besinnung, atmete vernehmlich aus, so, als hätte er gerade nach langem Anstieg ein Plateau erreicht. Gern einen Tee, ja, sehr freundlich.

Der Professor goss betont langsam Tee in die Tasse, die auf einem Tischchen neben Springers Sessel bereit stand. Springer zog jetzt auch endlich seinen Mantel aus, der Professor nahm ihm den ab, brachte ihn zur Garderobe im Flur, alles sehr langsam, man würde jetzt einfach nochmal von vorn beginnen.

So. Die beiden Männer saßen einander erneut gegenüber, der Professor setzte die Brille wieder auf, nahm das Klemmbrett zur Hand, Axel Springer guckte ihn über den Rand der Teetasse listig an, zum ersten Mal überhaupt heute schaute er ihm direkt in die Augen. Ein schönes Halstuch habe er, der Professor, da ja heute ausgewählt, passend zur Jahreszeit – und zum Teppich. Na also. Das mit den Halstüchern war so ein Running Gag zwischen ihnen, sie beide waren der Meinung, dass ein Mann nur sehr wenig Möglichkeiten habe, sich exzentrisch zu kleiden, ohne wie ein Clown auszusehen, bei der Wahl der Krawatte (Springer) und des Halstuchs (Professor) allerdings, da – und nur da – könne und solle, ja müsse man kleine Effekte setzen. Axel Springer trug an diesem Tag eine seiner Lieblingskrawatten, dunkelblaue Seide, und darauf, klein und in Silber gestickt: das Brandenburger Tor. Diese besondere Krawatte war breiter als die sonst von ihm bevorzugten, die immer eher schmal waren.

Fangen wir nochmal an, sagte der Professor.

Axel Springer stellte seine Teetasse ab, griff seine Krawatte, zeigte auf das kleine Signet in Form des Brandenburger Tors. Er räusperte sich, lehnte sich im Sessel zurück, schaute leicht theatralisch an die Stuckdecke – und lachte. Vielleicht, sagte er, vielleicht werde er ja langsam wirklich

verrückt. Wo beginnen, er wisse es auch nicht, er sei vollkommen durcheinander. Gestern Abend habe er, wie so
häufig, nicht einschlafen können. Nichts habe geholfen,
die Medikamente nicht, heiße Milch mit Honig nicht, alle
Tricks, vergeblich. Zu später Stunde sei er dann zum Kühlschrank gegeistert, habe das Vanilleeis aus dem Gefrierfach
genommen, sich ein großes Stück abgeschnitten und es auf
kleiner Flamme erwärmt, dann im Stehen, direkt am Herd,
den halbgeschmolzenen Speiseeisblock in sich hinein-
gelöffelt, danach sei er wieder zu Bett gegangen. Wie üblich
habe er sich dann das Tor der Druckerei vorgestellt und die
dort abfahrenden, mit frischen Zeitungen beladenen Lastwagen gezählt. Dies habe ja immer einen beruhigenden,
schlaffördernden Effekt, dieses Bild, dass die Lastwagen los-
fahren, dann beginnt bald der neue Tag, alles ist gutgegangen,
die Welt noch nicht untergegangen, die Zeitungen fertig zum Verkauf, alles im Plan. Aber in dieser Nacht eben
nicht! Zunächst sei alles wie immer gewesen, aber plötzlich
war die Kolonne durch, es kamen keine neuen Lastwagen
mehr, es waren nur etwa halb so viele wie sonst gewesen,
und das konnte nur bedeuten, dass die Druckauflage rapide
gesunken war, nackte Panik habe ihn infolgedessen ergriffen
und dann – – –

Dann sind Sie aufgewacht, schweißgebadet, ein Alb-
traum?, bot der Professor an.

Eben nicht, das sei ja das Verwirrende, fuhr Springer
fort, nun wieder aufgeregter. Er habe ja gar nicht geschlafen,
könne also auch gar nicht aufgewacht sein. So ganz genau
wisse er auch nicht, wie er von seinem Bett zum Verlagsgebäude gekommen sei, jedenfalls, durch den beklemmenden,
zu den herrschaftlichen vorderen Räumen nicht passenden,

aus Gefahrenabwehrgründen aber leider notwendigen Hinterausgang seiner Kurfürstendammwohnung – die Terrortodeslisten, auf denen er stehe, die alltägliche Bedrohung, er wolle jetzt aber nicht darauf eingehen – sei er hinausgelaufen, auf die Straße, wo es rätselhafterweise taghell gewesen sei und – – –

Traumlogik, nickte der Professor und machte sich Notizen, sein Füllfederhalter tanzte über das Klemmbrett.

Springers Stimme war wieder fast so aufgeregt wie zu Beginn der Sitzung, aber er sprach jetzt klarer. Also, er habe auf dem warum auch immer plötzlich taghellen Kurfürstendamm gestanden, erst dort, im Tageslicht, den Vanilleeisfleck auf seiner Brandenburgertorkrawatte entdeckt, sich aber dagegen entschieden, nochmal nach oben zu gehen, eine neue umzubinden, in seinem Büro im Verlagsgebäude habe er ja immer einige Ersatzkrawatten, und dorthin habe er sich nun schleunigst auf den Weg machen müssen, in größter Sorge um die Auflage seiner Zeitungen. Nur halb so viele Lkw wie gewohnt! Ah, jetzt falle es ihm wieder ein, er habe den M29er-Bus genommen zum Verlagsgebäude.

Den M29er-Bus, sagte der Professor vorsichtig. Er hatte in Axel Springer bislang keinen Nutzer des öffentlichen Nahverkehrs vermutet, ließ der sich nicht immer von seinem Chauffeur fahren, aus Sicherheitsgründen sogar hierher, in die nur wenige Gehminuten von seiner Kurfürstendammwohnung entfernte Praxis? Wie auch immer. Der Bus war noch die kleinste Ungereimtheit in Springers Erzählung, und mit Logik allein schien ja heute ohnehin nichts zu holen, das hatte man ihnen im Studium gleich zu Beginn beigebracht: den Wahn immer erstmal ernst nehmen. Dann langsam die Wirklichkeit einblenden, aber nicht ruckartig.

Jaja, dieser wunderschöne Doppeldeckerbus mit der *BZ*-Werbung drauf, schwärmte Springer. Ich sitze gern oben, am liebsten ganz vorn! Da sieht man was von der Stadt. Seltsam war an der Bushaltestelle, dass so viele Passanten russisch sprachen, da habe ich mich sehr erschrocken. Sie kennen ja meine Angst vor den Russen. Aber diese Russen waren irgendwie anders – sie trugen ordinäre, teuer aussehende Kleidung und tranken Champagner, im Stehen. Sie waren sehr laut, alles an ihnen war laut und grell, die Kleidung, der Schmuck, die Schminke. Diese Russen sahen aus wie die Kapitalisten auf den Bildern von Otto Dix! Während ich auf den Bus wartete, ging ich kurz in eine Boutique hinein, weil ich mich vor den Russen fürchtete und weil mich der Vanilleeisfleck nun doch sehr störte. Die Verkäuferinnen in dieser Boutique aber sprachen auch nur russisch! Ich taumelte zurück auf die Straße, da kam der Bus, und als ich mein Ticket beim Fahrer mit einem Hundertmarkschein bezahlen wollte, lachte mich der Fahrer nur aus, der wollte meinen Hunderter nicht haben! Ich habe ja nie Kleingeld dabei. Aber das Kleingeld der anderen Passagiere sah ohnehin ganz anders aus, und die Geldscheine hatten seltsame Farben. Der Fahrer ließ mich dann ohne Ticket mitfahren, wahrscheinlich hatte er Mitleid, wegen des Vanilleeisflecks.

Im Bus steigerte sich meine Auflagenpanik ins Unermessliche, denn ich sah nur sehr wenige Menschen, die eine Zeitung lasen. Auf der Titelseite der *Bild*-Zeitung, die ein Herr ganz hinten im Bus las, sah ich von Weitem, dass darauf kein nacktes Mädchen abgebildet war; stattdessen waren all die Mädchen im Bus so angezogen wie sonst bei uns die Mädchen auf Seite eins – also praktisch nackt. Die meisten Passagiere starrten auf kleine, ja, was waren das, so

Taschenrechner hatten die in der Hand, aber ohne Knöpfe, nur Bildschirm. Wie so ganz kleine Fernseher. Fast jeder hatte so ein Ding in der Hand und starrte darauf, wischte manchmal so mit dem Finger darüber. Manche sprachen auch in diese Dinger hinein, so, als seien es Telefonhörer. Ich fragte einen jungen Mann neben mir, was er da wische und angucke, und er sagte, er lese die Zeitung.

Der Professor sah, dass eine Fliege zwischen den Doppelfenstern gefangen war; sie verstand das Prinzip Glas nicht. Immer wieder flog sie gegen die Scheibe, unermüdlich. Müssen wir uns diese Fliege, dachte der Professor, als glückliche Fliege vorstellen?

Außerdem, fuhr Springer unterdessen fort, habe praktisch jeder in dem Bus an einem Pappbecher genuckelt, das sei absolut befremdlich gewesen, er könne sich nicht erinnern, jemals außerhalb von Sportveranstaltungen ein so allgemeines öffentliches Getrinke gesehen zu haben, widerwärtig sei das gewesen. Allerdings, und diese Idee bitte er zu Protokoll zu nehmen, falls er sie vergesse, der Professor müsse ihn unbedingt beizeiten daran erinnern, Geschäftsidee, wenn das nun so sei, dass der Mensch in der Öffentlichkeit praktisch nicht mehr denkbar ist ohne Pappbecher in der Hand, dann sei das doch eventuell ein ganz interessantes Geschäftsfeld für die offenbar nicht ausgelastete Druckerei, Pappbecher, warum denn nicht? Möglicherweise könne man ja sogar Geschichten aus der Zeitung des Tages aktuell auf die Becher drucken?

Hmhm, sagte der Professor. Das nicht passende Geld, sinkende Auflagen, die Russen, neue Erlösmodelle, der goldene Käfig mit dem Notfallausgang, Nacktheit – da hatte er nun doch ein paar Motive beisammen, zu denen ihm was einfiel, die Verknüpfungen mit Leitmotiven und Erkenntnissen früherer Sitzungen möglich machten. Doch Springer ließ sich nicht unterbrechen, weiter ging der wilde Ritt durch Berlin, Springers Blick flackerte.

Am Verlagsgebäude angekommen, habe er seinen Augen nicht getraut, die Lindenstraße habe nicht mehr Lindenstraße geheißen, sondern Axel-Springer-Straße, doch, wirklich, und der Professor möge bitteschön nicht so ironisch über seine Brille hinweg gucken, er sei nicht größenwahnsinnig geworden, im Gegenteil, die angrenzende Kochstraße habe nämlich auch nicht mehr Kochstraße geheißen, sondern, und nun möge der Professor sich bitte festhalten: Rudi-Dutschke-Straße!

Jetzt musste der Professor lachen. Aber nur kurz, denn er begriff, dass Springer keineswegs zu Späßen aufgelegt war. Er war schon vorausgeeilt in seiner Erzählung, beschrieb Bronzeporträtbüsten von Bush und Kohl, gegen die ja nichts einzuwenden sei, aber daneben eben auch eine von diesem Gorbatschow, um Himmels willen, wo kämen denn auf einmal all diese Russen her? Und, fast genauso schlimm, waren das nicht leitende *Spiegel*-Redakteure, die da fröhlich in die *Welt*-Redaktion hineinspazierten, einfach so? Nahmen sich da beim Pförtner einen Apfel und passierten die Sicherheitskontrollen, die ja, das nebenbei, auch sehr seltsam gewesen seien, so Schleusen und Metalldetektoren, wie am Flughafen. Ein bronzener Russenkopf, apfelessende *Spiegel*-Redakteure – und ihn selbst habe man nicht reinlassen wollen! Ein sehr großer Mann habe ihn schließlich mit hinein- und zum Fahrstuhl genommen, und dieser wirklich erstaunlich großgewachsene Herr sei dann im 18. Stockwerk ausgestiegen, eigentlich habe der ja einen ganz guten Eindruck gemacht, er trug einen anständigen Anzug, hatte Zeitungen unterm Arm und keinen Pappbecher in der Hand, allerdings auch so einen Taschenrechner ohne Knöpfe, und dann fuhr er natürlich doch nur in den 18. Stock, Journalistenclub, unglaublich sei das, keine Arbeitsmoral, während er, Axel Springer, ja noch eins höher musste, in sein Büro, 19. Stock. Aber dort – dort habe er sein Büro nicht mehr vorgefunden! Und der Professor möge ihm jetzt bitte nicht mit Kastrationsängsten kommen. Sein Büro – einfach weg! Stattdessen dort: der Journalistenclub. Männer in engen Jeans, rauchende Frauen, da sei es ja zugegangen wie in einem Nachtclub.

Und als er nach der Druckerei schauen wollte, was da los sei, habe er sich in einer Art überdachter Fußgängerzone wiedergefunden, und auch dort: alles voll mit im Gehen trinkenden Menschen, alle zugange mit diesen kleinen Taschenfernsehern; das sei schon sehr verwirrend gewesen. Büro weg, Geld nichts mehr wert, Druckerei weg – aber das sei ja lang noch nicht alles, es komme ja noch viel besser!

Der Professor hatte versucht, sich ganz auf Springers Schilderungen zu konzentrieren und die stupiden Glas-Überlistungsversuche der Fliege zwischen den Doppelfenstern zu ignorieren, aber jetzt stand er auf, vielleicht wäre das die Lösung, vielleicht könnte er mit einer Befreiung der Fliege zugleich Springer aus den Fesseln seines akuten Wahnerlebens befreien – er öffnete beide Fenster, animierte die Fliege mit Handbewegungen, ihre Freiheit zu nutzen, sie flog hoch, hielt kurz an in der Luft, dort, wo sie wiederum die Glasscheibe vermutete, hielt inne, war das Phantomschmerz oder einfach nur totale Blödheit einer Fliege, dachte der Professor, nun leicht erheitert von seiner vollkommen lächerlichen Fliegenempathie, und endlich summte die Fliege hinaus. Der Professor schloss beide Fenster, goss Springer noch einen Tee ein, nahm wieder Platz. Nein, Springer schien nicht bereit, auf des Professors Fliegen-Allegorie einzugehen. Der kleine Tisch neben ihm wackelte, der Nachdruck, mit dem Springer unter bekräftigender Einbeziehung seines gesamten Körpers sprach, fand ein Echo in kleinen Wellenbewegungen in der Teetasse.

Dann diese sonderbaren Gefährte! Draußen vor dem Verlagsgebäude, auf der von ihm nur mit einigem Widerwillen betretenen, wirklich, er scherze nicht, ausweislich des Straßenschildes Rudi-Dutschke-Straße heißenden Kochstraße, sei eine ganze Karawane dieser seltsamen ostdeutschen Kleinautos, Trabant, oder wie die hießen, angeknattert gekommen, und auf den Türen habe groß gestanden: »Trabi-Safari«. Er habe staunend dagestanden, als plötzlich direkt neben ihm eine Kneipe auf Rädern anhielt, ganz recht, eine Kneipe auf Rädern! Unzureichend bekleidete, biertrunkene Männer hätten um einen Tresen herumgesessen und mit den Füßen Pedale getreten, die diese Kneipe auf Rädern angetrieben hätten, und die Männer, die nach furchterregendem Vatertagsausflug ausgesehen hätten, die hätten ihn eingeladen, sich zu ihnen zu gesellen, und aus Furcht, sie zu verärgern, habe er sich also auch auf einen Schemel an diesem fahrbaren Tresen gesetzt, einen riesigen Bierkrug vor sich, und dann habe er mit den anderen in die Pedale treten müssen. Über den Dächern der Häuser, an denen sie mit dieser Kneipe vorbeifuhren und die so ausgesehen hätten wie New York im Legoland, habe ein Fesselballon geschwebt, der mit dem Logo seiner Tageszeitung *Die Welt* bedruckt gewesen sei. Er sei sehr ängstlich gewesen, weil sich die fahrende Kneipe dem Todesstreifen gefährlich näherte, doch am Checkpoint

Charlie hätten zwar allerlei Uniformierte gestanden, amerikanische und sowjetische Soldaten, die aber hätten sich gegen Bezahlung mit Touristen fotografieren lassen, und überhaupt habe alles ausgesehen wie Disneyland, komplett pervers. Die Passanten hätten über die Uniformen gelacht, was er ja begrüße, auch er habe immer nur lachen können über Uniformen – aber doch nicht an der Grenze? Die aber habe er, und nun komme er zum Eigentlichen, auch nicht mehr gesehen. Die Grenze, die Mauer war weg! Vereinzelte, unverbundene, irgendwie abgenagt wirkende Mauerteile hätten da noch gestanden, aber dazwischen habe man lustig umherspazieren können, von Westen nach Osten und umgekehrt, und niemand sei erschossen worden, die Soldaten seien auch gar nicht richtig bewaffnet gewesen. Und er, Springer, sei also, er schwöre, mit den zwar betrunkenen, dabei aber nicht unfreundlichen Männern in Turnhosen und Plastikhemden auf dieser fahrenden Kneipe direkt durchs Brandenburger Tor gegondelt! Auch dort: Allerlei zu Späßen aufgelegte Uniformierte, sogar einen Verkaufsstand habe es gegeben, an dem Uniformmützen, Schulterklappen und andere Militaria diverser Diktaturen feilgeboten worden seien, wie bei einem Kostümverleih sei es da zugegangen.

Er nahm sein weißes Einstecktuch aus der Brusttasche seines Savile-Row-Anzugs und tupfte sich die Stirn trocken.

Noch Tee?, fragte der Professor. Vielleicht, lieber Herr Springer, sollten wir nochmal genau die Dosierung Ihrer Medikamente durchgehen. Was haben Sie denn momentan alles zu Hause auf dem Nachttisch stehen?

Den, so Springer nun hohnlachend, den gebe es ja auch nicht mehr! Sein Nachttisch – weg! Als er vollkommen erschöpft wieder zu Hause angekommen sei, hätte er dort lauter fremde Menschen vorgefunden, die seine Wohnung komplett umgeräumt und behauptet hätten, dort eine Kunstzeitschrift namens *Blau* zu produzieren.

Der Professor schrieb auf sein Klemmbrett: Zeitschrift *Blau,* blaue Gruppe, Der Blaue Reiter; Turm der blauen Pferde = Springerhochhaus?

Apropos blau, dachte der Professor und fragte dann vorsichtig, Herr Springer, haben Sie denn eventuell heute schon etwas getrunken? Sie wissen ja, dass sich das mit den Medikamenten nicht gut verträgt?

Nein, sagte Springer, am Bier aus der fahrbaren Kneipe habe er allenfalls genippt.

Er habe, sagte Springer, überhaupt nichts trinken mögen heute, zu sehr habe ihn das allgegenwärtige Pappbechergetrinke auf den Straßen abgestoßen, dieser Tee aus den übrigens sehr schönen »Kurland«-Porzellantassen des Professors sei an diesem Tag das erste Getränk, das er zu sich nehme, und wie immer sei der Tee des Professors ein wenig zu dünn, was aber aus ärztlicher Sicht gewiss zu begrüßen sei.

Der Professor sah auf die Uhr, sie hatten deutlich überzogen heute, draußen letzte Abendsonnenstrahlen. Wohin wohl die Fliege geflogen war? Ob sie sich das vielleicht alles ein bisschen toller vorgestellt hatte, die Freiheit, diese Welt hinter der Scheibe, in die der Professor sie hatte fliegen lassen? Ich denke, das reicht für heute, sagte er. Das, so Springer, das könne er laut sagen. Wieder lachte er aufgekratzt, schüttelte den Kopf. Der Professor lachte höflich mit. Er war unsicher, ob er Springer in diesem Zustand überhaupt gehen lassen und sich selbst überlassen konnte. Er half ihm in den Mantel und begleitete ihn durchs Treppenhaus hinunter auf die Straße. Er werde, sagte Springer zum Abschied, nun zu

Fuß nach Hause gehen, mal gucken, ob die Kunstzeitschrift-
leute ihn denn wenigstens schlafen lassen in seiner Wohnung.

Der Professor schaute Springer in die Augen, er wirkte
nun völlig klar. Der Blick des Professors wanderte beim ver-
abschiedenden Händeschütteln den Körper des Verlegers
hinab, weil er sich leicht verbeugte, das machte er immer so
beim Händeschütteln, nicht nur bei dem mächtigen Verleger,
der heute einen faszinierenden Einblick in die Abgründe
seiner Seele gegeben hatte, da werde er gleich noch einiges
an Schreibarbeit vor sich haben, dachte der Professor, das
Wort KRANKHEITSWERT kam ihm in den Sinn, ein
Krankenkassenwort, tja, das würde auch noch interessant
werden, was er dem Gutachter der Krankenkasse schriebe
über Springers gegenwärtigen Zustand. Da stutzte der
Professor, sein Blick blieb etwas über der Körpermitte des
Verlegers hängen, Moment, was war denn das?

In der Abendsonne sah er es ganz deutlich, auf Springers
Brandenburgertorkrawatte, direkt über dem Tor, kein Zweifel: ein Fleck. Möglicherweise Vanilleeis. In dieser Nacht
konnte der Professor nicht einschlafen.

# DAS HOLLYWOOD-MISSVERSTÄNDNIS

Dieser Mann kommt in Amerika gut zurecht, soviel ist mal sicher: Bevor er gleich erzählen wird, wie das war, als »Angelina« ihn angerufen hat (anfangs fragt man noch höflich nach: »Angelina – äh, Jolie, ja, Angelina Jolie?«), was Tom so sagt (»Cruise, nehme ich an?«), und was für ein zäher Prachtbursche der Johnny ist (na, welcher Johnny wohl!), entschuldigt Florian Henckel von Donnersmarck sich zunächst einen Tick zu theatralisch für die läppischen paar Minuten Verspätung und lähmt sein Gegenüber gleich mal mit zwei Komplimenten. Dann kann es ja jetzt losgehen.

Donnersmarck schliddert in sommerlichen Lederschlüpfschuhen und mit offenem weißen Hemd zum Berliner Restaurant Borchardt, der Winter beginnt gerade Ernst zu machen, der Ostwind pfeift, aber: »Ich friere ja eigentlich nie, das habe ich von meinem Vater geerbt.« Kurz vor der Premiere seines neuen Kinofilms »The Tourist« gibt es natürlich viel zu tun für ihn, weltweit, ist ja ein richtiger Hollywoodfilm, mit allem, was zumindest formal dazugehört; er kommt gerade aus Los Angeles, von Berlin geht es direkt weiter nach Paris und immer so fort, alles in Sommerschuhen – es gilt die alte Thomas-Gottschalk-Regel: »Wo ich bin, scheint die Sonne.«

Von Gottschalk wird später noch die Rede sein, der Thomas nämlich hatte da mal was falsch verstanden, im Gespräch mit dem Arnold (Schwarzenegger!) und dem, äh, Florian. »Mein Nachname ist ja sehr lang, aber in Amerika ist natürlich sowieso alles *on a first-name basis*.«

Selbstverständlich hält er einem die Tür auf, lobt die Schönheit der Garderobenfrau, schaltet sein Blackberry auf lautlos, und man muss nur mal hören, wie er das Wort »Blackberry« ausspricht, um keinen Zweifel mehr zu haben: Das ist unser Mann in Hollywood. Blaääkböarrriij!

Wenn schon Hollywood, dann aber auch richtig, folglich musste man vor diesem Interview allerhand unterschreiben, und fast wunderte man sich, dass man nicht per Unterschrift zusichern musste, den Film zu loben. Solche Hysterie kann aber ja auch Spaß machen, wenn man einfach mitmacht und also die Interviewvorbereitung grotesk übertreibt, zum Beispiel eine Liste anfertigt, welche Zeitungen ihn als »2,05-Mann« bezeichnen und welche als »2,06-Mann«. Und selbstverständlich sogar noch »Anthony Zimmer« anschauen, denn »The Tourist« ist ja ein Remake dieses erst fünf Jahre alten, seltsamen französischen Films mit Sophie Marceau. Das erwähnt man jetzt schnell, der guten Stimmung halber, aha, sagt da Donnersmarck, er selbst habe das Original wohlweislich nicht gesehen, um sich in keiner Weise beeinflussen zu lassen. Hm, genauso erstaunlich wie überhaupt die Idee, ein Remake solch eines Films anzufertigen, und warum tatsächlich er das gemacht hat, wird weder durch Ansehen des Remakes oder des Makes noch im Gespräch klar. Wobei: Scorsese habe sich ja auch nicht den »Departed« zugrundeliegenden Film aus Hongkong angeschaut, sagt Donnersmarck. Martin Scorsese also, ja? So, so.

Jedem anderen deutschen Regisseur würde man solch ständiges, beiläufiges Nennen der allergrößten Kollegennamen als Größenwahn auslegen, ihm aber eigentlich gern nicht. Oder allenfalls als eine Art legitimen Größenwahn. Schließlich ist ihm gleich mit seinem ersten Spielfilm, »Das Leben der Anderen«, einer der eindrucksvollsten, berührendsten, schönsten deutschen Filme der letzten Jahre, wenn nicht Jahrzehnte gelungen – vollkommen zu Recht mit dem Oscar ausgezeichnet. Was als Hochschulabschlussfilm begonnen hatte, war ein weltweiter Triumph geworden. Wer, wenn nicht er, hat das gute Recht, sich an den größten seines Fachs zu orientieren oder sogar zu messen?

Es ist in Deutschland unüblich, macht aber doch zwischendurch auch mal gute Laune – nun haben wir gerade wieder wochenlang überall lesen müssen, wie grandios der VERKANNTE Dominik Graf ist und wie blöd aber leider das Publikum beziehungsweise das deutsche Fernsehen. Ist doch schön, wenn dann mal ein Regisseur ohne Magenschleimhautreizungsgesichtsausdruck daherkommt, mit der lächelnden Attitüde: Sie finden meinen Film genial? Mir geht's genauso! Oscar für mich? Die Academy weiß, was gut ist!

Und dass, wenn man sich in der deutschen Filmbranche umhört, relativ einhellig befunden wird, nach dem Oscar-Gewinn habe Henckel von Donnersmarck ausweislich dessen, was er so dahergeredet habe, vorübergehend den Verstand verloren – wer will ihm das eigentlich ernsthaft anlasten? Wann bitte sonst soll man denn mal zünftig durchdrehen dürfen?

Ist schon eine Wahnsinnshypothek, stellt man sich so vor, gleich für den allerersten Spielfilm mit den allerhöchsten Weihen bedacht zu werden. Akuter Genieverdacht, Lob selbst von der Kanzlerin, Oscar-Party im Haus von Roland Emmerich, Kevin Spacey kommt beim »Bafta Award« an den Tisch und sagt: »Gut gemacht!« Was macht man dann? Man, na ja, man – Florian Henckel von Donnersmarck machte einfach weiter, Hollywood STEHT SCHLANGE, wurde logischerweise vermeldet, denn – noch so ein Satz von der Stange – so ein Oscar-Gewinn öffnet einem allerlei TÜREN, und Donnersmarck ist jemand, der nicht zögert, durch solche Türen zu treten, ja zu stolzieren. Steven Spielberg, erzählt er nun, habe zwar nach der Oscar-Verleihung zu ihm gesagt, »Florian, you'll never get over this« – aber was Spielberg damit genau gemeint hat, habe er bis heute nicht ganz verstanden. Wo ist denn das Problem? Ja, wo? Bei ihm: keinerlei Problem. Stattdessen: Freude, Erleichterung – das wird meiner Karriere helfen! Ja, so kann man das doch wirklich auch sehen. Ist doch schön, wenn einer das so sehen kann. Dass er mit Karl Theodor zu Guttenberg verwandt ist, mag eine schöne Pointe sein, aber dafür kann ja keiner was.

»Man wird ein besserer Modedesigner, wenn man in Mailand ist, und man wird ein besserer Filmemacher, wenn man in Hollywood ist«, verkündete er also – und übersiedelte nach Amerika, wie so viele hoffnungsfrohe deutsche Filmschaffende vor ihm. Er begann, ihm zur Verfilmung angebotene Drehbücher zu lesen, die füllten bald ein ganzes Regal, alles mögliche sei ihm offeriert worden, nicht allerdings, wie fälschlicherweise berichtet wurde, die »Twilight«-Fortsetzung, doch wisse er sehr wohl, wie dieses Gerücht zustandegekommen ist, und zwar habe er auf einer Party mit Schwarzenegger herumgestanden, und Schwarzenegger habe zu ihm gesagt, na, Florian, du hast ja wirklich viele Angebote ausgeschlagen, bis auf die »Twilight«-Fortsetzung war ja wohl alles dabei, und Thomas Gottschalk habe in der Nähe gestanden, das ganze falsch verstanden und anschließend in seiner Filmkolumne geschrieben, Henckel von Donnersmarck habe es abgelehnt, die »Twilight«-Fortsetzung zu drehen.

Puh – ist das also wirklich so, wie Oma Erna mit *Bunte*-Abo sich das vorstellt, da in Los Angeles, stehen immer alle Superstars auf so Partys rum, ja? Sei alles ganz normal, sagt Donnersmarck, es sei doch im Gegenteil viel absurder, all diese berühmten Menschen in anderen Stratosphären zu wähnen.

Kein Grund zur Aufregung folglich, als ihn eines Tages die Angelina anrief, er kannte sie ja schon, über Brad Pitt, der einer seiner besten Freunde in Hollywood sei. Sie sprachen über dies und das – und auch über die Idee eines Remakes von »Anthony Zimmer«, Angelina habe an diesem Projekt genau das Gleiche gereizt wie ihn. Und zwar? »Die leichte Welt der Schönheit, des Glanzes … der Leichtigkeit zu schildern.« Und dann haben sie das eben gemacht.

Er müsse anschließend dringend wieder »in hellere Farben kommen«, habe Ulrich Mühe ihm noch während der Dreharbeiten seines Welterfolgs geraten. An diese Formulierung habe er oft denken müssen, und ja, etwas Helles, Leichtes sei jetzt dran gewesen. Wagner hat immer gesagt, sagt nun Henckel von Donnersmarck, und man nickt sogleich verständig, denn die Recherchen hatten unter anderem ergeben, dass er in beinahe jedem Gespräch verlässlich Richard Wagner und Thomas Mann erwähnt, Wagner also habe immer gesagt, die Jahre, in denen er ein Johann-Strauss-Anhänger war, ordne er rückblickend ein als seine musikalischen Flegeljahre. Dies aber sei eine snobistische Haltung, er, Donnersmarck, denke da anders.

Möglicherweise mehr so wie Angelina Jolie, die in einem Interview mit der amerikanischen *Vogue* fröhlich preisgab, sie habe nach einem Film gesucht, der nicht allzu viel Zeit beansprucht und an schönen, auch für die mitreisende eigene Familie attraktiven Orten gedreht wird, Venedig, Paris – wunderbar. Sie habe sich sehr gewundert, dass Donnersmarck, dessen Debüt-Spielfilm sie liebe, bereit war, diesen Film zu machen. Und als es sich dann noch ergeben habe, dass auch Johnny Depp mitmacht, sei aus dem kleinen eben ein größerer Film geworden.

Ach, wie gut hätte die Leichtigkeit dieses Jolie-Interviews dem Film doch gestanden!

»The Tourist« ist in jeder Hinsicht das Gegenteil von »Das Leben der Anderen« und insofern als Karrieremanöver gut nachvollziehbar: ein Fremdstoff, an dem Henckel von Donnersmarck, hollywoodüblich, mit vielen Co-Autoren herumgebastelt hat, hohes Budget, höchstkarätige Besetzung, große Erwartungen, immenser Druck. Für ihn natürlich kein Problem, sondern die Erfüllung seiner Träume; Hollywood bedeute für ihn ganz einfach, mit den Besten der Besten zusammenzuarbeiten. Schon während seiner Filmhochschulzeit habe er sich diesbezüglich Notizen gemacht: »The Talented Mr. Ripley« – super Kameramann, John Seale, mit dem unbedingt mal zusammenarbeiten! »Chicago« – wundervolle Kostüme, Colleen Atwood, Namen merken! »Something's Gotta Give« – perfekte Ausstattung, Jon Hutman also, mein Szenenbildner, später mal! Tja, und diese Profis haben nun alle mitgearbeitet an »The Tourist«, und jetzt kommt der Film halt ins Kino.

Wenn ein Fußballverein sich ein imposantes Starensemble zusammenkauft, es dann aber trotzdem nicht recht läuft, lieben Sportkommentatoren das Dreschen der Phrase »Geld schießt keine Tore«. Das fällt einem dazu ein.

Man schaut »The Tourist«, sieht also die beiden Superstars ungewohnt orientierungslos durchs nicht gerade überraschend schöne Venedig und die eher komplizierte als komplexe Krimihandlung schweben (Jolie) und latschen (Depp), sieht die gewiss aufwändig gedrehte, dennoch wohl langsamste Verfolgungsjagd der jüngeren Filmgeschichte – und denkt plötzlich: Mit größerem Budget wäre »Das Leben der Anderen« möglicherweise kein so guter Film geworden, denn wenn alles möglich ist, kommt solch ein Esperanto-Film dabei heraus, von allem ein bisschen, nirgends beheimatet – die Titelwahl »The Tourist« wirkt, wenn dem Regisseur für einen Hollywoodfilm tatsächlich Jolie und Depp und bei der Wahl einer europäischen Kulisse Paris und Venedig einfallen, entweder unglücklich oder sogar selbstironisch.

Auf die Frage, wie um Himmels willen sein erster Film so grandios werden konnte, hat Henckel von Donnersmarck einst geantwortet: »Wenn du nicht Brad Pitt im Film hast, muss die Geschichte überzeugen.« Jetzt hat er Angelina Jolie und Johnny Depp im Film, Brad Pitt ist eh ein guter Kumpel mittlerweile, Tom Cruise sowieso – muss nun die Geschichte vielleicht nicht mehr so sehr überzeugen?

So wie ein Lied, um ein Hit zu werden, einen eingängigen Refrain braucht, so ist es für einen Film von Vorteil, wenn dessen Handlung oder zumindest irgendein prägnantes Charakteristikum sich in wenigen Worten erzählen lässt. Weil man sich dazu in diesem Fall außerstande sieht, bittet

man also Henckel von Donnersmarck darum. Macht er gern:
»Es ist eine ... sozusagen ... eine ... eine ... eine Reise an
den schönsten Ort der Welt ... mit den bezauberndsten
Menschen der Welt. Ein Schwelgen in Schönheit ... in der
materiellen Schönheit, die die Welt zu bieten hat.«

Prima, so also wird man »The Tourist« weiterempfehlen!
Oder, auch nicht schlecht, so: »Mir scheint manchmal, Filme
sind Therapie – ›Das Leben der Anderen‹ war eher eine
Psychoanalyse, oft schmerzhaft. Und ›The Tourist‹ ist mehr
wie eine sehr, sehr gute Massage.«

Das Interview wird kurz darauf leicht unangenehm, er hat
gemerkt, dass man seinen neuen Film bedauerlicherweise
nicht ganz so genial findet wie seinen ersten, obwohl man
sich dieses wirklich unoriginellen Urteils sogleich schämt,
denn einen solchen ersten Film mit dem zweiten direkt
zu übertreffen, wie soll das gehen, den Regisseur Henckel
von Donnersmarck sollte man fairerweise erst nach seinem dritten oder vierten Film wieder bewerten, bis dahin
ist es bewundernswert, wenn ihm bei all dem Druck auch
nur irgendwas gelingt, die Zahl der an und in Hollywood
grausam gescheiterten deutschen Nachwuchshoffnungen
ist schließlich Legion. Doch nun zeigt er kurz eine sehr
unsympathische Seite von sich: »Wer ist denn eigentlich
momentan Chefredakteur Ihrer Zeitung?« Das, antwortet
man auf diese etwas lächerliche Machtandeutung, das ist der
Herr Peters momentan. »Ah«, sagt Donnersmarck, »Jan-Eric
Peters, ja – schönen Gruß bitte!« Gut, wird man ausrichten,
diesen bizarren Gruß. Aber kurz danach mag man Donnersmarck doch wieder gern, als er nämlich erzählt, wie er
während seines Studiums lange Zeit ein Foto von »Angelina«
auf dem Schreibtisch seiner »23-Quadratmeter-Wohnung«

aufbewahrt habe, ein lichtüberflutetes Bild von Angelina Jolie, »mit weißem Cowboyhut und provokant schnalzender Zunge«, das habe er ihr nie erzählt, müsse er nochmal machen bei Gelegenheit, dieses Foto jedenfalls habe er gut gehütet, das sei für ihn Trost und Ansporn in den kargen Lehrjahren gewesen, wenn er künstlerisch nicht eben erfüllende Broterwerbswerbefilmchen, etwa für eine Dachpappenfirma, zu drehen hatte und ihm der Dachpappenchef tagelang seine dachpappenbezüglichen VISIONEN in die Kamera erzählte – dann habe er zu Hause immer dieses gleißend schöne Jolie-Foto betrachtet und sich gesagt: »Es gibt auch noch diese andere Welt, vergiss das nicht!«

Hat er nicht vergessen, hat er jetzt in Venedig und Paris gefilmt, mit den zwei vielleicht größten Filmstars der Gegenwart. Stimmt eigentlich: Wo bitte ist das Problem? Man blickt sich um im Restaurant Borchardt, wo ausgerechnet heute die Mittagstische nicht allzu glamourös besetzt sind. Im Rücken des Regisseurs sitzt, immerhin, eine Schauspielerin, es handelt sich um die vor allem mit Yoga-DVDs reüssierende Mimin Ursula Karven.

Man versteht schon, warum er es probiert hat in Hollywood. Und weiterprobieren wird, na klar. Man kapiert bloß diesen neuen Film irgendwie nicht, aber das ist ja nicht weiter schlimm, hat Donnersmarck doch längst bewiesen, wozu er in der Lage ist. Eine gute Geschichte braucht man, mehr nicht. Oder eben eine Angelina, einen Johnny, ein Paris, ein Venedig oder zwei – und einen Florian. Schönen Gruß nach Hollywood.

# BERLINALE

Scheint wieder toll gewesen zu sein, die Berlinale, was man so gehört und gelesen hat. Zehn Tage Irrsinn, Filme, Nächte, Superstars, wie jedes Jahr. Doch wenn man es als Berlinbewohner tatsächlich geschafft hat, nichts davon selbst mitzuerleben, wenn man keinen Film und keinen Star gesehen hat und keine Nacht im Filmfestspieldunst durchsoffen – was behält man dann von dieser Berlinale in Erinnerung? Ein unscharfes Foto von Madonna, Madonna bei Nacht, mit Sonnenbrille?

Wo immer ich in den letzten Tagen war, die Berlinale war dort gerade nicht; wobei es manchmal einigermaßen knapp war: Im Soho House erzählte man mir, vor wenigen Stunden sei übrigens Madonna abgereist; im Grill Royal saß und aß ich just an jenem Abend, an dem Colin Firth kurzfristig seine Tischreservierung storniert hatte; als ich am Potsdamer Platz zu tun hatte, nur wenige Meter vom Berlinale-Palast entfernt, erkannte ich aus der Ferne immerhin Rolf Zacher, aber ob das als Berlinale-Erlebnis durchgeht?

Telefonisch allerdings habe ich die Berlinale oder das, was gemeinhin BERLINALEFIEBER genannt wird, durchaus intensiv mitbekommen, viele Telefonate in den letzten Tagen nämlich wurden von meinen Gesprächspartnern mit dem folgenden Satz abgekürzt: »Lass uns unbedingt nach der Berlinale mal in Ruhe sprechen.« Hektisch, zugleich müde intoniert, immer wieder dieser eine Satz.

Aber reicht das, um zu bezeugen, dass es sie offenbar wirklich gegeben hat, die diesjährige Berlinale? Um sicherzugehen, beschloss ich, den Satz auf links zu drehen und folglich mit Menschen, von denen ich wusste oder annahm, dass sie, nun ja, dabei waren, wirklich selbst vor Ort, mit Augenzeugen also während der Berlinale in Unruhe zu telefonieren.

Meine ersten beiden Anrufe auf der Suche nach der verpassten Berlinale waren nicht das, was man einen gelungenen Auftakt nennt: Weder die zauberhafte Sängerin Inga Humpe (»Ich war überhaupt nicht dabei in diesem Jahr – das war auch mal besonders toll.«) noch das Trompetengenie Till Brönner (»Ich war wieder nicht dabei und habe sicher wieder vieles verpasst.«) konnten mir weiterhelfen. Aber fortan lief's: Ich telefonierte mir Erinnerungen zusammen, nicht nach der Berlinale, nicht in Ruhe, bitte jetzt sofort, in aller Kürze, welche Gegenwartsmomente werden in Zukunft als Vergangenheit mit dieser Berlinale im Gedächtnis verhaftet bleiben?

**Jan Josef Liefers**: Der Eröffnungsfilm, »True Grit«! Mehr habe ich von der Berlinale nicht gesehen, weil ich gerade einen Münster-»Tatort« drehen muss. Aber was Lionel Messi für einen Fußballfan ist, sind für mich die Coen-Brüder, das geht also in Ordnung.

**Oliver Berben**: Wenn ich die Augen schließe und an diese

Berlinale denke, ist da vor allem ein bleibendes Bild, nämlich das Lächeln von Bernd Eichinger. Ich vermisse ihn.

**Jessica Schwarz**: Das Gokart-Rennen, ich habe beim *Berlinale Cart Cup* gewonnen, in der Kategorie »Die Schnellste«, der einzigen Kategorie für Frauen. Die wurde nach meiner Beschwerde im letzten Jahr diesmal neu eingeführt, und prompt habe ich gesiegt. Asphalt statt Roter Teppich, das war zur Abwechslung mal ganz schön.

**Otto Sander**: »Pina« war sehr gut. Wim Wenders und Erotik – wer hätte das gedacht?

**Jenny Elvers-Elbertzhagen**: Am beeindruckendsten für mich persönlich war eine Begegnung mehr so am Rande mit Martina Gedeck. Die hat mir ein sehr nettes Kompliment gemacht, da habe ich fast geweint, so habe ich mich darüber gefreut. Geärgert habe ich mich aber auch, und zwar über die Kamerateams der Boulevard-Magazine, die einem auf einer Gala wie *Cinema for Peace* keine andere Frage stellen als: »Tragen Sie heute einen BH?«.

**Clemens Schick**: Der interessanteste Film war »The Future« von Miranda July, da war ich zwar mit dem männlichen Hauptdarsteller sehr kritisch, weil ich selbst auch mal für diese Rolle gecastet worden war. Aber am Ende war es ein wunderbar tragisches Liebespaar, und nur darum geht's ja. Ansonsten habe ich mir den Partymarathon gegeben, am schönsten war es, morgens um ein oder zwei Uhr im Borchardt zu stranden und dort ungeplant gute Leute zu treffen, alle schon viel zu erschöpft, um sich noch groß voreinander aufzuführen.

**Oskar Roehler**: Bester Moment: Ich habe Mutter Beimer im Borchardt getroffen, die saß plötzlich neben mir, und ich hatte gar nicht gewusst, dass die eine absolute Theaterkoryphäe war, bei Zadek gespielt hat und so weiter. Wir haben uns supernett gemeinsam durch den Abend getrunken, ich war total überrascht, wie klug und charmant die ist. Hinterher habe ich mir gedacht, Mensch, wenn man doch bloß ein bisschen hinter die Fassaden gucken könnte manchmal, dann wäre man viel schlauer.

**Klaus Wowereit**: Es war eine hervorragende Berlinale, mit wunderbaren Filmen und einer außergewöhnlichen Stimmung. Beeindruckend natürlich der Eröffnungsfilm mit Jeff Bridges. Persönlich haben mich am meisten die Treffen mit Harry Belafonte und Isabella Rossellini begeistert. Das sind einfach faszinierende Persönlichkeiten.

**Udo Lindenberg**: Der Hammer war meine Wiederbegegnung mit Harry Belafonte, mit dem ich 1983 beim legendären Konzert im »Palast der Republik« gemeinsam aufgetreten bin. Der Mann ist für mich eine starke Inspiration, als Entertainer und als Vorbild, wie man sich global für die bessere Welt von morgen engagieren kann. Weltverbesserer ist ja kein Schimpfwort. Der Mann ist 83 und knallefit, mit leuchtenden Augen guckt der nach vorn.

**Florian David Fitz**: Ich habe sieben Jahre gebraucht, den Trick zu erlernen, auch ohne Alkohol in einer großen Menschenmenge Freude zu empfinden. Das war dieses Jahr mein Highlight, diese Entdeckung. Obwohl – da war dieser eine Abend im Borchardt, da habe ich dann doch so viel getrunken, dass ich diese wunderbare neue Regel leider kurz wieder vergessen habe.

**Alexandra Neldel**: Ich habe zwar leider nur einen Film gesehen, aber der war mehr als fantastisch: »The King's Speech«. Durchaus passend zum Film kommt man fast ins Stottern, wenn man genau zu formulieren versucht, was diesen Film so grandios macht. Du weinst, du lachst, du siehst einfach tollen Schauspielern beim Spielen zu – das ist einfach nur schön.

**Jürgen Flimm**: Im Hotel Regent traf ich nachts Bianca Jagger, die ich seit Langem gut kenne, und die sagte plötzlich, Jürgen, may I introduce you to Sean? Daraufhin drehte sich ein Mann direkt in mein Gesicht – das war Herr Penn, und ich mehr als überrascht. Unendlich schrecklich hingegen fand ich all die überfüllten Partys mit den vielen Adabeis und schlechtem Weißwein. Die Eröffnung nimmt in dieser Hinsicht einen Spitzenplatz ein.

**Benno Fürmann:** Filmisch am spannendsten fand ich das Triptychon »Dreileben« von Hochhäusler, Petzold und Graf. Höchster Entertainmentfaktor: zu später Stunde Mavie Hörbiger an der Bar vom Borchardt. Die braucht sofort eine eigene Talkshow – ich habe Taschentücher gebraucht, weil ich wirklich Tränen gelacht gehabe.

**Anna Thalbach**: Ich habe nächstes Jahr 30. Berlinale-Jubiläum, ich war ja mit acht Jahren zum ersten Mal auf der Berlinale. Diesmal, beim 29. Mal, hatte ich irgendwie keinen Bock. Aber ich war schon unterwegs, so ist es nicht. Ich habe sogar getanzt, bei der »Summerstone«-Party in der Bar Tausend. Ach ja, und dann habe ich noch mit Sean Penn eine Zigarette geraucht.

**Martin Bachmann:** Meine Highlights: »The King's Speech« – und nicht bei *Cinema For Peace* gewesen zu sein.

**Hellmuth Karasek:** Ich wurde seltsamerweise zweimal mit *Focus*-Herausgeber Helmut Markwort verwechselt. Zunächst am Eröffnungsabend von einem Gedächtniskünstler, der auf mich zutrat und behauptete, er habe den kompletten Brockhaus auswendig gelernt und also mehr Fakten, Fakten, Fakten als ich im Kopf. Ich fragte, wieso Fakten, Fakten, Fakten? Darauf er erschrocken: Sie sind doch Helmut Markwort? Da sagte ich, na, mit Ihrem Gedächtnis kann es aber nicht weit her sein. Am nächsten Abend hielt mich bei *Movie Meets Media* erneut jemand für Markwort – und seither denke ich, ich bin wohl schon zu lange weg aus Berlin, hier erkennt mich niemand mehr.

**Leander Haußmann**: Die Berlinale macht mir Angst. Wenn alle im sogenannten Berlinale-Fieber sind, kommt es bei mir phasenweise zu enormen Einsamkeitsempfindungen. Alle Menschen um mich herum verändern sich immer während der Berlinale, alle treffen sich dauernd irgendwo mit irgendwem. Viele Kollegen, die sonst halbwegs normal sind, kriegen so unruhige Augen, als würden sie irgendwo im Nichts jemanden suchen oder gar finden. Immer in der Hoffnung, die Coen-Brüder kommen gleich um die Ecke. Es ist dann aber doch immer nur Madonna oder Dieter Kosslick.

Also doch, die diesjährige Berlinale hat wohl wirklich stattgefunden. Nun hatte ich einige zwar geborgte, aber doch einprägsame Bilder im Kopf, dazu ein paar Filmempfehlungen natürlich, fehlt noch was? Ja, der Boss – Dieter Kosslick. Der allerdings geht während der Berlinale grundsätzlich nicht ans Telefon, also erbettelte ich ein viertelstündiges persönliches Gespräch, Samstagmittag, am Tag des Finales.

Hallo, Herr Kosslick! Er ist bestens gelaunt, müde sieht er nicht aus, die Müdigkeit habe er schon hinter sich, sagt er, am Freitag sei er kurz beim Friseur eingeschlafen. Einen Espresso bitte, los geht's. Vom Festspieldirektor selbst möchte man nun eigentlich nichts mehr über die Berlinale wissen, interessanter ist doch, was der Mann, der das ganze

Spektakel leitet, antreibt und verkörpert, was der währenddessen vom Rest der Welt mitbekommen hat. Zeitungen lese er während der Berlinale kaum, zu gefährlich, könnte ja was Kritisches drinstehen, überempfindlich sei er in diesen zehn Tagen, wie ein Feuerwehrmann nachts um zwei.

Guttenberg? Natürlich, stand ja auf allen Titelseiten. Der Herr Doktor. Oder Professor?

Kosslick lacht, winkt seinem siebenjährigen Sohn zu, mit dem will er gleich noch ein privates Erinnerungsfoto am Roten Teppich machen, der jetzt noch nicht fotografenumsäumt ist. Weiter.

Peter Alexanders Tod? Klar. Ich war auch Fan, bin mit seinen Filmen aufgewachsen. Vor Kurzem habe ich einen dieser alten Filme mal wieder gesehen, da ist mir aufgefallen, die haben fast 'ne Bollywood-Verwandtschaft: einfache Handlung, viel Musik.

Hartz-IV-Debatte? Ach, war das nicht vor der Berlinale? Oder streiten die immer noch? Wie auch immer, ich bin für eine Regelsatzerhöhung nicht um 11 Euro, sondern um 110, besser noch 1100. Mindestens. Das wäre gerecht.

Gottschalks Abschiedsverkündung? Von meiner Pressedame, weil in einer Zeitung stand, Kosslick macht am Sonntag den Gottschalk, also dass ich nach dieser Berlinale Schluss mache. Davon hatte ich selbst zwar noch gar nichts gewusst, aber als das dann immer mehr Wellen machte, haben wir es schließlich dementiert. Obwohl, wer weiß, vielleicht bin ich ja schon gar nicht mehr im Amt und weiß es nur noch nicht?

Nochmal dieses schöne Kosslick-Lachen, aber jetzt muss er wirklich los. Schnell bitte noch Filmtipps für die beiden Berlinale-Versäumer Till Brönner und Inga Humpe! Er empfiehlt Brönner den Harry-Belafonte-Film »Sing Your Song«, der nämlich zeige eindrucksvoll, was Musik bewirken könne. Und Inga Humpe rät er, »The Future« anzuschauen, der sei cool und spiele ausschließlich in einem einzigen Zimmer, also Einzimmer- statt 2raumwohnung, sagt Kosslick und freut sich, wie das alles passt und dass es für jeden Menschen einen passenden Berlinale-Film gibt.

Aufbruch, Hektik, Termine; beim Verabschieden, schon stehend, noch rasch die Frage, ob auch er in den letzten Tagen so häufig den klassischen Berlinale-Satz gehört und selbst gesagt hat: »Lass uns unbedingt nach der Berlinale mal in Ruhe sprechen.«

Aber ja, bestätigt Dieter Kosslick lachend, das sei der mit Abstand meistgesagte Satz auf jeder Berlinale, auf diesen Satz laufe im Grunde alles hinaus, dies sei der Satz der Sätze, der Satz, der keine Zukunft habe, sich aber saugut anhöre. Kosslick hält kurz inne, guckt durchs Fenster auf den Vorplatz des Berlinale-Palasts – ganz kleine Schneeflocken gehen wie in Zeitlupe auf den Roten Teppich nieder. Im Prinzip, sagt Kosslick, schwinge da ein Trennungsschmerz mit, dieser Satz handele eigentlich vom Abschiednehmen.

# 2013 – EIN JAHRESRÜCKBLICK
# MIT HARALD SCHMIDT

## *Januar*

Es ging los mit einer Denkerin, die das ganze Jahr prägte –
Sylvie van der Vaart. Mir gefällt, dass sie jetzt von einem
medialen Guerillakrieg spricht, also so kann Pressefreiheit
nicht gemeint sein, was man ihr zumutet und so weiter. Das
ist sehr nah am Typus des modernen Kannibalen. Sylvie reist
medial sozusagen mit dem Fernbus an. Das Opfer sagt ja heutzutage nicht mehr, heute Abend werde ich zerstückelt, da fahre
ich First Class ICE, sondern als Kannibalenabendessen von
heute nimmt man den Fernbus mit zweimal Umsteigen – so
habe ich es zumindest der Presse entnommen. Und so nimmt
auch Sylvie doch einiges auf sich für die eigene Schlachtung.
Auf die Titelblätter zu kommen ist schwieriger als früher,
Ehebruch allein reicht da nicht mehr. Die vandervaartsche
Vorgehensweise allerdings entwürdigt den Berufsstand des
Journalisten, der muss ja gar nichts mehr rausfinden, er muss
nur noch abwehren. Die Causa van der Vaart, das ist so bisschen »Anna Karenina« für die Generation Smartphone.

Aber Liebling des Jahres, bezüglich seiner Verlässlichkeit
als Gag-Lieferant für meine Show, war – trotz Sylvie und
auch Boris Becker – immer noch Christian Wulff, obwohl
er eigentlich weg ist und immer kleiner, kleiner, kleiner wird.

Jetzt geht es ja vor Gericht um die Anzahl der Oktober-
festradieschen, die Maria Furtwängler gegessen hat oder so.
Die Meldung im Januar – die Wulffs beim Anwalt, Tren-
nung – kam natürlich überraschend, man hätte ja gedacht:
Die Liebe ist stärker denn je, beziehungsweise »die Krise hat
uns stark gemacht«. Wobei der Neue von Betty seriös wirkt
auf mich: Tegernsee, Oktoberfest, Kumpel von Boris – ich
glaube, das scheue Medienreh wird endlich Ruhe finden.

Medial leider überhaupt nicht auf der Höhe der Zeit:
Rainer Brüderle. Aufschrei an der Hotelbar. Tja, wer sich
in die *Stern*-Journalistin begibt, wird darin umkommen, das
muss man einfach wissen. Abends an der Hotelbar – vergiss
es! Gibt ja ein paar ganz klare Regeln: Brüll nie dem Chefredakteur der *Bild*-Zeitung auf die Mailbox, gib nie einer
*Stern*-Redakteurin um 22 Uhr deine Tanzkarte und geh in
der Schweiz nie mit einer Journalistin ins Casino.

Zwei wirkliche Schauspieler-Genies machten im Januar
etwas seltsame Schlagzeilen, Helmut Berger und Gérard
Depardieu. Berger im Dschungelcamp, da leide ich etwas.
Einer der besten Gäste, die jemals bei mir in der Show
waren. Auf die Frage »Kennen Sie Jerry Hall?« kam die Antwort: »Bitch, I had her before Mick.« Der Hoteldirektor
des Domhotels rief damals an: »Herr Berger hat gerade die
Gulaschsuppe an die Wand geschmissen. Wenn das nochmal passiert, schmeißen wir ihn raus.« Wollen wir mal hoffen,
dass es wirklich Gulaschsuppe war. Das ist einfach so ein
Visconti-Jetlag von 30 Jahren, großartig. Dass er mir direkt
leidtut, kann ich nicht sagen, aber jetzt wischt halt so jeder
Depp einmal über ihn rüber. Früher wollte ich unbedingt
dieselbe Frisur haben wie er. Ich stand zu Hause vor dem
Spiegel und habe mir die Haare mit einer Drahtbürste ganz

stark nach hinten gekämmt, weil ich so aussehen wollte wie Berger als »Ludwig II«.

Und dann Depardieu in Russland – Gérard, einfach ein Gigant. Chillen bei Putin, Steuern sparen in einer, sagen wir: noch sehr jungen Demokratie mit entsprechender Lernkurve. Und natürlich großartig: vier Meter hinter die Grenze zu Belgien gezogen. Er hat das ganze Dorf zum Essen eingeladen, 80 Kilogramm Fleisch gegrillt und selbst zugeschnitten. Und jetzt hat er Ärger, weil er ein Haus an der Normandie-Küste baut, wogegen Umweltschützer protestieren. Aber Gérard sagt: Hässlich ist nur die Baustelle, das Haus wird toll. Übrigens wichtige Sache: Wohnsitzwechsel. Aber da kommen wir noch drauf, Middelhoffs Rasierpinsel in Bielefeld.

Unbedingter Anwärter auf das Wort des Jahres: »Demokratieabgabe«. Seit Januar zahlt jeder deutsche Haushalt den sogenannten neuen Rundfunkbeitrag, 17,98 Euro. Und die Bevölkerung begreift nicht, dass sie Zwangs-Pay-TV hat, ohne gefragt zu werden. 7,5 Milliarden Euro, die nicht refinanziert werden müssen, eigentlich eine tolle Sache. Einfach mal tagsüber reinschalten, was da so läuft unter dem Rubrum »Grundversorgung«.

Einen neuen Namen muss man sich merken, denn man hat ihn jetzt schon vergessen: Malu Dreyer, neue Ministerpräsidentin von Rheinland-Pfalz. Man hatte eigentlich gedacht, bei der Nachfolge von Kurt »Mecki« Beck läuft alles zu auf Julia Klöckner, die CDU-Frau. Aber jetzt gegen Gute-Laune-Malu wird's schwer. Schon der Name Malu ist ja weinfesttauglich. Ich finde, dass Kurt Beck als künftiger Pharmareferent das fantastisch eingetütet hat. Eigentlich ähnlich gut wie die Inthronisation von Steinbrück als Kanzlerkandidat durch Gabriel, was sich ja jetzt als Schachzug von lincolnartiger Größe rausstellt. Wenn man überlegt, wie Sigi vor einem Jahr beschrieben wurde – und dagegen jetzt, von allen Seiten: die reine Anbetung. Ein anderer neuer Ministerpräsident, Stephan Weil in Niedersachsen, das ist dann der klassische Fall von: Stell dir vor, du gewinnst und keinen interessiert es.

Genau wie die große Feuilleton-Debatte über politisch korrekte Kinderbücher. Also der Wunsch, die Wörter Neger, Negerlein und Negerkönig in den großen Kinderbuchklassikern endlich zu ersetzen durch Tofu, weil menschenverachtend. Das ist für mich korrespondierend mit der Schlagzeile: »US-Wissenschaftler haben erforscht: Wenig Essstörungen in Kriegsgebieten, kaum Bulimie am Hindukusch.« In meinen Kreisen jedenfalls spricht man ungebremst vom Neger. Man muss fairerweise sagen, das ist nicht an die Hautfarbe gebunden. Das ist leider dem gemeinen Volk nicht zu vermitteln, dass das nichts mit schwarz oder weiß zu tun hat – Neger ist eine Charakterfrage. Ich empfinde weiterhin eine wirklich diebische Freude, wenn ich in eine Bäckerei gehe und »Schokoküsse« bestelle – aber eigentlich »Negerküsse« ausstrahle.

## Februar

Der Papstrücktritt war für mich das wichtigste Ereignis des gesamten Jahres. Der Großes-Latinum-Papst geht – Vorhang auf für den Gesamtschulen-Papst. Rote Ochsenblutschuhe gegen Romika-Wohlfühl-Latschen beziehungsweise Getto-Treter. Bei Ratzinger hatte jedes Taschentuch einen historisch aufgeladenen Hintergrund. Der neue Papst hingegen will ja eher was Verbeultes, so 'ne SPD-Kirche, wo es – wie Sigi Gabriel so schön sagte – laut ist, brodelt und stinkt. Und wenn er einen Reichen sieht, wird er böse. Also Punktlandung im Ortsverein. Ich wusste gar nicht, dass ein Papst zurücktreten darf, aber Ratzinger hat das auch formal perfekt durchgezogen – »ab 20 Uhr wird mein Stuhl verwaist sein«. Und natürlich der weiße Hubschrauber, der ihn nach Castel Gandolfo gebracht hat – absolut großartiger Abgang. Deutlich besser als beispielsweise Gottschalk. Denn man kann vielleicht in die Hölle, aber nie in den ARD-Vorabend. Ratzinger, das war hundertprozentig mein Katholizismus, für sowas zahle ich begeistert Kirchensteuer, die Nähe zum Herrn, weitab vom Volk. Ist einfach anregender als der triste deutsche Protestantismus, wobei es hier gilt, zwischen Gauck und Merkel deutlich zu unterscheiden, weil Merkel einfach eine Pfarrerstochter ist, die einen nicht weiter mit irgendwelchen theologischen Äußerungen belästigt, während Gauck ja sozusagen die Kanzel gar nicht mehr verlässt. Der hat sich bei mir komplett erledigt, indem er beim Vorlesen aus der eigenen Biographie in Tränen ausgebrochen ist, und zwar immer an der gleichen Stelle, da, wo er sich von den Söhnen verabschiedet – allerdings nicht aus politischen Gründen, glaube ich, sondern weil er die Familie verlässt, die legendäre Hansi Gauck. Seit Verlassen der Stasiunterlagen-Behörde nervt mich Gauck. Als er im Keller die Stasi-Akten sortierte und mithilfe des Fraunhofer Instituts zusammenklebte, fand ich ihn gut. Aber jetzt: Happy im Schloss mit Lebensgefährtin Daniela, ungeschieden von Ehefrau Hansi, das ist für mich als Royalisten und großen Verehrer des britischen Königshauses inakzeptabel.

Peer Steinbrück spricht von zwei italienischen Clowns, rums, Staatsaffäre. Steinbrück ist leider die ärmste Sau des Jahres, der wurde medial zermahlen. Italien, zwei Clowns – dasselbe von Gabriel heute, mit seinem momentanen Lauf, da würde es heißen: »Das ist nicht die große Diplomatenschule, aber er spricht der Basis voll aus der Seele, 400 Leute traten heute in die SPD ein.« Steinbrück hätte natürlich eins bedenken müssen: immer zweimal überlegen, ob man sich der Masse zur Wahl stellt. Er hat sich ja auch den Marktwert ruiniert für seine Vorträge. Was hätte der für ein tolles Leben haben können! Scrabblespielen mit Gertrud und ab und zu für 25 000 die Stunde bisschen über den Euro reden, besser geht's doch gar nicht. Wobei, das kommt natürlich auch ein bisschen auf die jeweilige Gertrud an, klar. Als er uns die Formulierung schenkte, »wir brauchen eine neue Erzählung von Europa«, führte er eine Kirche in Cornwall an, um den Wahnsinn des Zweiten Weltkriegs zu dokumentieren. Da wusste ich schon, oh, nee, zu detailliert für die Basis. Als Künstler des Volkes weiß ich einfach, dass das Volk nicht mit Details belästigt werden möchte. Steinbrück fehlte schlichtweg diese Imbissbudenpower von Hannelore Kraft. Mit einem Wort: kümmern. »Ihr seid entlassen worden? Ich kümmere mich!« Man steht dann frisch entlassen auf dem Parkplatz bei Vodafone oder so, kriegt eine Rose und das war's.

Ebenfalls Rubrik »arme Sau«: Annette Schavan, Doktorarbeit, Rücktritt. Schavan ist eine mir sehr sympathische Vollstreberin, diesen Typus kenne ich genau vom Schulhof früher. Es gibt von ihr ein fantastisches Foto aus Studienzeiten, noch im Mädchenzimmer in ihrem Elternhaus, da trägt sie noch so eine Riesenhornbrille, die so weit übers

Gesicht rausgeht, ein Gestell, das heute nur noch der Blötschkopp hat im Kölner Karneval oder halt so ganz traurige Berlin-Mitte-Blogger. Aber damals hatten auch Hillary Clinton und ich dieses Brillenmodell, es gab keine anderen. Ich bin überzeugt, Schavan hat keine Sekunde beschissen. Sie hat nur einfach eine Doktorarbeit so geschrieben, wie man das damals machte.

Der Skandal um Leiharbeiter bei Amazon gefiel mir wahnsinnig gut, weil das in Kreisen von Frauen, die grad eine Ausbildung zur Yogalehrerin beginnen, auf böse Irritationen stößt, wenn man sagt: Du kannst nicht für Menschenrechte sein, aber jeden Tag vier Kartons von Amazon kommen lassen. Du kannst dich nicht über abgebrannte Kleiderfabriken in Bangladesch aufregen und gleichzeitig bei H&M kaufen. Diese Zusammenhänge werden ungern gesehen.

Sehr gefreut habe ich mich über die Oscars für Christoph Waltz und Michael Haneke. Die finde ich beide wirklich toll, sehr sympathisch. Und sie haben es aus eigener Kraft geschafft, indem sie sich treu geblieben sind. Eklige Formulierung, ausnahmsweise aber erlaubt, denn hier stimmt's mal. Waltz war auch schon toll als Roy Black. Und Haneke hat mit Sicherheit nie 'ne Marktforschung in Auftrag gegeben, sowas wie »vielleicht sollten wir einem noch eine Träne dranmachen, damit es fürs Publikum frauenaffiner ist«. Die beiden mag ich einfach.

Wenn man eine tägliche Show zu machen hat, ist man dankbar für Skandale wie »Pferde-Lasagne«, aber länger als zwei Tage trägt sowas nicht. Für meine Show haben wir einfach alte Witze über Gammelfleisch etwas umgeschrieben. Ob das jetzt Pferde-Lasagne ist oder EHEC-Keime in den Sprossen – völlig egal.

## *März*

Eine Meldung, die mich enthusiasmiert hat: Mehdorn neuer Chef des Berliner Superflughafens. Man weiß ja gar nicht mehr, was da los ist am Berliner Flughafen, und es interessiert auch niemanden mehr. Sowieso, die Hauptstadt ist mir wurscht. Ich bin einfach Europäer, freue mich aber über Berlin – dass es das gibt, als Idee, um nicht zu sagen »als Gefühl«, wenn nicht gar als »Bauchgefühl« – und wünsche viel Erfolg. Ich hoffe auch, dass Wowi jetzt eine Olympiabewerbung abgibt, um den Flughafen ein bisschen vergessen zu machen. Jedenfalls ist Mehdorn der richtige Mann für Rettungsaktionen aller Art. Wenn der Flughafen brennt, sagt der, es muss halt einer mit dem Feuerlöscher kommen oder mit einem Wassereimer. Typ Durchbolzer, er sagt einfach: »Das gehen wir an.« Den mag ich wirklich sehr. Alte Schule, nix da mit Elternteilzeit oder Vätermonaten. Oder Mütterrente.

Gegenmodell ist der neue Papst Franziskus und seine Idee »Kirche der Armen«. Wobei sich nicht viel ändern wird, hoffentlich. Er sagt das jetzt alles einmal, Demut und so, aber ich bin überzeugt, die Staatssekretäre im Vatikan, die den Laden am Laufen halten, betreiben ungestört ihr eigenes Geschäft weiter. Und auch die Kirche der Armen muss ja von Reichen finanziert werden. Mir hat sehr gut gefallen, wie Franziskus an der Copacabana gegen die Tyrannei des Konsums wetterte und zweieinhalb Millionen Gläubige die neuesten iPads hochhielten und es mitfilmten. Das war in sich stimmig, Copacabana war auch der richtige Ort. Und dieses Kind, das bei der Audienz um ihn rumlief, das wirkte wie ein ZDF-Vorabend-Kind, da fehlte nur noch die

umgedrehte Baseball-Mütze. Als hätte es ihm die Marktforschung reingeschrieben. Perfekt.

Und was macht eigentlich die Eurokrise? Als es im Frühjahr so dramatisch wurde, beinahe Staatsbankrott in Zypern,
die Leute Schlange standen vor den Geldautomaten und
die EZB sagte, jetzt werden unbegrenzt Staatsanleihen auf-
gekauft, da hat man ja kurz gedacht, nun kracht Europa
zusammen. Aber ein paar Monate später – alles vergessen,
eigentlich. Griechenland wurde wieder raufgestuft, der
aktuelle Sorgenbruder ist Frankreich, die diesbezügliche
Talkshowsprachregelung lautet »der neue kranke Mann
Europas« – völlig wurscht, weiter geht's. Das sichert nebenbei die TV-Präsenz von Sahra Wagenknecht, nach der
übrigens die deutsche Finanzelite süchtig ist, hab ich selbst
miterlebt, Spitzenbänker sagen: die Sahra, ein Traum. Sie
sehen in ihr die schöne Domina und träumen davon, dass
die Sahra sie mal ordentlich auspeitscht mit den neuesten
»Bloomberg«-Meldungen.

Spätestens im März bin ich ausgestiegen bei der
»Lindenstraße« fürs Bildungsbürgertum: dem Streit der
Suhrkamp-Gesellschafter. Es gab ja im Wochenrhythmus
neue Sensationsmeldungen. Bildhauer-Enkel und Minder-
heitsgesellschafter Barlach ist eine tolle Figur, aber mindestens
so toll ist natürlich Yoko Unseld. Ich meine, wir haben die
sogenannte Suhrkamp-Kultur alle im Schrank stehen und
sind dafür. Aber wenn sie weg ist, merken wir es auch nicht,
weil wir es ja gelesen haben und längst andere Verlage viel
interessantere Sachen rausbringen. Immer wenn ich ein Buch
gut finde, ist es entweder vom Hanser Verlag oder von C.H.
Beck. Was von Suhrkamp übrig bleibt, habe ich. Und wenn
der Verlag jetzt von einer bösen Heuschrecke geschluckt wird

oder so – egal, denn ich besitze ja diese Bücher. Aber natürlich ist es höchst amüsant, wenn so Figuren wie Uwe Tellkamp sich jetzt auch mal auf die Schnelle reinfuchsen ins Wirtschaftsrecht, »wir übernehmen den Betrieb!«. Wenn Künstler über Wirtschaftsdinge reden, sehe ich meistens einen milde lächelnden Anwalt in der Ecke stehen, der genau weiß: Mit einem simplen Nein oder einer verpassten Anmeldefrist lassen wir das Ding einfach an die Wand laufen. Erinnert mich an Schauspieler, die am Stadttheater eine Revolte planen. Ich weiß von Schauspielern, die mit einer versteckten Kamera zum Intendanten gerannt sind – bloß die Tatsache, dass das in Deutschland vor Gericht als Beweismittel gar nicht zugelassen ist, war ihnen schlicht unbekannt: »Ach so? Echt?« Und schon war die Revolution wieder zu Ende.

Anderes Superaufregerthema: »Tatort« mit Til Schweiger. Ich sehe im Fall von Til Schweiger einfach einen schönen Namen am Firmament aufblitzen, der über kurz oder lang Schweigers Ende bedeutet: Elyas M'Barek. Verdammtes Pack Publikum, treulos. M'Barek ist 20 Jahre jünger, schlafwandlerischer Umgang mit Facebook und so, der löst diese Beckham-Robbie-Williams-zu-Glanzzeiten-Hysterie aus, die nicht gesteuert werden muss. Der muss nicht in die Talkshows, Jugendliche rezitieren auch so die Dialoge aus »Fack ju Göhte«. Ich habe keine Ahnung mehr von dieser Generation, habe aber allein zehnmal diese Szene gesehen, in der die Asi-Tante in »Fack ju Göhte« den »Faust« erklärt. Das ist ja von keiner Werbekampagne gesteuert. Und das ist das Wunderbare an dieser Welt: Das Publikum – verdammt nochmal – macht, was es will.

Und was das Publikum will, macht wiederum Nico Hofmann, von dem ich in Bälde ein Biopic über die van der Vaarts oder zumindest Steinbrück erwarte. Im März schenkte er uns »Unsere Mütter, unsere Väter«, das habe ich wie ein Süchtiger geschaut. Ich habe auch in meiner Show Witze darüber gemacht und das tiefe Unverständnis meines Publikums sehr genossen, denn »das ist doch ein super aufrüttelnder Film, der unsere Geschichte, auch unser Leid endlich mal aufarbeitet«. Von mir aus, wobei ich das »endlich mal« nicht verstehe. Es wird Zeit, dass wir unsere Väter fragen, was sie damals gemacht haben? Bloß nicht. Ich habe es mir doch als Kind jeden Samstag anhören müssen. Mein Vater, Jahrgang 1920, war ja ab 1939 mit dabei. Mein Vater war in der Ukraine, mein Vater war in Frankreich, aber nie an der Front. Ich bin in dem Thema als quasi Nachkriegskind also sehr drin. Was mir an Details fehlt, hole ich mir bei Guido Knopp und dem *Spiegel*, der Führer privat, Hitlers Uhr und so. Nächstes Jahr wird natürlich groß: 100 Jahre Erster Weltkrieg! Und, nicht zu vergessen, 70 Jahre D-Day. Markus Lanz begrüßt die letzten Veteranen, die noch in der Normandie dabei waren. Und dann ist Schluss. Diese Hitler-Vergleiche immer jetzt in Griechenland, in 20 Jahren kapiert die keiner mehr. Jugendliche heute: »Hä, was? Hitler? DDR? Gibt's das als App?«

Sehr gut gefallen hat mir dann noch Katja Riemann, wie sie diesen verblödeten NDR-Moderator auf dem roten Sofa hat auflaufen lassen. Sowas müsste viel öfter passieren. Riemann ist eine der wenigen wirklich guten deutschen Schauspielerinnen, der Auftritt war großartig, sie hatte ja mit allem recht. Ich fand erstaunlich, dass man diesen Moderator nicht sofort gefeuert hat. Andererseits, von der ARD rausgeworfen zu werden, das schaffen eh nur die Besten. Zum Beispiel ich.

## *April*

Was mich als Medienkonsument sehr stresst am Frühstückstisch, sind Bilder von Femen-Aktivistinnen. Natürlich berichtet der Boulevard neuerdings wieder viel ausführlicher über Feminismus, seit die einfach blankziehen und wirklich anders aussehen als früher, Latzhose und Birkenstock war gestern. Aber auf der Cebit, wo sie vor Putin und Merkel strippten, da war ich mir gar nicht sicher, ob nicht Putin selbst die organisiert hat, um zu zeigen, wie souverän er mit sowas umgeht. Ich kann mit dieser Art von Protest nix anfangen, das ist mir zu kompliziert. Worum genau geht's da? Pussy Riot, Chodorkowski, Tymoschenko? Das ist außerhalb meiner Kompetenz – was für einen deutschen Schauspieler ja eigentlich nichts anderes bedeuten würde als: auf zu Lanz und Maischberger!

Einen Abend lang Freude hatten wir in der Show mit der Meldung »Horst Tappert war bei der SS«. Viele haben wir ja nicht mehr, bei denen das noch entdeckt werden kann. Grass, Tappert – nicht zu vergessen Dr. Oetker. Da habe ich in der Show gesagt: »Wir nennen ihn nicht alter Nazi, sondern kleiner Brownie.«

Ergiebiger für die Show war natürlich die Steuerhinterziehung von Uli Hoeneß. Das hat mich wochenlang ernährt. Schwarzgeld in der Schweiz, die hastige nächtliche Selbstanzeige mithilfe eines befreundeten Steuerbeamten in Altersteilzeit, Hausdurchsuchung am Tegernsee, Börsenzockersucht-Beichte – großartiges Material. Und ich bin natürlich Experte: Auch Börsenjunkie, außerdem war ich selbst ja fünf Jahre lang Steuerflüchtling in Belgien, aber mir war natürlich von Anfang an klar, das muss komplett wasserdicht sein. Also habe ich tatsächlich in den Ardennen gewohnt, was hart ist. Du sparst Steuern und fragst: Wofür? Es ist mit Aufwand verbunden, man darf nur 181 Tage pro Jahr in Deutschland sein. Und dann bekam ich die tägliche Show, folglich ging das nicht mehr. Also habe ich in einem Interview gesagt: »Theo, ich bin wieder da.« Daraufhin schrieb Theo Waigel mir einen Brief, in dem er mich begrüßt hat wieder als vollgültigen deutschen Steuerzahler. Das war alles in Ordnung, juristisch, aber ich würde es heute nicht mehr machen, ich zahle aus Überzeugung Steuern. Schon das Wort »Reichensteuer« macht doch einfach gute Laune.

Dass Hoeneß wegen der paar Kröten ein solches Risiko eingegangen ist, hat mich sehr überrascht. Natürlich keineswegs moralisch empört, aber ich hab's einfach nicht verstanden, wie jemand, der derart den Robin Hood gibt, sowas bringen kann. Ich vermute, sein Ansatz ist: »Ich tue so viel für dieses Land, ich kann besser mit meinem Geld umgehen als Schäuble.« Und das höre ich jetzt auch häufig von allen möglichen Leuten aus München: »Bei dem, was der Uli ois getan hat, der hat nie einen hängen lassen. Lasst's ihn doch in Ruh', verdammt.« Also, das Volk sagt eigentlich: Rechtsstaat schön und gut, aber im Einzelfall dann auch mal drauf geschissen. Auf der Jahreshauptversammlung im Herbst dann haben sie ihn ja für die Steuerhinterziehung eigentlich mehr gefeiert als fürs Triple. Und Uli war großartig, sagte, er wird dem Verein dienen, bis er tot umfällt – und dann spritzten ihm die Tränen waagerecht raus. Gerührt über sich selbst, wie Gauck. Mir hat gut gefallen, wie er gesagt hat, er vertraue auf die bayerische Justiz. Mit so einem gewissen Unterton, sehr bayerisch.

Wie auch der Umgang mit der Verwandten-Affäre im

Bayerischen Landtag: Weltklasse, wie Seehofer das ge-
managt hat. Wenn man bedenkt, wie weg er schon war, als
Karl-Theodor zu Guttenberg kurz der Superstar war – und
jetzt wird Seehofer ja noch mehr gefeiert als Gabriel fast.
Er ist ein Phänomen im Durchstehen von Schwierigkeiten,
hat einfach Guttenberg an sich vorbeiziehen lassen, direkt
durch ins amerikanische Exil, Fall erledigt. Ansonsten, diese
Affäre – das interessiert den Wähler nicht groß. Da wird einmal so bisschen aufgeräumt, der Schüttel-Schorsch musste
zurücktreten, das war's.

Und während in Bayern der Gigant Dobrindt noch so
verzweifelt Haare von der Seite über die lichter werdende
Schädelmitte drüberkämmt, also eine Ernst-Huberty-Me-
morial-Frisur trägt, geht man in Dortmund frisurmäßig
konsequentere Wege: Im April wurde bekannt, Jürgen
Klopp hat sich Haare implantieren lassen. Von wo eigentlich
genau? Angeblich vom Hinterkopf. Wollen wir's zu seinen
Gunsten mal glauben. Ich kannte es bislang nur von Künst-
lern aus der zweiten Reihe, dass man mit Sprühdose oder
Filzstift versucht, den Haaransatz zu verlängern. Verpflanzen
ist natürlich teurer. Sahen wir dann ja auch später beim mit-
fühlenden Porsche-Lindner, der neuen letzten Hoffnung der
FDP. Den hätte ich für zu eitel gehalten, um sich Haare zu
verpflanzen. Andererseits ist eine sehr langfristige Strategie
zu erkennen: Ich habe kürzlich gelesen, dass Christian Lind-
ners Dienstwagen das Nummernschild »D – CL 2017« hat.
Das Comeback wird also von langer Hand vorbereitet, und
nun auch mit längeren Haaren. Dobrindt hingegen, wenn
der aus dem Baggersee steigt, dem hängen die Haare seitlich
so runter, mit Algenschmand, und oben ist nichts.

Kurz bevor Ende Juni die Lotto-Ziehung ins Internet

verabschiedet wurde, blieben im April nochmal die Kugeln hängen, große Aufregung, die Ziehung musste wiederholt werden, Heike Maurer musste nochmal zurückkommen ins Studio. »Heike, komm zurück« ist für mich auf jeden Fall ein Satz des Jahres. Die Lottofee, in Klammern: 60. Ich habe per Zufall gesehen, wie sie sich verabschiedet hat. Das war eigentlich: Frank Sinatra geht von der Bühne. Wenn ich sie sehe, muss ich immer daran denken, wie ihre Ehe baden ging. Im Grunde wie der Anfang von »Fegefeuer der Eitelkeiten«. Ihr Mann, der Medienexperte Jo Groebel, schickte ihr versehentlich eine SMS, »Bin gleich da, bestell schon mal 'ne Pizza«, die er eigentlich an seine Geliebte schicken wollte. Das war's dann mit der Ehe. Und immer, wenn ich Heike Maurer seither sehe, denke ich: »Bestell schon mal 'ne Pizza.« Insofern auch schlüssig, dass die Kugeln hängen blieben.

## Mai

Beate Zschäpe vor Gericht, anfangs große Empörung über die Presseplatzauslosung, danach interessierte es keine Sau mehr. Im selben Saal wird der Hoeneß-Prozess stattfinden, man rechnet mit noch größerem Andrang. Ausreichend Plätze für türkische Medien diesmal, hoffe ich. Bei den Fernsehbildern von den ersten NSU-Prozesstagen dachte ich zunächst, Beate Zschäpe sei wahnsinnig eitel, weil sie ja immer so eine klassische Laufsteg-Drehung macht, wenn sie reinkommt – bis ich kapiert habe, dass sie das wohl tut, um sich von den Kameras wegzudrehen. Ich hatte gedacht, sie will, dass die Mähne fliegt. Überhaupt, Frisuren vor Gericht, insbesondere bei Strafverteidigern: Zschäpe hat diese kurzhaarige Anwältin, bei Wulff hat der eine so eine Vollraspelbirne und oben so ein kleines Brikett. Nicht selten auch die Künstlermatte, die sehen dann aus wie der Kunstfälscher Beltracchi. Also, Strafverteidiger mit dem Hang zu medienwirksamen Mandaten sind von der Frisur her sehr auffällig. Darüber hinaus, dieser Prozess, man weiß es nicht, das ganz große Medieninteresse ist ja längst abgeflacht, man freut sich jetzt auf den Hoeneß-Prozess, und zur Überbrückung gibt's halt Wulff.

Literarisch dominiert hat den Bücherfrühling diesmal eindeutig Hannes Jaenicke, der deutsche Stéphane Hessel, also »Empört euch!« etwas volkstümlicher formuliert: »Die große Volksverarsche«. Bestseller, Talkshowstammplatz. Wenn man ein paarmal zu oft mit Christine Neubauer in Afrika eine Farm gerettet oder sich in einem schottischen Landhaus mit dem Vater ausgesöhnt hat oder so, dann entsteht bei deutschen 20-Uhr-15-Charakter-Mimen offenbar automatisch das Bedürfnis nach einer gewissen inhaltlichen Tiefe. Und es ist eben ein tragisches Missverständnis, dass sowas durch sogenannte Einmischung in gesellschaftspolitische Diskussionen zu schaffen ist. Siehe Walter Sittler mit ver.di-Trillerpfeife am Stuttgarter Bahnhof. Hannes Jaenicke geht das schon sehr grundsätzlich an, nach der Affenrettung jetzt gegen Plastiktüten und Discounter, also: Allzuständigkeit. Aber er ist immer wahnsinnig nett, wenn ich ihn mal an irgendeinem Flughafen treffe. Er fliegt ja nur mit schlechtem Gewissen, lebt halt in Amerika, aber zahlt jedes Mal hochsinnvoll so einen $CO_2$-Ausgleich, nehme ich mal an. Ich vermeide bei solchen Begegnungen grundsätzlich das Thema politisches Engagement, das zieht sonst die Stimmung so runter.

Ein weiteres Highlight aus dem Showgeschäft: Marc Bators Wechsel von der »Tagesschau« zu Satı, dazu der unvermeidliche Satz »Wir planen mehr mit ihm«. Es ist eigentlich wurscht, wer heute noch wohin wechselt, weil die Zuschauer das eh nicht mehr registrieren, wer wo ist und was macht. Also, Bator als Anchorman beim Politsender Satı – habe ich nie gesehen, Satı-Nachrichten sind definitiv für mich inexistent. Ich nehme an, er kriegt mehr Geld und glaubt echt daran, dass man ihm Showkonzepte basteln wird, wie es immer heißt, wenn einer in dem Sinne kein Talent hat. Interessant ist, dass er vom selben Management betreut wird wie Heino.

Fantastisch war natürlich die abgeblasene Anschaffung der Euro-Hawk-Drohne. Zum einen der Alliterationszwang im Qualitätsjournalismus, also die Formulierungen »Drohnen-Desaster« und »Drohnen-Debakel«. Und dann die hysterischen Talkshows: Wie lange noch? De Maizière: aus, weg, erledigt, der Mann hat den Laden nicht mehr im Griff, was nun, Herr de Maizière? Titelblätter, Sondersendungen, noch maximal bis zur Bundestagswahl, dann ist er weg – und jetzt? Niemand ist weniger weg als Thomas de Maizière! Ein Superbeispiel dafür, bloß nicht die Nerven zu verlieren und bloß nicht Rücktritt, um dem Amt nicht zu schaden oder so – schön durchhalten, die nächste Drohne kommt bestimmt. Fabelhaft! Ich mag de Maizière, weil er die heutige Bundeswehr gut verkörpert: freundlich, technokratisch, kompliziert. Wir werden ja für viele Einsätze sowieso nicht mehr angefragt, weil wir kein Gerät haben. Wir haben Hubschrauber, aber ohne Munition, und wir bomben auch nicht ohne Mandat. Und immer mehr Soldaten sind in Elternteilzeit. Da winken die Bündnispartner doch genervt ab. Was hinterlassen wir also für den Guido Knopp der nächsten Generation an eindrucksvollen Bildern? Kurt Krömer und Matze Knop auf Frontbesuch, das war's.

Irgendwie süß war der Besuch von Peter Altmaier bei Justin Biebers Kapuzineräffchen »Mally« im Münchner Tierheim: »Mallys Schicksal ist kein Einzelfall.« Seins aber schon. Altmaier mag ich wahnsinnig gern. Für mich ist immer ein Kriterium das 7-Uhr-15-Interview im Deutschlandfunk, und als Altmaier noch Parlamentarischer Geschäftsführer war, also so ein Scheißeschipper, da musste er frühmorgens auf Sendung, wenn es richtig gedampft hat für die Kanzlerin. Und das hat er sensationell gemacht, hat volkstümlich irgendwas zurechtgesaarländert. Er ist ein Großer. Aber ich frage mich natürlich, welche Form von Selbsthass liegt vor, wenn man sich einen solchen Körper anfuttert. Ich habe ihn neulich zum ersten Mal gehen sehen – es ist der Wahnsinn. Tut einem natürlich auch leid, dass ausgerechnet er die Energiewende an den Hacken hat, ein totales Killerthema: Man kann nur scheitern, es versteht eh kein Schwein und interessiert deshalb auch nicht weiter, weil zu komplex.

Monatshöhepunkt für uns Sky-Moderatoren war natürlich der Champions-League-Sieg des FC Bayern München. Heiße Phase in der Steueraffäre Hoeneß, aber Uli hat die Nerven, mit nach London zu fliegen. Und die Kanzlerin, auch Vollprofi, begrüßt ihn einfach per Handschlag. Ich finde, in solchen Situationen hilft es immer, wenn es eine klare Etikette gibt. Man gibt als Kanzlerin aller Deutschen die Hand, begrüßt den Bayern-Präsidenten. Der Rest ist ja Sache eines anderen Verfassungsorgans – lang lebe die Gewaltenteilung.

## *Juni*

Eine Sternstunde war natürlich der weinende Steinbrück beim Podiumsgespräch mit Bettina Böttinger. Das war das Ende von Steinbrück, in meiner Wahrnehmung. Erinnerte auch an die Tränen des Ostseepfarrers über die eigene Biographie. Als Gertrud Steinbrück sagte, man müsse Peer doch bitte glauben, dass er »irgendwas bewegen« wolle, er verzichte aufs Scrabblespielen mit ihr, um dem Land zu dienen – da konnte er nicht mehr an sich halten. Und dann dieses Wegwedeln ihrer helfenden Hand und das zitternde Geschlucke! Gut, wenn man die beiden sieht, denkt man, ist doch verständlich, dass er lieber dem Land dienen möchte, als mit ihr in der Scrabblehölle zu versauern, weil ja auch nicht jeden Tag Helmut Schmidt vorbeigeraucht kommt auf 'ne Partie Staatslenkerschach. Als man diese Bilder sah, Mister Klartext weint aus Selbstrührung, da stimmte gar nix mehr, da war die Wahl für Merkel entschieden.

Dass Steinbrück vollkommen untauglich ist für Wahlkampf, sah man auch nochmal eindrucksvoll beim Oderhochwasser: Peer blieb zu Hause, weil er sagte, er will keinen Wahlkampf machen mit dem Elend der Leute. Ja, womit denn bitte sonst? Merkel stand natürlich sofort in den gefluteten Innenstädten, und ihr Outfit wirkte viel glaubwürdiger als beim etwas zu gut ausgerüsteten Gummistiefel-Gerd vor elf Jahren. Schröder schien damals vom Imageberater in die Gummistiefel reingestellt worden zu sein, da hing ja fast das Preisschild noch dran. Merkel jetzt hatte eher so Franziskus-Schuhe an, das war die Schlechtwetterausrüstung, die die Kanzlerin wirklich im Schrank hat, die auch gepflegt wird. Da mit Bedacht nicht hinzufahren, das war von Peer einmal mehr eins zu viel gedacht. Bei Hochwasser muss man als Kanzlerkandidat eigentlich schon da sein, bevor das Wasser kommt. Man muss es ahnen.

Und während unsere Spitzenpolitiker hier mit Wahlkampf beschäftigt waren, musste sich natürlich auch jemand ums Ausland kümmern – wie gut, dass wir unsere Schauspieler haben! Wieder ein Fall von missverstandenem Engagement: Jan Josef Liefers – oder wie wir, seine Fans und Freunde, ihn nennen: Jay-Jay Liefers – auf Krisengebietsbesuch in Aleppo. Gut gefallen hat mir, dass er seine Expertise anschließend in Kanzleramt und Außenministerium vortragen wollte. Endlich mal ein Experte! Wie kann jetzt der in Aleppo helfen, müsste man eigentlich vernünftigerweise fragen, aber so eine Reise löst natürlich mehrheitlich Begeisterung aus, weil man sagt, der ist nicht nur Schauspieler, der tut was. Das ist wie aus einem Wasserglas von einem Aids-Kranken trinken. Man setzt ein Zeichen. Man gibt Impulse. Machen müssen es dann die anderen, aber man war halt mal da. Das ist die deutsche Version von Brangelina oder Madonna, wobei: Die nehmen aus Krisenregionen wenigstens Kinder mit.

Ein anderer Auslandseinsatz, der für Wirbel sorgte: »Wetten, dass …?« auf Mallorca. Ich habe »Wetten, dass …?«, glaube ich, vor 20 Jahren zum letzten Mal gesehen. Aber ich habe eine schöne Wetten-dass-Geschichte: Vor vier Jahren saß ich da bei Gottschalk auf dem Sofa, um Werbung fürs »Traumschiff« zu machen, hing so müde da rum und guckte auf den Monitor, dort lief irgendeine öde Wette, wie zwei schnarchige Österreicher sich gegenseitig aufpumpen oder so ähnlich. Das war kurz nachdem mein Vater gestorben war. Und anschließend brachte die *Bild*-Zeitung ein Foto von dieser Sendung und schrieb drunter: »Hier trauert Dirty

Harry um seinen Vater.« Ich war total begeistert. Trauer lässt sich offenbar besser darstellen, wenn man sich eine Wetten-dass-Wette auf dem Monitor anguckt, als wenn man aus dem Leichenhaus rauskommt oder so. Andere hätten sich da bestimmt aufgeregt, zynisch, aus dem Zusammenhang gerissen und so – aber ich dachte mir: Eigentlich ist es toll. Nichts ist ja schlimmer als »authentisch«. Hier war alles falsch – und dadurch stimmte es.

Dann kam Obamas Berlin-Besuch. Da war für Wowi gerade schwer die Scheiße am Dampfen mit dem Flughafen, aber er kriegte schöne Dreierfotos mit Merkel und Obama. Superwetter, und endlich wurde mal wieder die Bereitschaft der Deutschen abgerufen, hysterisch zu jubeln. Also Fanmeilenfeeling. Obamas Auftritt war natürlich toll. Dieser Moment, in dem er das Jackett auszog, »We can be a little more informal among friends«, großartig. Man muss es halt können. Von unserem Staatsoberhaupt will man sowas nicht sehen, das können nur die Amis. Ich würde in dem Fall sogar sagen, sie haben es einfach im Blut.

Und dann diese Enttäuschung, dass sie uns abhören – was übrigens jetzt schon wieder keinen mehr interessiert, nach meiner Wahrnehmung. Bei den Snowden-Enthüllungen habe ich gar nicht begriffen, worum es da geht. Ich bin allerdings auch ein schlechtes Beispiel, weil ich ja rund um die Uhr überwacht bin, durch Handyfotos. Wenn ich um 7 Uhr morgens zur Reinigung »Mc Clean« gehe, zack, Foto und Kommentar von der integrierten Fachkraft, dazu von dem, der neben mir steht und von zweien, die auf mich warten, wenn ich rauskomme. Das heißt, rund um die Uhr wird festgehalten, wo ich wann, wie, was gegessen habe und gewesen bin. Mein Facebook ist sozusagen ausgegründet.

Das erledigt die deutsche Öffentlichkeit für mich, automatisch.

Das große Gespött über Merkels Formulierung, das Internet sei »für uns alle Neuland«, fand ich komplett lächerlich. Sie hat doch völlig recht, und deswegen wird sie so bombastisch gewählt. Fünf Online-Umhängetaschen-Nerds mit Hornbrille in Berlin, die den ganzen Tag im Netz hängen, sind gottlob nicht repräsentativ für das gemächliche Veränderungstempo des Landes. Es geht nicht um WLAN-Hotspots im Prenzlauer Berg – sondern um Breitband in Schwetzingen.

## Juli

Als Riesenfan der Königlichen Familie war ich natürlich hingerissen von der Geburt des Royal Babys. In solchen Momenten fühle ich mich dem Erbfeind sehr nah. Kate ist genial, die macht das grandios. Man muss ja auch erstmal den englischen Thronfolger dazu bringen, einen zu heiraten. Ich glaube, William genießt jetzt einfach eine stressfreie Familie, Kuschel-Weekends mit den Middletons, nachdem ja zu Hause viel Trouble war – Mutti im Tunnel, Papi auf dem Reiterhof und Harry in Nazi-Uniform. Ich finde die Royals toll, überhaupt würde ich sagen: England, du hast es besser. Ich habe mir auch komplett die Thatcher-Beerdigung angeguckt. Das ist eben alles Anti-Hansi. Ein Empire, das zwar momentan etwas schwächelt, aber man zweifelt nicht grundsätzlich.

Bei uns in Köln feierte man derweil den Amtsantritt von Tom Buhrow als neuer Intendant des WDR. Townhall-Tom.

Sein aktueller Hit: Er will zuhören, und er muss sparen, aber Sparen ist nicht alles. Bob Dylan und Karneval, 'ne Kölsche Jung, eine Sensation – da könnte noch Großes kommen. Ich weiß nur auf Anhieb nicht, was. Das ist ein anderer Typus Intendant, als ich es von früher her noch kenne. Menschlicher, leider. Ich habe ja noch die Wildwestzeiten erlebt, diese Haudegen-Intendanten, eher kurze Dienstwege: zum Telefonhörer gegriffen, Ansage und fertig. Einfach größer. Heutzutage ist es ja mehr so das Prinzip Piratenpartei, alle quatschen einem rein, Einbeziehung, Mitbestimmung, Frauenquote und »Ich geh mal schnell stillen«.

Wegen der Insolvenzanmeldung der Baumarktkette »Praktiker« habe ich nicht direkt geweint. Da bin ich auf einer Linie mit Meinhard Miegel, der schon vor vielen Jahren die Schließung aller Baumärkte gefordert hat. Unmittelbar einleuchtend, weil Baumärkte ja Arbeitsplätze von Handwerkern vernichten. Baumärkte lehne ich ab. Das ist was für Selbstverwirklicher, außerdem die Grundlage für Schwarzarbeit. Und bei »Praktiker« wusste man eh, dass es bergab geht, spätestens als sie Boris Becker einen Rasenmäher durch ihre Werbespots schieben ließen.

Top-Diskussionsthema des cordhosentragenden Bildungsbürgertums war natürlich Frank Castorfs Wagner-Inszenierung in Bayreuth. Der hat da irgendwie ein fickendes Krokodil auf die Bühne gebracht, was aber bejubelt wurde, weil man ja wusste, wofür man sich Castorf engagiert hatte. Das ist das Problem: Es hat sich ausprovoziert. Aber die Musik mag ich gern – und zwar, ehrlich gesagt, seit ich kapiert habe, dass die Titel-Melodie von »Spiegel TV« die Ouvertüre von »Tannhäuser« ist. Ich muss es leider sagen: Wagner erreicht mich total. Zum Glück wurde der von den Nazis nicht missbraucht, sonst könnte man den auch nicht mehr hören. Wagner ist ein tröstlicher Kosmos, um sich mit Ende 50 damit zu beschäftigen, weil: Schon ist man bei Nietzsche, schon ist man bei Thomas Mann – beruhigend, dass man auf so einen Fundus zurückgreifen kann in Zeiten, in denen Hartz IV an Migranten gezahlt wird, egal, wo sie gemeldet sind. Weltklasse auch die Formulierung im »heute journal«: »Wagners Schriften enthielten antisemitische Tendenzen.«

Und noch ein Kultur-Highlight: Götz George spielt in »George« seinen Vater Heinrich. Ich hab es gesehen und wahnsinnig gelacht. Es gibt ja nur zwei oder drei Schauspieler, die wirklich andere Figuren spielen können. Der Rest hat schon viel Glück, wenn er im Grunde immer er selbst ist. Aber dieses Glatzen- und Bärtegeklebe – das war schon sehr Stadttheater. Natürlich toll, dass er glaubte, die Zuschauer würden etwas anderes denken als: Hä, wie sieht'n uns Schimi heute aus?

Außenpolitischer Höhepunkt war natürlich Hans-Peter Friedrichs Reise nach Washington, um da mal auf den Tisch zu hauen bei den uns abhörenden Bündnispartnern. Mir gefiel sehr gut die kühle Unterscheidung der Amerikaner zwischen »Partner« und »Freund«. Minister Friedrich mag ich, der ist so schön abwaschbar. Er lässt sich alles bieten. Man weiß eigentlich gar nicht, was er so macht. Ich bin überzeugt, dass man ihn am Flughafen in der Schlange warten ließ. Gut ist immer, das weiß ich von Botschaftern, die Sucht deutscher Politiker, Englisch zu sprechen – und dann werden sie gefragt, »You want a coke?«, und verstehen das nicht. Mit Sicherheit hat Friedrich sich da eine Arroganzpackung abgeholt, die fast nicht vorstellbar ist. Aber zur Strafe hat Merkel dann ja auch die nicht gerade hochkarätig besetzte Sorry-Reisegruppe der Amis in Berlin nicht empfangen.

## August

Einführung des Betreuungsgeldes – habe ich nicht kapiert. Es wäre zwar ein Thema für mich, mit fünf Kindern, aber ich löse das in Privatinitiative. Wenn man das Kind nicht in den Kindergarten schickt, kriegt man einen Hunni? Schade, meine Kinder sind inzwischen alle in der Schule.

Eine sehr schöne Idee kam von den Grünen: der Veggie-Day. Hat mir sehr gut gefallen. Nach dem Motto: Wir stehen eh schon scheiße da, wie können wir es denn ganz ruinieren? Und: Lasst es mal Renate vermelden. Da stimmt eigentlich alles, warum Geld für Werbeagenturen verplempern? Fleisch verbieten, Steuern rauf, Sex mit Kindern – besser geht's doch nicht. Da muss ich sagen: Wer jetzt nicht grün ist, hat kein Herz.

Seit August sind die ARD-»Tagesthemen« heller, das liegt an den Zähnen des neuen »Tagesthemen«-Moderators Thomas Roth. Er war halt lange Korrespondent in Amerika, und hier passt wirklich der Spitzname »Mr. Weißes Haus«. Dieses Washington-Weiß, fast schon L.A.-Weiß seiner Zähne, das flimmert natürlich tierisch im Fernsehen.

Als ich las, Nikolaus Blome geht von *Bild* zum *Spiegel*, fragte ich mich: Warum erst jetzt? Normales Business, gebt ihr mir Blome, kriegt ihr Matussek. Mein Lieblings-Hauptstadtqualitätsjournalist aber ist Blomes Kumpel Jakob Augstein. Oder wie ich ihn nenne: der kleine Walser. Bahnbrechend war sein Buch über das Trendthema »Lust am

Gärtnern«. Ich frage mich nur: Woher kommt diese Störung mit den offenen Manschetten? Er trägt immer Doppelmanschette, aber offen. Eigentlich eine ausgestorbene Gattung, der Salonkommunist, rührend irgendwie. Also inhaltlich die volle Wagenknecht-Dröhnung, Kapitalismuskritik to go, aber mit offener Manschette, und Augstein weiß: »Einem Garten ohne Rhododendron fehlt der Halt.«

All das verblasst jedoch gegen die Top-Medienpersonalie dieses Sommers: Cherno Jobatey wird Herausgeber der deutschen »Huffington Post«. Das zeugt von einem unfassbaren Humor der Eigentümer. Ausgerechnet Cherno als Herausgeber – mit dem Lesen hat er es doch nicht so, dachte ich immer, seit er mal bei »Zimmer frei« rausgerannt ist, als sie ihm in Anspielung auf seine angebliche Dyslexie Buchstabensuppe servierten. Und jetzt halt Qualitätsjournalist, wunderbar.

Zu großer Form läuft der deutsche Qualitätsjournalismus auch auf bei den Beschreibungen der taillierten Strampelanzüge, die der neue Bayern-Trainer Pep Guardiola trägt: »im feinen Zwirn«. Aber man schrieb auch über die Rendezvous-Absteigen von Susanne Klatten und Helg Sgarbi notorisch »Münchner Nobelhotel«, dabei war es das Holiday Inn. Mit Guardiola bei den Bayern jedenfalls ist alles gekommen wie erwartet. Jeder spielt alles, Lahm auf der Doppelsechs, falscher Neuner und so. Mir gefällt gut Peps Ehrgeiz, nach zwei Tagen in München schon perfekt deutsch zu sprechen. Mit dem schönen Nebeneffekt, dass er mit folgendem Satz bei der »Bambi«-Verleihung Jupp Heynckes zum Triple gratulierte: »Lieber Jupp, du hast dir Tripper geholt.«

Nicht groß interessiert hat mich die Haftentlassung von

Gustl Mollath. Das ist zu regional für einen Showmaster aller Deutschen. Ich wusste nur, es ist das Ende der bayerischen Justizministerin Beate Merk – und am Ende irgendwie auch gut für Horst, wie alles.

Völlig überzogen fand ich die Aufregung um das sogenannte Stellwerkchaos am Mainzer Hauptbahnhof. Eine eindeutige Verbesserung für Bahnfahrer, in Mainz nicht mehr halten zu müssen. Aber der Fall schenkte uns eine feine hierarchische Unterscheidung: Der Manager unterbricht seinen Urlaub, der Angestellte wird aus dem Urlaub zurückbeordert.

Unterdessen hat, etwas vorschnell, Pofalla erklärt, der NSA-Skandal sei beendet. Bis zur Wahl halt erstmal Ruhe im Karton. Und dann sagte die Kanzlerin, »Das geht gar nicht« – und jetzt interessiert es eigentlich nur noch Julie Zeh, also: niemanden mehr.

Die gute Nachricht zum Schluss: Nach Depardieu bekam nun auch Edward Snowden Asyl in Russland. Paradies Russland: Beckenbauer, Gazprom-Gerd, Strauss-Kahn und nun auch Snowden. Also Russland – eigentlich das neue Amerika, land of the free. Putin hat einfach ein Herz für Menschen, die in Demokratien gefährdet sind.

## *September*

Kurz vor der Wahl wurde Steinbrücks Mittelfinger-Foto kontrovers diskutiert: »Kann es Peer noch schaffen? Denn jetzt ist er endlich wieder er selbst«, urteilte der Qualitätsjournalismus. Hat am Ende aber doch nicht ganz gereicht für eine absolute Mehrheit der SPD.

Toll war natürlich die Wahlparty der CDU: Tote Hosen singen mit Gröhe und Kauder. Schön beiläufiger Genickschuss für die Toten Hosen, bye-bye deutscher Protestpunk. Ein irres Fest, von der Leyen war ja kurz davor, wirklich auszuticken, die tanzte sehr ausgelassen. Wenn ich sie sehe, denke ich immer: Zu Hause sitzt Heiko mit den sieben Kindern. Heiko ist ja in dem Fall weniger ein Name als vielmehr eine Diagnose. Tja, und Merkel in all dem Trubel natürlich sehr kontrolliert; gut war, wie sie Gröhe die Deutschlandfahne weggenommen hat. Unglaublich, keine Werte mehr.

Bei der FDP war die Stimmung etwas gedrückter. Zeit, sich von ein paar Giganten zu verabschieden: Brüderle ist medial in diesem Jahr wirklich alles widerfahren – von abgehalftert über Grabscher und Gips-Klausur bis hin zu alter Fuchs, der Rösler scheitern lässt. Aber dann war's halt doch vorbei. Vielleicht schafft er es nochmal als Schlichter oder Mahner oder Urgestein oder so. Und dann natürlich: Tschö, Guido. Mir gefällt, wie er jetzt immer noch kerzengerade auf den Konferenzen performt. In der Ukraine nochmal die Tür zu Europa für Klitschko öffnen, und dann: Joggen in Bonn, endlich ohne Personenschützer, Beachvolleyball auf Malle, mit Freunden lecker Pasta kochen, endlich mal Zeit für mich und so.

Die beinahe erfolgreiche Newcomer-Partei AfD ängstigt mich überhaupt nicht. Professor Lucke hat ja nun wirklich keine Marine-Le-Pen-Qualitäten, viel zu verbrämt. Aber aus einem anderen Grund lehne ich diese Partei ab: Auf deren Wahlparty sah man gegen 22 Uhr so eine lackierte Frau mit einem Kleinkind auf dem Arm, das so mitgeschaukelt wurde. Das hat mich sehr empört. Nach 20 Uhr haben Kinder in der Politik seit 1945 nichts mehr verloren.

Sehr gern mag ich den neuen Oppositionsführer Gysi. Sehr schlau und wirklich in der Lage, alles in Grund und Boden zu quatschen. Auch wenn er nur vier Sekunden Redezeit hat, schafft er es erbarmungslos, die sieben Punkte reinzublöken, in denen sich Die Linke von den anderen Parteien unterscheidet. Und mir gefällt einfach sehr gut, dass er sich um die Demokratie in Deutschland sorgt. Ich hoffe, er wird noch Bundesminister. Er weist schon auf seine Eignung hin, wenn Leute ihm vorhalten, er habe ja nie regiert, und immer nur dagegen zu sein, ohne je Verantwortung übernommen zu haben, sei leicht: »Na, entschuldjen Se mal, ick war Wirtschaftssenator in Berlin, und det war 'ne jute Zeit.« Kurz halt. Aber: jut.

Rechtzeitig zur Buchmesse kam das neue Buch von Boris Becker. Ehrlich gesagt, da gruselt es mich ein bisschen. Boris hat eigentlich in derselben Liga wie Franz Beckenbauer gespielt. Und wenn man überlegt, was Franz alles überlebt hat – es gibt aber von Franz ganz einfach nicht solche würdelosen Fotos, aufgedunsen und Fliegenklatschen mit Handtuchturban um den Kopf gewickelt. Ich weiß nicht, wo das noch hinführen soll mit Boris, aber ich freue mich jedes Mal, wenn ich ihn sehe, weil er Vollgas gibt und mittlerweile von sich in der dritten Person spricht.

Einmal mehr bei mir tiefste Bewunderung für Ingenieurleistungen, als die »Costa Concordia« endlich wieder aufgerichtet wurde. Der Kapitän verließ das sinkende Schiff zuerst, nun wurde der abgesoffene Kahn wieder flottgemacht – da fällt einem auch Jenny Elvers ein, die »Costa Concordia« des Boulevardprekariats. Man dachte nicht, dass es geht, aber das ist noch unterhalb von Sylvie van der Vaart. Jenny muss ja neuerdings schon ärztliche Attests, in denen ihr eine Haselnussplätzchen-Allergie bescheinigt wird, bei *Bild* vorlegen, um überhaupt noch Erwähnung zu finden.

Ein weiteres Comeback: Thomas Gottschalks gemeinsame Sendung mit Günther Jauch. Ein Freundschaftsdienst. Ich weiß nicht, was das soll, wer da Geld braucht – aber Günther mit Sicherheit nicht.

Neues auch vom Kaufhausretter der Herzen, Nicolas Berggruen. Der vereint in sich das Beste von Middelhoff und Guttenberg. Jetzt zeichnet sich ab, dass er Karstadt wohl doch bloß nach bester Heuschreckenart zerlegt. Aber eine Weile lang war die Bereitschaft, sich in den Staub zu werfen, bei der Qualitätspresse wieder in der Endstufe da, Berggruen sehr gefragt als Vordenker, auch außerhalb des engen parlamentarischen Rahmens. Klar, stinkreich, sieht toll aus, lebt im Hotel und fliegt mit dem Privatjet – da ist einer der lebende Anreiz für Menschen, die um den Mindestlohn kämpfen. Und während Berggruen den internationalen Think-Tank-Player gibt, ist der andere, der vor ihm Karstadt in die Grütze geritten hat, Superhero Middelhoff, böse angezählt. Jüngst las man über den: ist in Bielefeld nicht mehr gemeldet, wohnt aber noch in der Villa. Ich sage nur: Bitte auf die Vorschriften achten, er darf keinen Rasierpinsel mehr in Bielefeld haben, wenn er steuerlich abgemeldet ist. Modell Boris Becker, Dachwohnung, ist nicht. Middelhoff hat ja im Interview gesagt, er lebe ganz bescheiden, die Jacht im Mittelmeer haben sie nur gemietet, weil die Kinder einfach gern vom Dach der Jacht ins Meer springen. Wie es mit Karstadt weitergeht, ist relativ absehbar: Heiner Geißler wird sich nochmal einen Tag lang an die Kasse setzen, um zu zeigen, dass er bei den Menschen ist, und dann ist Schluss.

## Oktober

Tebartz-van Elst und die Kostenexplosion beim Limburger Bischofssitz, das hat mich sehr amüsiert. Tolles Badezimmer. Ich habe überlegt, ob die Bezeichnung »Europas profiliertester Scheißhausdesigner« für Philippe Starck justiziabel ist. Tebartz-van Elst finde ich fantastisch, der hat überhaupt nicht begriffen, was das Medienzeitalter geschlagen hat. Er lebt völlig in seiner Welt, und die stimmt. Auch der Versuch, mit Ryanair zu fliehen, war natürlich großartig. Das war ja exakt der Übergang vom alten zum neuen Papst: First-Class-Flug in die Slums nach Indien, das war noch Benedikt-Style, vor allem die Begründung, »die Kinder hätten nichts davon, wenn ich müde ankomme«. Das hat der wirklich als Begründung genannt. Und genau sowas erwarte ich von meiner Kirche! Man stelle sich nur vor: »Bischof pennte im Slum weg« – sofort hat man negative Presse. Und nun aber, Franziskus-Style, geläutert-demütig Ryanair fliegen. Ryanair ist für mich ein Grund, aus der Kirche auszutreten. Wenn das nochmal passiert, dass ich einen Würdenträger mit Ryanair fliegen sehe, bin ich weg. Beim Umgang mit Tebartz-van Elst zeigen sich die Möglichkeiten der Katholischen Kirche: keine Spur von Rücktritt, sondern mal ins Kloster, chillen. Die Baustelle in Limburg verwaltet derweil irgendein Dobrindt. Und eines Tages heißt es: Er ist wieder da. Ich bin mir absolut sicher, dass Franziskus gar nicht wusste, wer das überhaupt ist.

Der nächste Hammer: Merkels Handy abgehört. Als man auf allen Titelblättern die Wärmekamerafotos von der Dachetage der Amerikanischen Botschaft sah, dachte ich zuerst, das sei die Prostata von Bosbach. Aber nein, Abhörgeräte auf dem Dach der Amis. Held dieser ganzen Saga war natürlich Ranga Yogeshwar. Gibt es irgendetwas auf dieser Welt, das Ranga Yogeshwar nicht erklären kann? Seinen Erfolg vermutlich. Aber er wird hymnisch verehrt. Es gibt einen Mann, der hektische Flecken und Schweißausbrüche kriegt, wenn der Name Ranga Yogeshwar fällt, das ist Eckart von Hirschhausen. Selbes Genre, nämlich: Naturwissenschaften mit Stofftier im Arm runterbrechen auf Vorabend-Verständlichkeit. Momentan ist Yogeshwar da absolut führend. Er hat ja kürzlich diese Selbsthinrichtung in der *FAZ* veröffentlicht, einen Selbstversuch in Sachen Handy-Datenabschöpfung. Ich verstehe gar nicht, wovor da gewarnt und was aufgeklärt werden soll. Aber auch Frankie Schirrmacher hat es weit im Voraus kommen sehen und hat im Bedarfsfall auch immer einen 17-jährigen Ukrainer zur Hand, der von Harvard aus genau vorausberechnen kann, wohin das alles führt. Für mich hat dieses ganze Datensammeln nur Vorteile, denn wenn ich ein Hotel in Paris suche, fragt mich der Computer erstmal: »Wie war's in Venedig?« Ich selbst hatte meinen Venedig-Urlaub natürlich längst vergessen, aber danke der Nachfrage, schön war's. Ist doch großartig, endlich interessiert sich mal einer! Heißt: Du bist nicht nur Kunde, den sie abkassieren, sondern man nimmt an dir teil. Also Nachhaltigkeit und Empathie. Ich bin Fan der Algorithmen. Die Hotels, die der Computer mir vorschlägt, sind immer Volltreffer.

Sehr unterhaltsam fand ich auch die Sondierungsgespräche. Wem die Machtgeilheit aus allen Poren tropft: Oppermann und Nahles. Und natürlich Manuela Schwesig, die übrigens viel zu kurze Röcke hat für solche Kniescheiben, ist mir aufgefallen. Weil ja immer von der Schönheit der Manuela Schwesig gesprochen wird im

Qualitätsjournalismus, möchte ich mich hier als selbsternannter Fashionberater mahnend einmischen: Die Frisur ist jetzt schon sehr Hauptstadt, aber Vorsicht mit den Knien. Mindestlohn auch für Rocklänge. Mindestlänge. Ansonsten frage ich mich wirklich rein kräftetechnisch: Wie schaffen die das, diese stundenlangen nächtlichen Besprechungen? Sie treffen sich ja extra abends, weil sie um 6 Uhr früh raustorkeln wollen, übernächtigt, Dienst am Vaterland. Das ist auch wichtig für die Qualitätshauptstadtjournalisten, dass sie da mit Wintermänteln in der Nacht rumstehen können, um mit Atemwölkchen zu verkünden, dass es noch nichts Neues gibt. Diese nächtlichen Atemwölkchen aus den Reportermündern suggerieren Kompetenz und CNN, wenn nicht gar Watergate. Kurz vor der Schalte zu den »Tagesthemen« wird mit dem Smartphone nochmal schnell *Spiegel Online* gecheckt und dann halt nachgeplappert. Da ist die Demokratieabgabe einmal mehr gut investiert.

Erleichterung bei uns Fußballfans: Joachim Löw hat seinen Vertrag als Bundestrainer verlängert. Einer der großen Sätze 2013 stammt von ihm: »London ist sicherlich faszinierend, aber auch nervig.« Jogi finde ich prima. Jetzt muss er halt die Weltmeisterschaft gewinnen, sonst war's das und bleibt in Erinnerung als »Nivea men«-Ära: toll gespielt, super ausgesehen, aber zu weich, wenn's drauf ankommt. Die Klamotten, die Jogi und Hansi Flick tragen, gelten ja als das Nonplusultra der Männermode. Wenn nicht gar der Frauenmode. Dutzende von Kleinkriminellen und Frühstücksfernsehmoderatoren binden sich jetzt den Schal wie Jogi, stellt man fest. Also nicht mehr wie wir früher, schön die Bronchien bedeckt, sondern man zieht ihn so einmal lässig durch. Wer den Schal so bindet, da weiß ich, was los ist.

Ströbeles Besuch bei Edward Snowden in Moskau schließlich zeigte nochmal die ganze Klasse Ströbeles. Die Grünen total abgemeldet, und er legt so ein Solo hin. Und was das Branding angeht, spielt Ströbele wirklich in einer Liga mit Coca-Cola: das Fahrrad, das blaue T-Shirt unterm gestreiften Hemd, der rote Schal, absolut zuverlässig. Er und Snowden, das sah auf den Fotos auch bisschen so aus wie eine Sitzung bei der ARD in Saarbrücken. »Wir müsse an die junge Leud ran, wir ham da jetzt so'n jungen verrückten Tybbn, mit Internet und so. Wir müsse weg von dene alte Denkmodelle. Kennt einer von euch ›Breaking Bad‹? Subba.«

## November

Der Koalitionsvertrag ist unterschrieben, und wenn jetzt noch die SPD-Basis ihr Okay gibt, kann's also losgehen. Humormäßig müssen wir uns da warm anziehen, sieht man jetzt bei ersten gemeinsamen Auftritten von Gröhe, Nahles und Alexander »Ich hab mal die Zahnbürschte mitgebracht, falls es spät wird« Dobrindt: Schlagfertigkeits-Battle, komplett ohne Pointen. Erinnert stark an »Neues aus der Anstalt«. Naja, Merkel zieht weiter durch wie gehabt – ihr doch egal, mit wem.

Die Nazi-Raubkunst-Sammlung von Cornelius Gurlitt im Schwabinger Mehrfamilienhaus ist jetzt schon ein Klassiker, Nico Hofmann schreibt sicher schon am entsprechenden Mehrteiler-Movie, »Unsere Bilder, unsere Väter«. Deutsche Schuld im Rollkoffer. Gefällt mir sehr gut, weil komplett aus der Zeit gefallen. Die perfekte Derrick-Wohnung, auch wie ein RAF-Versteck, man nimmt die Bude und den darin wohnenden Opi gar nicht wahr, Anonymität der Großstadt, und dann: »Ach, echt, da, ja?« Unter deutschen Dächern! Und er nimmt an der Gegenwart sozusagen gar nicht teil, war 1967 zuletzt im Kino, reserviert seine Hotels noch per Brief und hat aufgehört fernzusehen, als das ZDF gegründet wurde. Beneidenswerte Existenz! Großartig natürlich auch dieses deutsche Schaudern, Nazischatz, Nazigold, Bernsteinzimmer – da werden Fantasien frei. Und der Jurist sagt ganz kühl, ein Großteil der Fälle ist bereits verjährt. Moralisch kann man das sicherlich zweifelhaft finden, aber juristisch sieht's anders aus.

Brennpunkt Hannover, der Wulff-Prozess. Jenseits des Protokolls wird es jetzt ein bisschen kleinteilig. Der seriöse Filmfinancier Groenewold, rechtzeitig zum Prozessauftakt natürlich auch mit der schwarzen Ernsthaftigkeitshornbrille, der Guido-Brille, Dobrindt-Brille, Steinmeier-Brille, Jörges-Brille. Ich fand diesen Personenschützer toll, der als Zeuge befragt wurde. Für mich der Satz des Jahres eigentlich, als ihn der Richter fragte, ob er mit Wulff auf Sylt in einem Restaurant am Strand war, da sprach der Personenschützer: »Strand ist relativ.« Später dann: »Zeit ist relativ und spielt keine Rolle.« Da wird es eng für Richard David Precht.

Eine Nummer größer: Berlusconi, Verurteilung, Mandatsentzug. Große Figur natürlich, vor allem halt optisch zuverlässig. Und wenn schon Korruption, dann richtig. Für mich gilt ewiglich ein Satz des legendären ARD-Programmdirektors Dr. Günter Struve: »Selbstverständlich erwarte ich von Ihnen, dass Sie korrupt sind, aber bitte nicht unter zehn Millionen.« Das ist eine tolle Regel. Zehn Millionen sind auch schon zu wenig, aber in gar keinem Fall für eine Hoteleinladung oder ein Upgrade bei LTU oder glutenfreie

Radieschen für Kommissarin Lindholm und Trinkgeld für die Babysitterin. Berlusconi hätte die Babysitterin nicht nur bar bezahlt, er hätte sie direkt geheiratet und ihr 'ne Show im italienischen Fernsehen gegeben. Oder zumindest einen Ministerposten.

Gute Nachrichten vom sogenannten Frankfurter Börsenparkett, der DAX erstmals über 9000 Punkte. Ein Traum. Das ist unfassbar. Und hier ist Sahra Wagenknecht übrigens völlig im Einklang mit der Londoner City: Krise heißt, die Börse taumelt von einem Rekordwert zum nächsten. Ich schließe mich Boris Johnson an, dem Londoner Bürgermeister, der sagt, »Je mehr man schüttelt, desto mehr kommen bei den Cornflakes die von unten nach oben«. Als Aktionär sagt man sich: Wenn das die Krise ist, bitte mehr davon. Es ist unglaublich, wie viel allein die Deutsche Post in diesem Jahr zugelegt hat. Fonds verachte ich natürlich, mir geht es da wie Hoeneß, ich brauche den Thrill. Einzelwerte, und zwar hochemotional, sonst macht es ja keinen Spaß. Unsympathischer Vorstandsvorsitzender – verkaufen. Blöder Aufsichtsrat – weg damit. Momentan meine Lieblingsfirma ist eigentlich Continental, Autoreifen. Und natürlich Sky, wirklich wahr: 80 Prozent in diesem Jahr! Pro7 sogar 320 Prozent in den letzten vier Jahren. Als Anteilseigner bin ich selbstverständlich happy, wenn ich Stefan Raab irgendwie von brennenden Obstkisten springen sehe – solche Mitarbeiter wünscht man sich. Die Frage ist natürlich: Wann kracht's nach unten? Da habe ich neulich einen wunderbaren Satz gelesen: »DAX droht Absturz auf 8000.« Er war vor fünf Jahren auf 2000. Ich bin auch schon bei vielen Abstürzen mit dabei gewesen, aber momentan ist es einfach herrlich. Doch nur 8 Prozent der Deutschen besitzen überhaupt Aktien, das ist das Telekom-Trauma, die kaufen lieber Gold. Und natürlich Immobilien. Mir gefällt der Nebeneffekt, dass die Deutschen jetzt auch panisch Wohnungen fürs Doppelte des eigentlichen Wertes kaufen, denn »verglichen mit London ist Berlin Neukölln immer noch unterbewertet«. Also: Niedrigzins, praktisch kein Eigenkapital – rein ins Penthouse! Damit sind auch auf 20 Jahre Reality-TV-Sendungen mit Schuldnerberatern und Gerichtsvollziehern gesichert.

Die andere Boombranche für Anleger ist natürlich der Kunstmarkt. Wieder ein Auktionsrekord, »Three Studies of Lucian Freud« von Francis Bacon: 142,4 Millionen Dollar. Interessiert mich aber null, viel zu inhaltlich als Anlageform. Und spätestens, seit auch Michael Ballack auf der Art Basel gesehen wird und Schumi mit dem Privatjet losfliegt, um Acrylbilder zu shoppen, ist Kunstsammeln eigentlich das neue Golfspielen. Als Nächstes kaufen dann Boris Becker und Lothar Matthäus die Gurlitt-Sammlung auf.

## Dezember

Der Streit zwischen Sigmar Gabriel und Marietta Slomka war Pay-TV at it's best. Der adrenalingeschwängerte Gabriel kam gerade aus so einem Ortsverein-Hype, und dann steht Slomka da und macht einen auf kritisch. Bin sicher, die Redaktionsassistentin sagte ihr hinterher: »Marietta, super! Den hast du gegrillt, hast nicht lockergelassen, irre. Fast so gut wie Claus damals mit Ahmadinedschad, der hat dem ja auch ziemlich eingeheizt.« Tja, wenn unsere öffentlich-rechtlichen Vollblutjournalisten mit den Großen dieser Welt zusammenkommen, wird's plötzlich bisschen eng beim nächsten »Bambi«. Ich finde, der Satz »Frau Slomka, lassen Sie uns den Quatsch beenden« sollte prinzipiell in jedem ihrer Interviews angewendet werden, sie ist eine absolute Journalistendarstellerin und spielt immer Ironie. Und die Beschwerde-SMS von Seehofer an den ZDF-Intendanten hinterher war nur folgerichtig. Schließlich sorgt die Politik dafür, dass ARD und ZDF mit Gebühren versorgt werden, ist praktisch Miteigentümer. Und Seehofer ist einer, der sich kümmert, dem das nicht egal ist, was seine Mitarbeiter machen – kein kalter Zyniker der Macht.

Mit Begeisterung verfolge ich den Mitgliederentscheid der SPD. Das ist eine Welt, die ich unglaublich mag. Bei den Fernsehberichten aus diesen Basis-Pilsstuben denkt man ja automatisch, es handele sich um eine Schalte in die 70er Jahre, was es im Grunde auch ist. Aber Deutschland hat 80 Millionen Einwohner, und davon wohnen nur vier Millionen in Großstädten, wo so Umhängetaschen-Hornbrillen permanent mit Smartphone die Riesenprobleme diskutieren. Der ganze große Rest ist: Kartoffelsalat aus der Tupperdose, Lederjacke aus dem Outlet, Kölnisch Wasser hinterm Ohr und Schluss. Diese Ortsvereinswelt bildet die deutsche Realität mit Sicherheit besser ab als Sascha Lobo. Das Thema Homo-Ehe wird hier noch umrissen mit den Worten: »Die beiden Detlefs bei mir jegenüber büjeln ooch mit der flachen Hand. Isch persönlich hab nix gegen die.« Fabelhaft. Die SPD-Mitglieder werden natürlich für die große Koalition stimmen, zwar nicht ohne die berühmten »inhaltlichen Bauchschmerzen«, aber dann eben doch, weil die Anführer auch in diesem Milieu so ein bisschen Mediensprech draufhaben: »Et jeet hier nich um de Partei, sondern um Deutschland.« Oder schön lebensnah:

»Der Supermarktkassiererin is et nich ejal, wat wir hier ent-
scheiden.« Oder auch historisch firm: »Es wird nich wieder
passieren, wat damals bei Hindenburch schiefjelaufen is.«
Und vor allem natürlich: Dachdeckerland Deutschland,
Rente mit 42, wir alle sind Gebäudereiniger. Ich mag diese
Welt wahnsinnig gern, denn so geht's doch auch. Statt sich
voll dem Globalisierungsstress hinzugeben, einfach in die
Kneipe latschen, erstmal ordentlich abhusten und sagen:
»Die da oben machen sich doch eh die Taschen voll. Wie hat
der FC jespielt – machste mir noch 'n Schnaps?« Das reicht
doch. Ich finde das superentspannend. Man sollte es künftig so machen: Der Ortsverein entscheidet alles, und danach
werden aus Spaß noch Wahlen abgehalten. Großartig. Es
lebe der Ortsverein!

Vielleicht müsste man jetzt, in TV-Jahresrückblicken
zumindest liefe das so, noch einen Peter-Scholl-Latour-
Block einschieben, also alle sogenannten Krisenherde, alle
Tyrannen und Naturkatastrophen im spektakulär ver-
nuschelten Schnelldurchlauf: Lampedusa, Gezi-Park, Philip-
pinen, Muslimbrüder, Nordkorea, Boston-Bomber, Kaukasus,
Assad, Sunniten und Schiiten, nicht wahr?, Mali, Kongo und
so weiter. Aber ich finde, das kann nur er.

Dann käme noch ein integrativer Kinderchor, der »My
way« singt, dazu Schwarz-Weiß-Bilder aller Toten des Jahres und so Emo-Blindtext: mit Sicherheit der Letzte seiner
Art, wird uns fehlen, im Herzen ein Patriot, ich war immer
Fan, man war aber nicht überrascht, weil man ja wusste, dass
er krank ist. Oder man sagt halt: Endlich. Oder: Warum erst
jetzt? Aber das würde sofort wieder missverstanden und als
zu ranschmeißerisch gewertet.

So, mehr war nicht, oder? War ein tolles Jahr, 2013, wirklich alles dabei. Als kleiner Late-Night-Arbeiter im Weinberg des Herrn Murdoch bin ich ja darauf angewiesen, dass ordentlich was los ist, die Gegenwart muss – wie wir im Ortsverein sagen – liefern, sonst bin ich abends aufgeschmissen. Die zahllosen Gewinner und Verlierer, all diese Schlagzeilen-Giganten, die sich 2013 wirklich verausgabt haben, um den Hysterie-Pegel konstant hochzuhalten, sind ja für mich nichts anderes als: Mitarbeiter. Also, die Materiallage 2013 war bombig. Mein persönliches Highlight war ganz klar der Papstrücktritt, nicht zu toppen, demzufolge auch Liebling des Jahres: Ratzinger, eindeutig. Der ist eigentlich jahrtausendetauglich. Und ich stelle mir das Leben, das er jetzt führt, sensationell vor: Pascal und Augustinus lesen, Mozart und Bach hören und »Don Camillo und Peppone«-DVDs gucken in dieser sagenhaften Immobilie, die man extra für ihn renoviert hat. Spazieren gehen und schweigen. Er wird bekocht von vier Nonnen. Exakt so möchte ich dermaleinst leben, wenn ich mich aus dem Tagesgeschäft zurückziehe.

# VORRUF AUF WALTER KEMPOWSKI

Auf dem schwarzen Flügel liegen Choral-Noten: »Herz-
liebster Jesu, was hast du verbrochen / Dass man ein solch
hart Urteil hat gesprochen? / Was ist die Schuld, in was für
Missetaten / Bist du geraten?«

Hildegard Kempowski steht neben dem Flügel an der
lang gestreckten Fensterfront des Saals, der für Seminare
und Lesungen ans Wohnhaus in Nartum, Niedersachsen,
angebaut wurde. »Walter hat gesagt, Sie kommen bestimmt,
um dann beizeiten einen hübschen Nekrolog zu verfassen«,
sagt sie und guckt hinaus auf die Felder. Sie erzählt von der
Krebserkrankung ihres Mannes, dass er inzwischen weit-
gehend künstlich ernährt wird; dass er an fester Nahrung nur
noch Apfelmus und Melonen zu sich nehmen kann. Und
die Melonen hätten aber bitte reif zu sein, allerdings auch
nicht zu reif. Sie lacht. In Kempowskis Tagebüchern ist öfter
zu lesen, dass andere Menschen häufig fragten, wie sie es
überhaupt aushalte an der Seite eines solchen Egozentrikers.
Hildegard Kempowski hat es gut ausgehalten. Ohne sie,
auch darüber geben die Tagebücher Auskunft, hätte er sein
umfangreiches und in jeder Hinsicht beeindruckendes Werk
nicht in die Welt stellen können. Einer der Lieblingssätze

Kempowskis ist dieser: »Kempowski gilt als schwierig« – nur echt mit Schulterzucken und unschuldigem, extra dämlich-durchsichtigem Blick.

Momentan schlafe er, sagt sie, sie gehe dann mal nach oben, ihn zu wecken.

Aber er schläft gar nicht, und oben ist er auch nicht, er sitzt nur ein paar Meter weiter, im an den Saal angrenzenden Turm, in sich versunken – vielleicht, wahrscheinlich sogar, hat er uns belauscht. Jetzt kommt er angeschlurft, trägt einen Rucksack in der rechten Hand, aus dem ragt ein Schlauch, dessen Ende unters Hemd führt, so ernährt er sich. Listig, vergnügt, skeptisch – so hat er immer geguckt, so wird er immer gucken. »Na, mein Herr? Sie sehen aber gut aus, machen Sie Sport?« Nein, niemals. Das, sagt Kempowski, das sei auch gut so.

Und weil man bei ihm bitte immer direkt sein soll, sagt man es eben: Sein gesamtes Werk ist durchwoben von der brutalen, dabei niemals hämischen Variation über das Päckchen, das ein jeder zu tragen hat, welche Schuld, welches Schicksal einer mit sich auch herumträgt, in welche Missetaten er geraten ist – Kempowski war immer der Rucksack-Experte, den vor allem interessierte, wie dieser jeweils geschultert wurde. Es ist so tragisch wie komisch (und wenn einer für diese Art Komik einen Sinn hat, dann doch: Kempowski!) – nun trägt also dieser spätestens durch sein Mammut-Collage-Werk »Das Echolot« zum Paradeschulterer des Landes Gewordene seinen Defekt, der gleichzeitig seine Rettung ist, so prosaisch mit sich herum, in diesem Nylon-Rucksack.

Ohne seine Haftzeit in Bautzen von 1948 bis 1956, das hat er immer wieder gesagt, hätte er all seine Bücher weder schreiben müssen noch können. Und er findet diese Banaldeutung auch gar nicht albern; es ist ja ein Missverständnis, dass man mit ihm nicht reden kann, dass man bei ihm vorsichtig sein muss, nein, mit Kempowski konnte und kann jedermann jederzeit reden, außerhalb der bitte zu beachtenden Mittagsruhe. »Ja, Päckchen tragen, stimmt, das ist gut. Man muss dankbar sein. Leicht gesagt, aber das ist eben meine Erfahrung: Je monströser das Leid, das man zu tragen hat, desto leichter ist es vielleicht. Wenn einem die Frau wegläuft, ist das im Grunde kein Problem. Aber dass man die großen schrecklichen Einbrüche im Leben umdrehen kann – darum geht es.«

In der Vorbemerkung zum »Echolot« beschreibt Kempowski ein Erlebnis, das als Urknall seines Gesamtwerks erscheint: Ein »eigenartiges Summen« vernahm er beim Hofgang in Bautzen, und der nach der Geräuschquelle gefragte Wärter erklärte dem Häftling Kempowski, »das sind Ihre Kameraden in den Zellen, die erzählen sich was«. Jede drittklassige Demonstration in Deutschland richtet sich »gegen das Vergessen«, wirklich ernst gemacht mit diesem Leitspruch hat aber hierzulande niemand so wie Walter Kempowski, beeindruckt, ja traumatisiert davon, dass in Bautzen damals dieser »babylonische Chorus ausgesendet wurde, ohne dass ihn jemand wahrgenommen oder gar entschlüsselt hätte«. Und so ist seine »Chronik des deutschen Bürgertums« mit all ihren Seitenarmen eine Art Fangnetz, ein Abflusssieb des 20. Jahrhunderts. All denen, die er zitierte und montierte, gab er mit seinem Werk eine Stimme, und begonnen hat er damit in Bautzen, wo er tatsächlich eine Weile den Posten des Häftlingschorleiters innehatte. Seine Bücher lenken den Blick auf jeden erdenklichen, so bezeichneten

NEBENKRIEGSSCHAUPLATZ. »Faction« nannte er es und trieb ein Verfahren auf die Spitze, dessen sich auch Thomas Mann, Karl Kraus, Georg Büchner und natürlich Goethe schon bedient hatten, aber da Dummheit hierzulande keinen direkten Straftatbestand darstellt, kamen natürlich auch gegen Kempowski immer mal wieder Plagiatsvorwürfe auf. Oder er wurde gefragt, wann er denn endlich mal wieder WAS EIGENES schreiben werde.

Wir nehmen Platz im Teepavillon, draußen scharren die Hühner im Dreck beziehungsweise Futter. Auch wieder sehr Kempowski-literarisch, diese Verfahrensweise. Teegeplauder: eine schöne, dicke Osterhenne da draußen. Kempowski nickt, schüttelt dann angewidert den Kopf: »Neulich war eine furchtbar dumme Studentin hier, die fragte doch im Ernst, ob das alles Hähne seien. Das ist doch nicht zu fassen! ›Laufen die nicht weg?‹, fragte sie noch, darauf ich: ›Wo sollen die denn hinlaufen?‹ ›Na, in den Wald.‹ ›Nein, mein Fräulein, im Wald wartet der Fuchs.‹ Na ja, die jungen Menschen, die sind heutzutage völlig denaturalisiert, oder wie das heißt.« Zwischen Messingstövchen und Lesebrille liegt ein Notizbuch auf dem Tisch, Kempowskis Tagebuch. »Gucken Sie ruhig rein!« Veröffentlicht hat er bislang seine Aufzeichnungen der Jahre 1983 (»Sirius«), 1989 (»Alkor«) und 1990 (»Hamit«), als Nächstes folgen die von 1991 (»Somnia«). Kempowskis Werk wird – aus zwar erklärbaren, dadurch aber nicht weniger unsinnigen Gründen – häufig für vergangenheitsbesessen, gegenwartsabgewandt und anstrengend gehalten (eben: »gilt als schwierig«); doch tun dies Leute, die ernsthaft behaupten, gern, oft und mit Genuss etwa Christa Wolf und Günter Grass zu lesen, und auf Nachfrage zugeben, keine einzige Zeile Kempowski je gelesen zu haben. Andernfalls wüssten sie ja auch, dass seine Bücher zum Amüsantesten, Anrührendsten und Bedeutendsten gehören, was in Deutschland nach dem Zweiten Weltkrieg geschrieben wurde. Im Besonderen gilt dies für seine Tagebücher, die sein übriges Werk so glänzend unterfüttern und verbinden, in denen er sich erklärt, verklärt, stilisiert und infrage stellt, so intim wie distanziert, so ironisch wie ernst. Der Editionssicherheitsabstand zum Entstehungsjahr hat dem erhellenden Lesevergnügen nie geschadet, im Gegenteil. Und da nun also *in actu* reingucken? »Ich habe so wenig Zeit, dass ich, wenn ich pinkele, mir dabei die Zähne putze‹ – sowas würden die meisten doch nie in ihr veröffentlichtes Tagebuch hineinschreiben, weil sie sich damit einen Zacken aus der Krone brächen. Aber das gehört doch zum Leben dazu. Goethe hat das auch gewusst, dass man ab und zu mal furzen muss. Der hat das nicht verschwiegen.« Er guckt auffordernd, ist ja auch sehr schnell beleidigt, das ist bekannt. Also, Buch auf, und da steht heute: »Früh auf, wg. Tröpfelmann«. Er guckt spöttisch: »Und nachher schreibe ich dann: ›Heute war Herr v. Stuckrad-Barre da und machte einen sehr ordentlichen Eindruck.‹« Jetzt will er mich quälen, bitteschön, warum nicht, wenn das einer darf, dann doch wohl er: »Was steht denn da heute?« »Nun ja – vom Tröpfelmann, heute Morgen.« Er zeigt unerschrocken auf den unterm Hemd verschwindenden Schlauch: »Ich habe hier oben ein Loch, da kommt eine Nadel rein, und dann tröpfelt das. Man muss oft pinkeln davon. Dann kommt frühmorgens ein Herr Schulze vom Diakoniewerk und hilft mir bei den diversen Verrichtungen. Der kam neulich eine Stunde zu spät, das habe ich stark gerügt. Ich sagte: ›Ich habe ja auch zu tun. Ich bin ja kein Faulsack.‹« Nein, faul war er wirklich nie.

Penibel und stolz hat er immer mitgezählt, wie viele Druck-seiten er nun schon zur Welt gebracht hat, Menschen, die in den Urlaub fahren, sind ihm suspekt, legendär seine Laisser-faire-Skepsis: »In einer Bar war ich noch nie.«

An seinem »Echolot« hat er 25 Jahre gearbeitet, und in den Tagebüchern formuliert er immer wieder die Sorge, vor Fertigstellung von der Erde abberufen zu werden, seine letzten Romane trugen mit »Letzte Grüße« und »Alles umsonst« schon Kempowski-typisch lakonisch winkende Abschiedstitel, der große Bogen war ihm immer wichtig. Und nun – »reicht es auch, jetzt ist Schluss«, sagt er, aber das hat er oft, seit Jahrzehnten schon gesagt, gerade so, als wollte er dem hinter irgendeiner Ecke eines jeden Menschenlebens ja lauernden Tod schon mal von Weitem zurufen: Ich sehe dich, komm ruhig raus, erschrecken kannst du mich nicht.

Nun ist das Ende nah, die Ärzte gaben ihm im ver-gangenen Herbst mit der Krebsdiagnose eine Prognose von »noch drei Monaten«. So gesehen befindet Kempowski sich längst im Bonusbereich. »Eine Chemotherapie in meinem Alter, das ist doch albern, was soll man denn das Leben so künstlich verlängern? Ich wäre gern noch 80 geworden, schon wegen der thomas-mannschen runden Lebenszahl. Der hat sich dazu Gedanken gemacht, als er 75 wurde: ›Aha, ich werde über 80, das ziemt mir‹, so ungefähr. Ja, 80 wäre ich schon gerne geworden, aber nun werde ich wohl«, er klopft grinsend dreimal mit dem Gehstock auf den Boden, »immerhin noch 78, da kommt die ›8‹ ja wenigstens drin vor.«

Hildegard Kempowski guckt zur Tür herein, wie es und ob es noch gehe. Es geht: »Jetzt reden wir gleich über die Beerdigung, Hildegard!«, verscheucht er seine Frau. Man möchte ihn küssen, so albernegozentrischliebenswert, wie er ist. Und tut es natürlich nicht, dafür sind wir beide zu norddeutsch. »Das Schlimmste ist, wenn Menschen, von denen man das gar nicht geglaubt hätte, jetzt in meiner Gegenwart plötzlich fromm werden. Da gibt es so einen rechtslastigen Lyriker, der nicht mal Mettwurst von Leberwurst unterscheiden kann, und der sagte neulich am Telefon: ›Ich bete für dich.‹ Da dachte ich, ich werd nicht mehr! Was bedeutet denn ›beten‹? Was es da alles für verschiedene Arten gibt, die Laudatio, die Adoratio und so weiter. Da kann man doch nicht einfach sagen: ›Ich bete für dich.‹ Ja, was denn nun? Was betet er denn? Ich sterbe doch gerne. Ich freue mich doch darauf.«

Diese letzten beiden Sätze hat er schon mal gesagt, das merkt man, er kennt ihre Wirkung, freut sich am Platzen der Bombe und heimst für ein besonders gelungenes Bonmot auch einfach gern mehrmals Applaus ein, wie etwa für das folgende, bei unseren zwei letzten Treffen dreimal (und einmal noch am Telefon) untergebrachte: »Neulich war ein Pastor hier. Ich fragte: ›Ist das eigentlich frivol, wenn ich sage: Ich freue mich darauf?‹ ›Nein‹, sagte er, ›das ist nicht frivol.‹ Aber weiter hat er nichts dazu gesagt. Gut, nicht?« Er freut sich über Unbeholfenheiten, Unzulänglichkeiten und Fehler, er sucht, notiert und betont sie.

Abends liest er jetzt manchmal in der Bibel (»So ein herrliches, großes Epos ist das. Wie das schon anfängt, Herrgott nochmal! Wer mag das geschrieben haben? Ein Unbekannter, ein Aramäer. Aber Kirche? Ich bitte Sie«). Kirchenmitglied ist Kempowski nicht mehr, »leider nicht. Das ist für die Beerdigung ein Problem, aber ich habe eine nette Pastorin aus Frankfurt am Main, die will das machen. Eine gewisse Form muss es schon haben.« Gern, sagt er, würde er hier auf seinem Grundstück begraben werden. Besonders gern wahrscheinlich, weil er weiß, dass das NICHT GEHT, so würde er es in Anführungsstriche setzen, weil er eigentlich ein Punk ist, umso mehr, da er sich am liebsten als Spießer verkleidet. Er hat Spaß an Verboten, an Regeln und Bürokratie – man kann so schön dagegen anschimpfen. Sowieso sein Schönstes: Er schimpft auf die gestern gehörte Johannespassion (»Mit 80 Sängern und Trompeten, so ein Alarm, furchtbar!«), auf seinen Bruder (»Im Grunde kann ich ihn nicht ausstehen«), die gegenwärtige RAF-Hysterie (»Ich neige zu ›Schwamm drüber‹«) und natürlich immer schon gern auf Günter Grass (»Na ja, er wird jetzt 80. Da ist man schon ein bisschen gaga.«). Er testet Provokationsballons, legt den Kopf schief. Wer darauf reinfällt – selbst Schuld. Ein Hustenanfall, ein Schluck Tee, und weiter geht's. Noch. »Natürlich wird die Sache mit jedem Monat kritischer. Jetzt habe ich dauernd so tolle Fieberschübe mit 40 Grad Fieber. Zwei Tage geht das, und dann weiß ich gar nicht, wer ich bin. Aber ich will nicht klagen.«

Natürlich arbeitet er, solang es geht. Die Tagebücher, auch ein weiterer Roman (»›Kleine Liebe zu Trompeten‹ wird der heißen, hübscher Titel, nicht? Ich diktiere jeden Tag ein paar Seiten, mal sehen, ob es noch mehr als ein Fragment wird«); gerade überarbeitet hat er außerdem einen Gedichtzyklus über seine Haftzeit in Bautzen, 80 Poeme. »2003 habe ich damit angefangen. Plötzlich meldete sich die Einzelhaft in Bautzen. Ich hatte meine ganze Haftzeit im ›Block‹ so ein bisschen grotesk beschrieben, fast ein bisschen lächerlich. Da wurde mir klar, dass das so nicht stehen bleiben kann, und dann habe ich, ohne dass ich es eigentlich wollte, Gedichte darüber gemacht, die sich nicht reimen, die nur so, ganz ernst, die Institution darstellen.« Sie sollen posthum erscheinen, er hat seinen Verlag aber gebeten, jetzt schon mal drei Exemplare des Gedichtbandes zu drucken, »damit ich ihn noch zu sehen kriege.« Nachruhm hin oder her – er will sich das Wehklagen und die Anerkennung schon noch möglichst realistisch ausmalen und sie, so gut es geht, steuern. Als ihm Ende letzten Jahres immerhin das Bundesverdienstkreuz (»Das große, mit Stern! Die großen Literaturpreise habe ich ja alle nicht bekommen«) verliehen wurde, wusste er schon von seiner Erkrankung. Viele andere wurden im Rahmen dieser Sammelehrung ebenfalls ausgezeichnet, aber als er aufgerufen wurde, erhoben sich alle Anwesenden, und das hat ihn sehr gefreut: »Bei den anderen sind sie nicht aufgestanden. ›Du bist ein guter Kerl‹, das bedeutet das doch, nicht? ›Du hast was Tolles gemacht‹. Aus, Schluss.«

Die Tagebücher will er »im Krankenhaus dann« weiterkorrigieren und zur Veröffentlichung vorbereiten. Einschüchtern lässt er sich von der Krankheit nicht: »Vorgestern waren hier 70 Leute zu einer Lesung. An dem Tag hatte ich aber 41,2 Grad Fieber. Da führten mich meine süße Tochter und meine Frau runter, vor die Gesellschaft. Die waren natürlich vollkommen verblüfft. Und da habe ich gefragt: ›Ist hier ein Pastor?‹ Da stand einer auf: ›Ja, ich!‹ Ich sagte: ›Lesen Sie bitte den ersten Teil, und den zweiten liest meine Frau.‹«

Es ist lustig, was er da und wie er es erzählt, das weiß er, er schmunzelt, als er an das ratlose, schockierte Publikum denkt. Und mein Lachen über seinen geglückten Streich und die schmissige Geschichte feuert ihn an, sie und sich mit der nächsten noch zu übertreffen. Oder, noch besser, jetzt die Stoßrichtung ändern, abrupter Witzelei-Stopp – und schließlich Auflösung mittels Rührung. »Aber ich meine: Irgendwann scheißt man sich auch mal ein. Das ist das letzte Stadium. Und das ist dann die Sache meiner Frau. Wir sind jetzt 50 Jahre zusammen, eine so schöne Zeit wie jetzt mit meiner Frau habe ich in meinem ganzen Leben noch nicht gehabt. Es wird immer schöner, inniger. Das ist unglaublich.«

Wie bei jedem Besuch schiebt Kempowski nun sein Poesiealbum rüber, da muss jeder Besucher was reinschreiben und sich selbst zeichnen. Es ist immer eine Qual, das weiß er, und das ist ihm durchaus ganz recht so. Während ich mich abmühe, stellt er noch eine indiskrete Frage, und um mich hernach wiederaufzurichten, möchte er ebenfalls etwas Unangenehmes beisteuern, Kempowski mag als schwierig gelten, aber fair ist er immer gewesen: »Jetzt dürfen Sie auch mir indiskrete Fragen stellen. Aber bei mir liegt ja meist alles offen.« Das stimmt wohl. Und er legt trotzdem was in die Waagschale: »Mit dem Geld wird es bei mir langsam knapp, das könnte ich Ihnen erzählen als Indiskretion. Ich habe ja zum Großteil von meinen Lesungen gelebt. Wenn ich nicht 30 Jahre lang Schulmeister gewesen wäre, hätte ich keine Pension. Und jetzt lebe ich praktisch von meiner Pension. Für meine Bücher kriege ich fast nichts. Ich habe für das letzte halbe Jahr 3500 Euro vom Verlag gekriegt. Es ist auch wieder mal ein Erlebnis, dass etwas aus ist.« Der Kaufmanns-sohn Kempowski kann auch diese Unannehmlichkeit in ein Schmunzeln erlösen: Richtig verdienen würde ein Autor ja nur an Hardcover-Ausgaben, und seine Verachtung kenne kaum Grenzen für FRAUEN MIT GOLDSCHMUCK, die es tatsächlich wagten, ihm ein billiges Taschenbuch zum Signieren vorzulegen, er verstehe wirklich nicht, was das für Menschen sind.

Anfallsweise kommt bei ihm, im Gespräch oder in Selbstauskunftspassagen seines Werks, diese Wut auf das Zukurzgekommensein – nicht ernst genug genommen, nicht ausreichend beachtet, gelobt, ausgezeichnet und gekauft worden zu sein. Da muss man ihn schnell unterbrechen, das geht ganz einfach: mit Lob. Ihm danken für bestimmte Bücher, am besten aus dem Gedächtnis einige Passagen, möglichst genau, zitieren. Sofort wird sein Blick wieder weicher, und er fragt, ob man noch einen Tee möchte. Er hat immer darunter gelitten, speziell von jüngeren Autoren und Kritikern als LIBERALES SCHWEIN rechts liegen gelassen zu werden; seine biographisch ja nun wirklich fundierte Abneigung gegen das andere, von vielen westdeutschen Linksspießern kurioserweise jahrzehntelang als DAS BESSERE bezeichnete Deutschland hat ihn ins Abseits gestellt, und da stand er und wunderte sich.

Wir gehen zurück in den Saal, da steht der Flügel, da liegen diese Noten, was ist denn mit denen? »Ja, ich spiele immer gerne morgens und abends einen von diesen Bach-Chorälen. Die haben bei einer gewissen Leichtigkeit doch einen hundertprozentigen Effekt.« Tja, der Text – Urteil, Schuld, Missetaten, das sei wohl wahr, unbedingt aufbauend sei der nicht gerade, manchmal singe er ein bisschen mit, »und dann fange ich meist an zu weinen«.

Drei Wochen später, Kempowskis 78. Geburtstag. Ihn hat immer die Gleichzeitigkeit, das Nebeneinander inspiriert, die Polyvalenz historischer Daten, und wer weiß, vielleicht fragt der pensionierte Lehrer Kempowski einen ja auch unvermittelt ab, das tut er manchmal. Im Tagebuch des Jahres 1991 zum Beispiel eine Buchhändlerin, die ihm am 30. Januar, Jahrestag der hitlerschen »Machtergreifung«, eine Quittung ausstellt: »»Interessantes Datum?‹ sagte ich. ›Wieso?‹, fragte die Buchhändlerin. – Sie verbinden mit dem 30. Januar nichts. Die phraseale Überfütterung mit Politik (›Tag der Genossenschaftsbauern und der Arbeiter der sozialistischen Land- und Forstwirtschaft‹) hat auch die erinnerungswürdigen Daten gelöscht.« Also, besser vor dem Besuch nochmal nachschlagen, was außer Kempowskis Geburt sich heute, am 29. April, noch jährt: Hitlers Hochzeit mit Eva Braun, die Befreiung des Konzentrationslagers Dachau, André Agassis Geburts- und Alfred Hitchcocks Todestag. Neben so viel anderem. Außerdem ist heute der Internationale Tag des Tanzes – das wird ihm, dem erklärten Nichttänzer, gefallen.

Derselbe Choral liegt auf dem Klavier. Das kann heißen, dass Kempowski seit unserem letzten Treffen nicht mehr Klavier gespielt hat – oder immer wieder dieses Stück. Beide Möglichkeiten machen sofort traurig.

Ich habe einen Strauß Spree-Nelken dabei, weil er sich doch so nach Berlin sehnt (dort wird im Mai in der Akademie der Künste die große Kempowski-Ausstellung eröffnet, und er hofft doch so sehr, bei der Eröffnung dabei sein zu können; außerdem spielt ja sein gerade entstehender Roman in Berlin), und drei Bilder, die ich den Hamburger Maler »4000« anfertigen ließ, darauf sind in krakeliger bunter Kinderschrift alle Werke Kempowskis untereinander aufgelistet, ein Triptychon.

Herr und Frau Kempowski schlafen noch, Treffpunkt ist, natürlich!, das Archiv, es empfangen der Sohn Karl-Friedrich und die Mitarbeiterin Simone Neteler, beide sind dem Kempowski-Leser aus den Tagebüchern bestens bekannt, als »KF« und »Simone«. KF also kümmert sich um die Blumen und um Kaffee, Simone sortiert die korrigierten Gedichte. Sie wird, dafür hat Kempowski gesorgt, noch mindestens zehn Jahre das Archiv pflegen, weiterhin werden hier Biographien gesammelt und sortiert, das Haus wird weiterleben, ganz wie Kempowski sich das immer erträumt hat, und norddeutsch wie er nun mal ist, hat er dafür Sorge getragen, dass diese Träume keine bleiben; das Feld ist bestellt. Hier, im »Haus Kreienhoop« werden auch nach seinem Tod regelmäßig Lesungen stattfinden, Frau Kempowski hat da mithilfe des örtlichen Fremdenverkehrsamtes etwas ausbaldowert, und so wird Kempowskis Haus, das er selbst immer als seinen zehnten Roman bezeichnet hat, auch in Zukunft, sozusagen, gelesen werden.

Die Stimmung ist gedrückt, es geht Kempowski seit ein paar Tagen deutlich schlechter. »Und jetzt hängen ihm sogar schon die Thomas-Mann-Tagebücher zum Hals raus«, sagt KF. Wir schneiden den Kuchen an und rühren wie bescheuert im Kaffee, gerade so, als würde das irgendwie helfen. Mein Triptychon finden sie schön, nachdem sie zunächst argwöhnisch kontrolliert hatten, ob auch kein Titel fehlt; er hat sie wirklich gut abgerichtet. Am Morgen hat KF wie jedes Jahr die alte Mecklenburg-Fahne aus dem Keller geholt und vor dem Haus aufgeflaggt. Dann erscheint Hildegard Kempowski, sagt, er habe weiterhin Schüttelfrost, die Medikamente würden nicht anschlagen, sie müsse jetzt den Arzt anrufen. Sie stellt die Spree-Nelken in eine Vase, lobt sie und bringt mich dann nach oben, denn aufstehen wird er heute nicht können.

Und da stehe ich vor dem Bett, halte gemeinsam mit Frau Kempowski die Bilder hoch, er liegt zitternd unter der Decke, bleich, versucht zu grinsen. Kempowski schickt seine Frau weg, wir hätten jetzt von Mann zu Mann zu sprechen, sagt er.

Wohl ist mir nicht. Vielleicht geht das alles jetzt zu weit. Ich setze mich neben das Bett, Kempowski spricht mit dünner Stimme vom »nun kommenden biologischen Abschied«, dem er »fröhlich nicht, aber doch heiter« entgegensehe. Er glaube, dass er »da drüben nicht unwillkommen« sei, und mehr könne und wolle er auch gar nicht mutmaßen, alle menschlichen Vorstellungen über das Jenseits seien schließlich »so kinderbibelartig, da wird es dann albern«.

Schweigen.

Ob ich was Bestimmtes wolle, fragt er.

Nein, sage ich, ob er vielleicht einen Schluck Wasser wolle?

Gute Idee, sagt er, und ich reiche ihm das Glas.

Im Flur telefoniert seine Frau mit dem Arzt. Wir reden über Glenn Gould, dieses spinnerte Genie, da kennen wir uns beide aus, da gibt es immer was zu schmunzeln. Kempowski: »Rätselhaft ist ja das Verhältnis zu seiner Cousine. Die hat er mal im Klo eingesperrt und hat dann ihr Aufsatzheft zerrissen und die Schnipsel unter der Tür durchgeschoben, um sie zu ärgern.« Schön warm sei es draußen. Er deutet zum Fenster: Die merkwürdig einsame Kuh da hinten auf dem Acker, die habe irgendwie den Anschluss an ihre Gruppe verpasst.

Wenn er am Thema vorbeispreche, müsse ich einfach Bescheid geben, sagt er, schließt die Augen und erzählt von seiner Zeit als Dorfschullehrer, wie er die Kinder dazu gebracht hat, ihm zuzuhören: einfach etwas an die Tafel schreiben. Oder einen Ohnmachtsanfall vortäuschen. Zur Not auch mal einen Störenfried hochheben und ins Bücherregal legen. Oder fragen, wer lieber Vanillepudding mag und wer lieber Rote Grütze; oder nach den Vornamen der

Großväter. Immer als Erster in die Klasse kommen und als Letzter gehen – sich Zeit nehmen nachzudenken, was man heute falsch gemacht hat.

Schweigen.

»Verehrter Kempowski – puh!«

»Ja, ja«, sagt er.

Wie verabschiede ich mich jetzt? Hand schütteln geht nicht, seine Hände liegen unter der Bettdecke. Umarmung würde ihn erschrecken. Ich tätschele unbeholfen seine Schulter. Ihm jetzt »viel Kraft« zu wünschen wäre ebenso töricht wie die Fürbitte des Leberwurst-Lyrikers. Ich murmele: »Danke.«

Und im Zug fällt es mir ein, ich hatte alles dabei, war auf die Minute pünktlich, hatte ein sauberes Hemd an, eine Krawatte, sorgsam ausgewählte, schmeichelnd Werkkennerschaft beweisende Geschenke hatte ich dabei, nur habe ich, so peinlichst darauf bedacht, alles richtig zu machen, peinlichsterweise vergessen, ihm zu gratulieren, also dann jetzt, hier: Herzlichen Glückwunsch, lieber Walter Kempowski, auch, aber nicht nur zum Geburtstag! Nachträglich – und als Vorruf. Wer weiß, ob Sie es sonst noch zu hören kriegen, auf Gott ist schließlich irgendwie kein Verlass.

# HAPPY

Einer der letzten schönen Tage dieses seltsamen Sommers, vielleicht der wirklich letzte Tag, den man gerade so noch als Spätsommertag bezeichnen konnte, die Sonne stand schon tiefer, brauchte morgens länger, um es über das gegenüberliegende Haus zu schaffen, aber dann war sie da, und es wurde nochmal richtig warm. Am Abend würde ich mir das Konzert von Pharrell Williams anschauen, jetzt schaute ich einer letzten Wespe zu, wie sie nochmal versuchte, mich zu nerven, aber ich überließ ihr meinen Karottensaft, ich konnte sie nicht mehr ernst nehmen, sie tat mir leid, die klare Luft und die Farbe des großen Baumes im Innenhof deuteten an, dass es dahinging mit ihr und ihresgleichen und es bald an der Zeit war, von Frühherbst zu sprechen, vielleicht ab morgen schon. Ein letzter Sommertag, und als dessen Krönung dann also die Aufführung des großen, größten Sommerhits. »Happy« von Pharrell Williams, auch das macht dieses Lied so herausragend, war ja der große Sommerhit des letzten Winters. Ich weiß noch ganz genau, wann ich ihn zum ersten Mal hörte: Mit einer zünftigen Winterdepression saß ich am Schreibtisch, man konnte so viele Lichter anmachen, wie man wollte, nichts half gegen dieses speziell-brutale Berliner

Winterdunkel. Bei iTunes hörte ich mir an, was es gerade so Neues gab, ziellos und missmutig. Und dann plötzlich dieser Song. Ein paar Sekunden Probehören reichten, ich kaufte ihn – und plötzlich war alles anders, nämlich hell und, ja, durchaus: happy. Ein Instant-Hit, Weltkulturerbe. So simpel, klar und umwerfend, die schlechthinnige Blaupause eines Welthits, Urformel, künftiger Goldstandard, in seiner Perfektion geeignet, es mit den größten und allergrößten historischen Hits aufzunehmen, zudem die eindrucksvolle Widerlegung der beliebten These, Pop könne nurmehr seine eigenen Errungenschaften variieren, alles sei bloß noch Wiederholung, ein Geschicklichkeitsspiel diverser Revivals. Gleich beim ersten Hören liebte man es, da gab es nichts zu entdecken noch zu enträtseln, Popmusik in Vollendung, und zugleich hatte man sofort das Gefühl, dieses Lied schon ewig zu kennen. Ich löschte die Anti-November-Beleuchtung, ließ wieder und wieder dieses Lied laufen – und von Dunkelheit konnte keine Rede mehr sein.

Zwei Arten von Musikrezeption: Lesen Sie – erstens – doch bitte mal so drei, vier Plattenbesprechungen der neuen Platte von Aphex Twin, ohne zuvor die Platte gehört zu haben. Und denken Sie dann, zweitens, an den entlegensten Ort auf dieser Welt, den Sie jemals besucht haben, irgendeine Wüste, einen Gletscher, Dschungel oder auch einfach das kaffigste Kaff, das Sie kennen – ein Ort, an dem Sie mal dachten, jawohl, exakt hier endet die Welt. Und dort liefe nun »Happy«. Würde funktionieren, nicht wahr? Sie könnten gar nichts dagegen tun. Sofort wäre auch dieser Weltenwinkel Zentrum.

Wenden wir uns nun dem, sagen wir, elften Stück der neuen Aphex-Twin-Platte zu. Es heißt »s950tx16wasr10

(163.97)«. Nein, ich bin nicht über der Tatstatur eingenickt, das heißt wirklich so. Und das tolle daran: Genauso wie es heißt, klingt es auch! Viel Redebedarf also für Plattenkritiker, die mehrheitlich sehr begeistert sind von dieser Platte, wohl auch, weil man dazu nun wirklich alles sagen kann, was man so sagen will im Leben, denn das Lied selbst verweigert ja die Aussage. Das muss Kunst dürfen? Ja, meinetwegen, warum nicht. Ein Ohrwurm ist »s95otx16wasr10 (163.97)« nicht im engeren Sinne, es ist mehr so eine Art Debattenbeitrag. In den Angeberlisten zum Jahresende wird die Platte auch deswegen natürlich auftauchen, ist ja logisch, und Pharrell Williams vielleicht gar nicht, und wenn, dann natürlich hinter Aphex Twin. Doch wenn ich nur noch eine Münze hätte und vor einer Jukebox stünde, die lediglich zwei Titel offeriert, nämlich »s95otx16wasr10 (163.97)« und »Happy« – also, ich müsste nicht lang über meine Wahl nachdenken. Um mich s95otx16wasr10 (163.97) zu fühlen, brauche ich keine Popmusik.

Im Sommer also war »Happy« ja längst Klassiker, und dadurch, dass »Happy« eben nicht im Sommer, sondern im Winter zum Hit geworden war, erinnert man sich, sobald es irgendwo lostänzelt (und es tänzelte ja nun wirklich seit Erscheinen weltweit und überall los), an keinen bestimmten, sondern an den idealtypischen Sommer, mithin an jenen Supersommer, den es nie gegeben hat. Dieses Lied ist der Sommer.

Nun hat Pharrell Williams in den letzten Jahren so schockierend viele Groß-, Welt- und Über-Hits geschaffen, die aufzuzählen mir jetzt zu öde ist, weiß ja jeder, und wer es nicht weiß, interessiert sich nicht so besonders dafür, was auch zu akzeptieren ist. Dieses Lied aber, dessen Interpret er ausnahmsweise mal selbst ist, gehört ihm interessanterweise am allerwenigsten, es gehörte sogleich der ganzen Welt.

Gibt es eine Maßeinheit für Hits? Also neben schnöden Verkaufszahlen, Streamingtausenderkennziffern, Chartnotierungen, Raubkopie-Suchanfragenzahlen, Youtubeaufrufen? Ja, natürlich. Die blasmusikalische Zugrunderichtung eines Lieds in Oktoberfestzelten gilt hier als aussagekräftig, außerdem (und durchaus verwandt) die Reaktion von Kleinkindern – Ergebnis: Oktoberfestsäufer und Kinder lieben »Happy«. Volle Punktzahl schließlich auch in der Königsdisziplin: Schurkenstaaten fürchten das epidemische Potential dieser Ode an die Freude mehr als Ebola und stellen das unvermeidliche Tanzen dazu unter Strafe. Und so bekommt der Song auch noch eine politische Wucht – Werte des Westens, *pursuit of happiness* und so weiter. Einen Schweinestaat zu provozieren, auf traurigste Art die Furcht vor der Freiheit seiner Bürger einzugestehen und die systematische Menschenfeindlichkeit in lächerlichster Konsequenz anzuwenden und der ganzen Welt vorzuführen, mehr kann ein Lied nicht erreichen.

Welche Ehre, den Schöpfer dieses Übersongs in der Stadt zu haben, da muss man natürlich hin. Warum nochmal geht man eigentlich zu Konzerten? Selbstvergewisserung? Sentimentalität? Authentizitätsmissverständnis? Aura? Oder anders gefragt: Könnte die Aufführung von »Happy« etwas anderes werden als eine Enttäuschung? Stehplatz-Karte, immerhin. »Happy« im Sitzen, das wäre ja gar nicht möglich, und das träge Aufstehen bei den ersten Tönen dann, so wie zur Verleihung des Lebenswerkpreises bei irgendeiner Leichengala, furchtbar. Stehen ist gut, Stehen ist ein Anfang.

Am späten Nachmittag schon machte ich mich auf zur Max-Schmeling-Halle, denn Pharrells Plattenfirma hatte um 18 Uhr zu einer Art Vorempfang geladen. In der Einladung wurde ausführlicher als auf seine musikalischen Großtaten auf Pharrell Williams' verzweigte außermusikalische Geschäftstätigkeiten eingegangen, Mode, Schmuck und so weiter. In der Annahme also, dort in der VIP-LOUNGE Pharrell dabei beobachten zu können, wie er vor dem Konzert Turnschuhe, Halsbänder und Kopfhörer vorführte, ja vielleicht sogar an die versammelten Journalisten verschenkte, auf dass sie lobende Worte für den Tand fänden, schloss ich also früh die Balkontür und überlegte, was ich nun anziehen sollte zu diesem Konzert. Noch war es ja warm draußen, und in der Halle würde es gewiss auch nicht allzu kühl sein, außerdem wollte ich diesem Style-Gott natürlich angemessen gekleidet gegenübertreten. Eine Jacke würde ich ja dort geschenkt bekommen, eine Pharrell-Jacke, zumindest aber ein Strohhut mit USB-Anschluss oder so wäre doch gewiss drin. Sommer, »Happy«, VIP-Lounge, war das Motto meiner Kleiderwahl, und für einen Nachmittag auf einer Mittelmeer-Jacht mit Steuerbetrügern wäre das genau richtig gewesen, nicht aber für die »VIP-Lounge« der Max-Schmeling-Halle, wie ich leider feststellen musste, als ich dort, gemeinsam mit einem Radio-Mitarbeiter aus Halle an der Saale, der Erste war, der an der Tür rüttelte. Es gab Getränke, immerhin. Noch ein paar Leute kamen, man stand so rum und wartete. Nach zwei Stunden eine bittere Zwischenbilanz: Pharrell war nicht aufgetaucht, Geschenke gab es auch nicht, außerdem war der Raum extrem runtergekühlt, und zum Rauchen musste man rausgehen, was allerdings den Vorteil hatte, dass man sich aufwärmen konnte in der schönen Septembersonne.

Da bekam ich eine SMS von einem Freund, der befahl,

sofort mit ihm an den See zu fahren für ein vielleicht letztes Bad in diesem Jahr. Als ein Mitraucher dann noch sagte, dass Pharrell erst in weiteren zwei Stunden auftreten würde, verlor ich die Nerven, schrieb dem Freund, er möge mich bitte bei der Max-Schmeling-Halle abholen – und das war's dann. Naja, ich redete mir zwar ein, dass der See ja nicht weit sei und ich in zwei Stunden prima wieder da sein könnte, aber ich wusste schon, dass das wohl nichts werden würde. Der Freund kam, wir fuhren an den See, sprangen hinein und nahmen so würdig Abschied von diesem Sommer. In Handtücher gehüllt saßen wir in der Dämmerung, rauchten und sprachen über unsere auf unterschiedliche Art schiefgelaufenen Urlaube. Aber nun waren wir ja wieder hier, waren nochmal im See gewesen, bald würde Herbst sein, alles in Ordnung. Nein, ein Hit war dieser Sommer nicht gewesen – aber hatte er denn einen? Irgendwie nicht. Kann es nach »Happy« überhaupt nochmal einen Hit geben?

Ich schaute auf die Uhr, noch könnte ich es schaffen zum Konzertbeginn. Wir spazierten am Ufer entlang durch die Dämmerung, plötzlich war Musik zu hören, leise, blechern, wir näherten uns der Geräuschquelle, die Musik wurde lauter – da sahen wir, woher sie kam, nämlich aus dem Telefon eines Mädchens, das mit einer Freundin auf einem Baumstamm saß. Sie tranken Wein aus einer Flasche, rauchten Selbstgedrehte, redeten – wie nur Mädchen das können – gleichzeitig und lachten viel. Was hörten sie da? War das der Sommerhit, jetzt, am letzten Sommerabend? Nun ja, wie man's nimmt. »s95otx16wasr10 (163.97)« jedenfalls war es nicht. Ich erkannte die Stimme, die Band, das Lied – und konnte es nicht fassen. Die Mädchen waren höchstens 20 Jahre alt, und alles an ihnen sah so aus, als nähmen sie durchaus und voller Freude an der Gegenwart teil. Umso erstaunlicher, was sie da hörten: »Sultans of Swing« von den Dire Straits. Wirklich wahr.

Und nun ist es einfach so: Musik hörende Mädchen jeden Geschlechts (me too) haben immer recht, Mädchen irren sich da nicht, und wenn also zwei Mädchen heuer an einem Berliner See in der Abenddämmerung des letzten Sommertages sitzen und die Dire Straits hören, dann sind in diesem Moment, wider alle Wahrscheinlichkeit, tatsächlich die Dire Straits die coolste Band der Welt, und »Sultans of Swing« ist das beste Lied aller Zeiten. Time is now, mein Herz. And we're the sultans, yeah, we're the sultans – of, warum denn auch nicht, swing.

Ich fuhr nicht mehr zurück zur Max-Schmeling-Halle.

# SUNSET BLVD.

*Ein Sommerabend*

Eine Wolke kann es ja nicht sein, was sich da just vor die Sonne geschoben hat, wird also wohl ein Mensch sein, und so ist es. Ein früherer Weggefährte aus Berlin steht vor meinem Liegestuhl und sagt lachend, es sei ja alles wie immer hier im Chateau Marmont, ich hier und alle anderen auch, es sei wie in Lars von Triers Film »Die Idioten«, im Haus der Idioten sind diese unter sich und empfänden also ein Gefühl der Umgebungsnormalität. Ob ich Courtney zufällig gesehen hätte? Nein. Ob ich Sonnencreme hätte? Das schon, ja. Er cremt sich das Gesicht ein, geht mir aus der Sonne und setzt sich selbst in den Schatten. Am Abend müsse er eine Ansprache halten, oben im Penthouse, ob ich auch kommen wolle? Irgendeine Montblanc-Preisverleihung in der Monstersuite im Haupthaus, Zimmer 64, mit Dachterrasse in der Größe von Charlottenburg. Madonna wohne da immer, wenn in ihrem Haus etwas repariert werde.

Am Abend auf dem madonnawürdig den Blick über ganz Los Angeles gestattenden Balkon von Zimmer 64, Courtney Love ist mittlerweile aufgetaucht. Sie sagt, sie habe mit dem Rauchen aufgehört, es sei absolut scheiße, aber sie halte durch schon seit etwa … (Sie rechnet mit den Fingern, schaut ihren Begleiter fragend an) ... in 30 Tagen seien es sechs Monate oder so, jetzt also fünf.

Ich: Ah, eine Silvesterentscheidung?

Courtney (wieder mit den Fingern rechnend): Äh, nee, Februar oder so. Oder?

Ihr Begleiter: Absolut Silvester, honey.

Courtney: Ah, ok.

Es werden allerlei geflüsterte Reden von Montblanc-Abgesandten gehalten darüber, wie wichtig die Kunst sei. Kunst ist dieses, Kunst ist jenes, ohne Kunst sind wir verloren – und ohne Montblanc gäbe es praktisch gar keine Kunst und keine Welt. Publikum weitestgehend prädementes, operiertes Beverly-Hills-Volk. Auf der Balkonbrüstung, ausgestellt unter gläsernen Käsehauben, lächerliche SONDEREDITIONS-FÜLLFEDERHALTER mit ganz ernsten Beschriftungen: Dies ist der Füller von Alexander dem Großen, dies der von Peggy Guggenheim undsoweiter. Sah aus wie die Schaufenster von Juwelier Wempe auf der MS Deutschland.

Da ergreift mein früherer Berlin-Weggefährte meine Hand und zieht mich fort, er müsse mir Chuck vorstellen, wir würden Freunde fürs Leben werden, sie sei die Schwester von Lana Del Rey und überhaupt die Beste. Und das stimmt! Sie trägt ein an den richtigen, nämlich den uneigentlichen Stellen riskant geschlitztes, an den gewöhnlichen Stellen hingegen keusch geschlossenes Kleid, darüber eine Jeansjacke. Chuck ist FOTOGRAFIN (natürlich ist sie das), sie fotografiert mit einer Hasselblad, arbeitet gerade an einem Fotobuch, irgendwas über die Mädchen der Stadt mit dann aber mythologischem Unterbau, den ich nicht kapiere. Eine Ausstellung zu machen traue sie sich nicht, sie habe Angst vor Menschen. Ich lege ihr meine

Gucci-Billboard-Obsession dar, zeige runter in den Garten, da ist mein Zimmer, dort klettert man aufs Billboard. Sie zeigt mir das Coverfoto, das sie für »Honeymoon«, die jüngste Platte ihrer Schwester, gemacht hat: Eines Nachts nämlich habe sie geträumt, dass sie ihre Schwester mit rotem Hut in einem Starline-Tours-Bus fotografierte, und direkt am folgenden Morgen habe Lana bei ihr angerufen und ihrerseits gefragt, ob sie nicht das neue Covermotiv vielleicht in einem Starline-Tours-Bus schießen sollten. Genau wie in Chucks Traum! Also haben sie das gemacht, und das Bild hing als Billboard über dem berühmten Sunset-Boulevard-Imbiss »Mel's Drive In«, ganz ohne Schrift, das, so Chuck, das sei das Besondere gewesen.

Da taucht Courtney Love wieder auf, sie war zwischenzeitlich verlorengegangen, weil sie ihre Tochter suchen musste, die hat sie jetzt dabei, Cobains Tochter Frances Bean, sie trägt ein HOLZFÄLLERHEMD, also die Unangepasstenuniform, die ihr Vater berühmt gemacht hat und deren weltweite Nachäffung ihn zu Tode deprimierte.

Anders als ihre Mutter, die ja an einem Silvesterabend im Februar aufgehört hat, raucht Frances Bean, aber wohl keine gewöhnliche Zigarette, auch isst sie beim Rauchen Kekse.

Courtney: Ah, ihr kifft, ihr Schweine!

Die Tochter lacht und wendet sich ab. Courtney fällt Chuck um den Hals, sie seien doch gemeinsam mit Lana auf Tour gewesen, in Portland hätte Courtney die Familie von Chuck und Lana kennenlernen dürfen, und von deren Vater sei eine gute Energie ausgegangen.

Drinnen gehen die Reden weiter. Ich sage zu Chuck: Art is so art, you know?

Sie: Yeah, definitiv.

Sie will in den nächsten Tagen mal im Garten vorbei-kommen und mit mir aufs Billboard klettern. Wir rauchen und aschen in eine umgedrehte Füllfederhaltersonder-editions-Käseglocke. Ein Italiener gesellt sich zu uns, wir besprechen die Möglichkeiten, ewig in Los Angeles zu blei-ben. Der Italiener: Du musst einfach Chuck heiraten.

Ja, so ich, das fragte ich sie jeden Tag, aber sie ziere sich, auch kennten wir uns erst seit einer Stunde, also fragte ich sie jetzt eigentlich zum ersten Mal. Der Italiener steckt sich eine Serviette in den Hemdkragen und erbietet sich als Drive-in-Priester, er habe eine Zulassung, das sei wirklich wahr. Er sei bereit, wenn wir bereit seien. Die Frau des Italieners regt an, aus dem Goldtand des Katharina-die-Große-Füllfeder-halters die Eheringe zurechtzubiegen.

Im Flur stehen sehr viele Kerzen in Gläsern, schönes Licht, da sehen wir alle plötzlich sehr gut aus. Tabletts mit Cookies werden vorbeigetragen, der Kekskellner sagt, er ziehe im September zurück nach New York und freue sich so, dass er dann wieder dauernd ins Museum of Modern Art gehen könne, das MoMa nämlich sei sein LIEBLINGS-MUSEUM AUF DER WELT, die Kunst dort sei ALLES, es gebe nichts Besseres. Er habe es nun lange genug in L.A. versucht, es habe auch zunächst ganz gut ausgesehen für ihn, eine Rolle in »Boardwalk Empire« in Aussicht, aber dann habe es sich doch zerschlagen. Vor Kurzem habe er einen Kartenleger aufgesucht, und der habe diagnostiziert, er habe seine PASSION verloren. Das stimme absolut, und die wolle er nun in New York wiederfinden. Chuck nimmt sich einen Keks vom Tablett und sagt, der schmecke nach Weihnachten.

*Sunset Blvd.*

## Ein Herbstnachmittag

Vorgestern habe ich die Beverly-Hills-Villa, mehr ein Schloss, besichtigt, in der der »Der Pate« gedreht wurde. Der Besitzer, ein alter Mann mit schwarzgefärbten Haaren, würde sie gern für 180 Millionen Dollar verkaufen; momentan vermietet er sie für 160 000 im Monat. Er erzählte, dass seine Söhne einen Parkplatz direkt vor dem Fitness-Studio bekommen hätten, und als andere sich darüber beschwerten, warum denn ausgerechnet die diesen tollen Parkplatz bekämen, hieß es: Pass bloß auf, die haben mit dem (mit DEM) Paten zu tun.

Im Paten-Haus saßen wir in der BIBLIOTHEK, in der es alles gab, nur keine Bücher. Alles funktioniere, sagte der alte Mann, nur der Ofen in der Küche irgendwie nicht – und das sei natürlich nicht gut, bei 160 000 Miete könne der Mieter verlangen, dass der Ofen funktioniere.

Am Pool: Eine Frau im Bikini, die aussah wie die junge Courtney Love. Sie torkelte, ich ging hinter ihr, an der Gartenklotür (die sie nicht aufbekam) schließlich drehte sie sich zu mir um: I'm sorry, I'm so fucked up. Ich sagte, das sei doch herrlich, Freitagnachmittag, warum nicht fucked up sein, spräche nichts dagegen aus meiner Sicht. Ach so, sagte sie, ich dachte, du bist ein Securitytyp, der mir gefolgt ist. An ihren Armen interessante, offenbar gerade genähte Schnittwunden, lila Narbengitter. Sie: Ich gehe da jetzt mal rein. Ich: Wenn du's packst, gut, sonst sag Bescheid, ich bin oben.

Es kursieren außerdem: das Saftrezept von Sting und eine hausinterne Mail mit Fotobeweisen dafür, dass Frances Bean Cobain ihr Zimmer nicht ordnungsgemäß hinterlassen habe.

Sie habe eine Katze dabeigehabt, was alles noch schlimmer gemacht habe: Fotos eines Katzenklos und brandlöcherverzierter Bettwäsche im Anhang. Dies alles möge Tochter Cobain bitte in Rechnung gestellt werden.

Gestern Abend erzählte Harold Faltermeyer, der Schöpfer des »Beverly Hills Cop«-Hits »Axel F«, wie er einst die Musik für Helmut Dietls Film »Vom Suchen und Finden der Liebe« geschrieben habe. Dabei sei Patrick Süskind oft ins Studio gekommen, und eines Tages habe Süskind einen Stapel kopierter Uraltpartituren mitgebracht: Wissen Sie, Herr Faltermeyer, »Ach, ich habe sie verloren« ist ja in g-Moll abgefasst, aber bei der Clara Schumann – in ges-Moll!

Als er sah, dass Faltermeyer im Studio rauchte, war er erleichtert – ob er eine Zigarette rauchen dürfe? Natürlich. Da zog Süskind neben seinen Zigaretten eine leere Erdal-Schuhcreme-Dose aus der Tasche und aschte dahinein. Faltermeyer: Sie können doch meinen Aschenbecher benutzen, Herr Süskind. Darauf der: Nein, den Müll, den ich mache, den nehme ich auch selbst wieder mit.

Wieder am Pool: Ein in Shanghai geborener Russe, der dann von Montreal nach Amerika kam, um hier als Immobilienschlawiner sehr reich zu werden, der erzählte, dass er sich anfangs sehr schwergetan habe, das Valet Parking zu begreifen. Als er endlich meinte, es verstanden zu haben, parkte er in der Auffahrt des Beverly Hills Hotels, ging auf einen Mann zu, der da schlafend auf einem Hocker saß, um ihm den Schlüssel zu geben, da warnte ihn sein Mitfahrer: Du, dem würde ich den Schlüssel nicht geben, denn das ist

Jack Nicholson. Das sei das Tolle hier in Hollywood, Leute,
die AUSSEHEN WIE, die seien es hier selbst.

Und das stimmt: Am Pool erzählt man sich mit
Kopfschwenker Richtung des berühmten Belushi-Todes-
apartments, Meryl Streep habe dort wohnend nichts zu
beanstanden gehabt, Sting und Trudie aber, die jüngst nach
ihr dort einzogen, war es in nämlichem Bungalow zu feucht,
jetzt wohnen sie in Zimmer 64 und haben einen guten Ausblick. Stings Assistentin hat eine Assistentin, die vor allem
mit seiner Ernährung betraut ist – sie hat sehr ausführ-
liche Rezepte mitgebracht und vier Tüten Gemüse, entlang
derer morgens und nachmittags Sting-Säfte gepresst werden müssen (Morgensaft: 4 mittelgroße Karotten, ½ Fenchel,
1 Mini-Blätterkohl, ½ Gurke, 4 Strünke Sellerie, 1 kleiner
Apfel; Nachmittagssaft: 4 Strünke Sellerie, ½ Gurke, 1 Endi-
vie, ½ Bündel Mini-Blätterkohl, ½ Fenchel, ½ Zucchini;
jeweils separat dazu: frisch gemahlener Leinsamen). Am
wichtigsten aber sei KAMELMILCH, Kamelmilch sei
der Schlüssel für alles; die erste Palette Kamelmilch musste
komplett vernichtet werden, weil Trudie fand, die schmecke
seltsam.

In Zimmer 39, einem Zimmer ganz ohne Balkon, wohnt
seit drei Monaten Quentin Tarantino. Es heißt, beim Einchecken habe er gesagt, einen Balkon brauche er nicht, er
müsse schreiben – wohl aber benötigt er offenbar (es liegen
Fotobeweise vor) einen 6oer-Jahre-Fernseher, der aussieht,
als könne man darauf nur die Mondlandung und die Ed
Sullivan Show gucken. Tarantino, so das Foto weiter, benutzt
eine elektrische, ja man kann wohl gar sagen: eine eklektische
Schreibmaschine. Bislang sah ich Tarantino nur manchmal

mit einem gelben Mustang GT aus der Garage fahren, im Garten ist er natürlich nie.

Heute reisen Kraftwerk an, die morgen Abend in der Hollywood Bowl auftreten, also hänge ich ein bisschen in der Lobby rum, um mir deren Einchecken anzuschauen. Seltsame Musik heute in der Halle, was ist denn das, vielleicht ein Gruß aus der Küche für Kraftwerk? Ich gehe zum Plattenspieler, um das zu klären, darauf dreht sich ein blaues Vinyl. Da wendet sich ein mit dem Rücken zum Plattenspieler sitzender Mann um zu mir – es ist Quentin Tarantino. Ich frage ihn, was das für Musik sei. Oh, sagt Tarantino mit seiner berühmt aufgeregten Tarantinokieksstimme, das sei der Jimmy-Page-Soundtrack von Kenneth Angers »Lucifer Rising«, er habe diese Platte ausgesucht, aber ich könne gern was anderes auflegen, wenn sie mir nicht gefiele. Nein, nein, sage ich, das ist wunderbar; auf jeden Fall besser, solche Musik nachmittags zu hören als nachts. Tarantino wirft begeistert die Gabel in seinen Schwarzkohlsalat und ruft mit seiner berühmten Tarantino-Kieks-Stimme: »Well said!« Im Hintergrund checken jetzt Kraftwerk ein, doch ich kann hier gerade nicht weg. Ralf Hütter, so viel kriege ich mit, bekommt ein Zimmer im 3. Stock, nimmt aber nicht den Lift, sondern die Treppe. Im Wandspiegel gegenüber der Rezeption sieht man Hütters eincheckenden Hinterkopf: Sogar die größten Stars / leben ihr Leben im Spiegelglas.

Am nächsten Abend in der Hollywood Bowl sitzt direkt in der Box neben mir Christoph Waltz. Den habe ich zehn Tage zuvor schon zufällig im Kino getroffen, in einer Wiederaufnahme des Dokumentarfilms (Witz geht noch weiter) »Los Angeles Plays Itself«. Christoph Waltz mit 3-D-Brille in der Hollywood Bowl, das ist natürlich ein sehr, sehr gutes Bild, also mache ich davon kein Foto. Es müssen sowieso viel, viel weniger Fotos gemacht werden.

Ein paar Abende später fahre ich mit dem Fahrrad den Sunset hoch, auf dem Fußweg, back home, da kommt mir vor dem kleinen Nachtsupermarkt PinkDot Tarantino entgegen, einen Spazierstock schwingend, so denke ich, um dann zu sehen: Es ist ein REGENSCHIRM! Heute leichte Wolken. Tarantino hat es eilig. Ich denke, wir wohnen im selben Hotel, hatten doch kürzlich eine heitere Jimmy-Page-Debatte, außerdem habe ich jetzt schon zweimal Christoph Waltz gesehen, da wäre es doch unhöflich, nicht Hallo zu sagen. Also sage ich »Hi« – aber Tarantino starrt grußlos durch mich hindurch, IN SEINE AUSWEGLOSIGKEIT.

Sonst war nichts.

*Das Buch*

»Panikherz« war eine Reise ins Innere. Nun geht es in die umgekehrte Richtung: nach draußen, zu den anderen. Mit Boris Becker schaut Benjamin von Stuckrad-Barre in Wimbledon das berühmte Finale von Wimbledon. Mit Helmut Dietl scheitert er in Berlin wegen Berlin an Berlin. Dem Freund Christian Ulmen schaut er zu bei der Verwandlung in »Christian Ulmen«. Mit Ferdinand von Schirach schweigt er in der Schreibklausur über das Schreiben. Bei Madonna live in L.A. entdeckt er wahrhaftige Künstlichkeit. Mit Thomas Bernhard löscht er eine Redaktionskonferenz über Thomas Bernhard aus. Und Pharrell Williams singt den Sommerhit zum Herbstanfang, verspätet sich aber – der Autor fährt unterdessen ein letztes Mal an den See.

Nach der Reise ans Ende der Nacht wird die Welt nun bei Tageslicht betrachtet. Benjamin von Stuckrad-Barre öffnet weit die Augen und schaut, wie die anderen das hinkriegen: das Leben. Die hier versammelten Texte liefern ein akkurates Selbstporträt über Bande, es ist eine Suche nach dem Wir. Das Ergebnis: eine Familienaufstellung. Eine Heldenparade. Eine Götzendämmerung. Der Befund des von der Wirklichkeit irritierten Autors fällt melancholisch aus: Es geht uns nicht gut – wir müssen uns alle mal irgendwo hinlegen. Nur wohin? »Remix 3« endet folgerichtig dort, wo »Panikherz« entstand: am Sunset Boulevard.

*Der Autor*

Benjamin von Stuckrad-Barre, 1975 in Bremen geboren, ist Autor von »Soloalbum«, 1998, »Livealbum«, 1999, »Remix«, 1999, »Blackbox«, 2000, »Transkript«, 2001, »Deutsches Theater«, 2001, »Festwertspeicher der Kontrollgesellschaft – Remix 2«, 2004, »Was.Wir.Wissen«, 2005, »Auch Deutsche unter den Opfern«, 2010, »Panikherz«, 2016, »Udo Fröhliche«, 2016, und »Nüchtern am Weltnichtrauchertag«, 2016.

Benjamin v. Stuckrad-Barre. Nüchtern am Weltnichtrauchertag.
Pappband. Verfügbar auch als E-Book

»Er kann vieles sehr viel besser als viele andere: rasant und assoziativ denken, komisch sein, genau beobachten und schreiben.« *SZ*

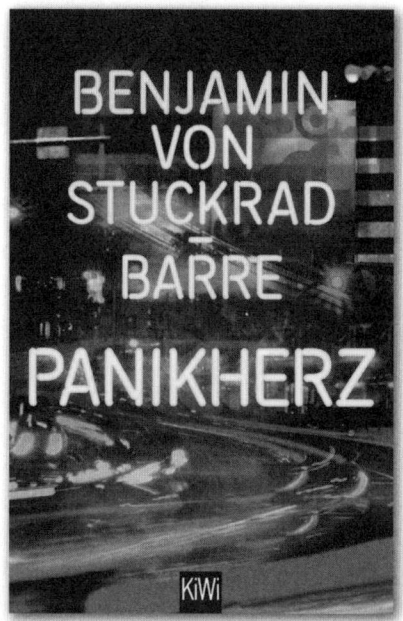

Benjamin v. Stuckrad-Barre. Panikherz. Taschenbuch.
Verfügbar auch als E-Book

»Ein Buch über die Freundschaft, über Helden, Schmerz und Rettung und all die anderen Dinge, die uns ausmachen. Ich habe lange nichts gelesen, was mich so berührt hat.«
*Ferdinand von Schirach*

Benjamin v. Stuckrad-Barre. Remix. Taschenbuch.
Verfügbar auch als E-Book

»Der begnadete Zeitungsschreiber hat es auf dem Feld des meinungsbetonten 100-Zeilers zu Ruhm gebracht ... ›Remix‹, eine Sammlung der glanzvollsten Artikel Stuckrad-Barres.«
*taz*

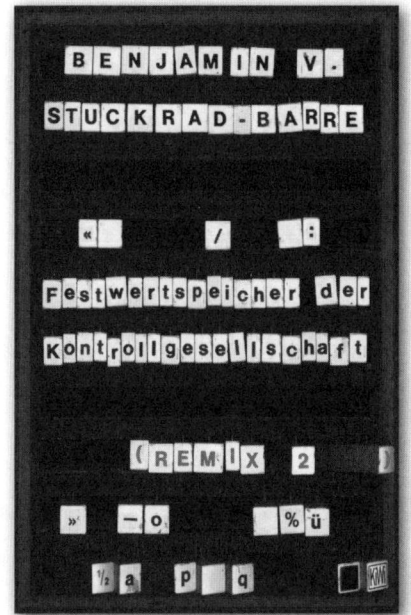

Benjamin v. Stuckrad-Barre. Festwertspeicher der Kontrollgesellschaft. Remix 2. Taschenbuch. Verfügbar auch als E-Book

»Großartige Stücke und Reportagen« *Frankfurter Rundschau*

Benjamin v. Stuckrad-Barre. Soloalbum. Roman. Taschenbuch.
Verfügbar auch als E-Book

»Normalerweise lasse ich mich nicht von Jungspunden als Jeansjackenträger beschimpfen. Bei Benjamin v. Stuckrad-Barre mache ich ausdrücklich eine Ausnahme. Weil er ›Soloalbum‹ geschrieben hat, darf er das. Aber nur ein paarmal.«
*Harry Rowohlt*

»Jugend der Welt – kauf dieses Buch und lies es!«
*Harald Schmidt*

Benjamin v. Stuckrad-Barre. Livealbum. Taschenbuch.
Verfügbar auch als E-Book

»In keinem anderen Buch wird man eine so präzise Ethno-
graphie des Literatur- und Medienbetriebs finden, die Um-
gangssprache in Funkhäusern, Buchhandlungen und Fern-
sehsendern, kurz den Sound der Öffentlichkeit Ende der
Neunziger erkennen ...« *FAZ*

Benjamin v. Stuckrad-Barre. Blackbox. Taschenbuch

»Begnadeter Berichterstatter aus dem Inneren unseres
Landes ... Kein Absturz, sondern ein Happy-End« *SZ*

Benjamin v. Stuckrad-Barre. Transkript. E-Book

»So etwas wie Popfeuilleton, eine Art Melange, in der das ganze Kulturgerede so enthemmt zitiert und umgerührt wird, dass es schon wieder gut ist« *Die Welt*

Benjamin v. Stuckrad-Barre. Deutsches Theater. Taschenbuch

»Der Fotoroman einer Gesellschaft, die nur in der Öffentlichkeit und im Rollenspiel noch zu sich selbst zu kommen vermag« *FAZ*

Benjamin v. Stuckrad-Barre. Auch Deutsche unter den Opfern.
Taschenbuch. Verfügbar auch als E-Book

»Das Geheimnis dieser Reportagen ist ihr Tonfall, der bisweilen spöttisch sein kann, aber nie arrogant, durchaus parteiisch, aber nie ideologisch.« *Der Spiegel*